Stefan Keller

Grüningers Fall
Rotpunktverlag

Stefan Keller

Grüningers Fall

Geschichten von Flucht und Hilfe

Ein Buch der WochenZeitung WoZ
im Rotpunktverlag

Für Gerda Rodel-Neuwirth in Arbon, die im November 1941 auf Dauer aus der Schweiz ausgewiesen wurde und immer noch da ist. Für Claire Stuckler in Lauderdale Lakes, die schrieb: «Die Mutter meines verstorbenen Mannes war an der Schweizer Border, und man schickte sie zurück, und sie starb im Gas-Chamber.» Für alle Flüchtlinge, die Auskunft gaben und für jene, die es nicht mehr konnten. Für die Juden-Schlepper, welche ihre Arbeit taten.

Der vorliegende Text ist die erweiterte Fassung einer elfteiligen Serie, die zwischen Oktober 1992 und Januar 1993 in der WochenZeitung WoZ in Zürich erstmals erschien. Der Verein «Gerechtigkeit für Paul Grüninger», St. Gallen, hat die Arbeit in Auftrag gegeben und finanziert. Der Lotteriefonds des Kantons St. Gallen, der Recherchierfonds des Fördervereins ProWoZ, die sozialdemokratische Fraktion des St. Galler Grossen Rates, die Bildungsgemeinschaft der Sozialdemokratischen Partei des Kantons St. Gallen, die Dr.-Paul-Steiner-Stiftung, die Israelitische Gemeinde St. Gallen, die Saly-Mayer-Memorial-Stiftung in Zürich sowie einige andere Institutionen halfen mit Zuschüssen. Die redaktionelle Beratung und das Lektorat von Pit Wuhrer waren entscheidend, die Grosszügigkeit des WoZ-Kollektivs ebenfalls. Verlag und Autor bedanken sich ferner bei der Schweizerischen Bundesanwaltschaft für die Öffnung einiger verschlossener Dossiers und bei sämtlichen befragten Archiven für die sehr freundliche Kooperation.

Lektorat: Pit Wuhrer
Umschlaggestaltung: Agnès Laube
Satz,Umbruch, Belichtung: Die WochenZeitung WoZ, Zürich
Druck: Druckerei Wahlwies, Wahlwies bei Stockach
ISBN 3-85869-157-7

INHALT

1.

In der Nacht vor der Absetzung von Hauptmann Grüninger war Polizeiaspirant Anton Schneider im Dienst. Er bewachte den Zentralposten und das Regierungsgebäude im Klosterhof von St. Gallen. Regelmässig musste er eine Stechuhr bedienen, die seine Rundgänge protokollierte. Etwa um sechs Uhr früh, sagt Schneider, habe der Regierungsrat telefoniert und befohlen, er dürfe den Hauptmann nicht mehr ins Haus lassen. Kurze Zeit später sei der Hauptmann zur Arbeit erschienen. Am Tag seiner Suspendierung trug Grüninger die Uniform, und Schneider erinnert sich heute, dass sie einander unten am Eingang begegneten.

«Sie, Herr Hauptmann», sagte der Aspirant, «Sie dürfen hier nicht mehr herein.»

«Ja, warum nicht?» fragte der Hauptmann, und dann, nachdem er vom Anruf des Regierungsrates erfahren hatte, drehte er sich einfach um und ging weg.

«So?» habe er vielleicht noch gesagt, oder «Je nun!»

Hauptmann Paul Grüninger war der Kommandant der St. Galler Kantonspolizei. Anton Schneider gehörte zu seinen rangniedrigsten Beamten; er war vor ein paar Monaten eingestellt worden und wartete auf den Beginn der Polizeirekrutenschule. Inzwischen setzte man Schneider für Nachtwachen ein, als Hilfskraft auf dem Büro, oder er musste die Gefangenen verpflegen. Mit dem Kommandanten hatte er nicht viel Kontakt. Der Kommandant gab sich mit einem Untergebenen, der nicht einmal die Rekrutenschule hinter sich hatte, normalerweise wenig ab. Im Büro führte Schneider die Flüchtlingskartei, die heute noch erhalten ist. Er sagt: Die Flüchtlinge seien häufig in Gruppen von zehn bis zwanzig Leuten auf den Zentralposten gekommen, oft habe er sie anschliessend zur «Judengesellschaft» begleitet. Eine «Judengesellschaft» an der Teufenerstrasse habe die Flüchtlinge nämlich entgegengenommen und sie in Lager verbracht. Über die Vorwürfe gegen den Hauptmann wurden die Aspiranten seinerzeit nicht informiert. Bloss, dass es um «Judensachen» ging, soviel hörten sie natürlich schon.

«Das war alles», sagt Anton Schneider, «dann hatte ich nie mehr mit ihm zu tun.» Wahrscheinlich sei Grüninger an jenem Morgen in seine Amtswohnung zurückgekehrt.

Der spätere Bundespolizei-Kommissär Emil Rüthemann, der 1935 ins sanktgallische Landjägerkorps eintrat und Sekretariatsarbeiten für den Kommandanten verrichtete, weiss noch das Datum der Suspendierung. Es war Montag, der 3. April 1939. Am Samstag zuvor wurde Rüthemann eine Tochter geboren, er meldete sich deshalb beim Hauptmann ab, und am Montag sah er ihn nicht mehr. Sie hätten den Hauptmann «in Empfang» genommen, hiess es. Was gegen Paul Grüninger aber eigentlich vorlag, hat man auch Rüthemann nie richtig erklärt. Im Korps sei damals gemunkelt worden, Grüninger habe vielleicht versucht, bei den jüdischen Flüchtlingen hie und da etwas für sich persönlich herauszuholen. Ein Verdacht, eine reine Annahme halt, meint Rüthemann heute, denn konkrete Feststellungen in diesem Sinne habe bestimmt keiner von den Polizisten gemacht. Grüninger sei ein anständiger Vorgesetzter gewesen, sehr wohlwollend, umgänglich und korrekt, und insofern, als er dann Knall auf Fall entlassen und nachher «ein armer Kerli» wurde, insofern habe er ihm leid getan.

Der ehemalige Landjäger Fritz Krucker hingegen sagt: Ständig Frauen und Fussball im Kopf des Kommandanten, aber nie genug Zeit für das Korps, das konnte ja nicht gut gehen! «Ganz unabhängig von der Judensache wäre eine Entlassung gerechtfertigt gewesen!» Nur Günstlinge hätten die Absetzung bedauert. Krucker war seit 1937 bei der Polizei, er war ebenfalls auf dem Zentralposten anwesend. Fritz Krucker erinnert sich, wie er selber mit einer Zwangsjacke ausrücken musste, weil Grüninger am Ende den Platz nicht räumte – erst als zwei Landjäger samt einem Wachtmeister mit Zwangsjacken bewaffnet vor seinem Schreibtisch auftauchten, sei der Hauptmann gegangen.

Es kann jedoch sein, dass diese Geschichte von Krucker, da sie anderen Darstellungen widerspricht, in Wirklichkeit fünf Wochen später passierte, als man Paul Grüninger gar nicht vertreiben, sondern psychiatrisch internieren wollte.

Aus den Akten geht hervor, dass der Polizeikommandant am 3. April 1939 auf «punkt 8.30 Uhr» ins Amtshaus an der St. Galler Neugasse bestellt wurde, wo ihm ein ausserordentlicher Untersuchungsrichter einen Brief überreichte, etwa zweieinhalb Stunden nach seiner Begegnung mit Aspirant Schneider. Der Brief war acht Zeilen lang, er war vom Chef des Polizeidepartements unterzeichnet. Neben der vorläufigen Amtsenthebung teilte er dem Hauptmann die Eröffnung eines Strafverfahrens mit und verbot ihm jetzt schriftlich, die Räume der Kantonspolizei zu betreten. Mit der Leitung des Polizeikorps beauftragte der Regierungsrat interimsweise den Vorstand der Automobilkontrolle. Den bisherigen Stellvertreter des Kommandanten schickte er in Urlaub.

Nach den Akten zu schliessen wurde Paul Grüninger wegen Urkundenfälschung und Amtspflichtverletzung suspendiert. Nach Ansicht der Behörden hatte er seinen Chef hintergangen und das Eidgenössische Justiz- und Polizeidepartement zu täuschen versucht. Er hatte unrichtige Dokumente angefertigt und falsche Auskünfte gegeben. Als der Untersuchungsrichter seine Ermittlungen weiterzog, kamen bald noch zusätzliche Vergehen ans Licht, und die entdeckten Straftatbestände häuften sich angeblich «von Tag zu Tag».

Es gilt als sicher, dass Paul Grüninger im Jahr vor seiner Absetzung mehrere hundert, vielleicht einige tausend Menschen gerettet hat.

MÄRZ 1938. Österreich lässt sich von Deutschland erobern. Adolf Hitler verkündet die «Wiedervereinigung» des Reiches. Die österreichische Bevölkerung ist begeistert. Mit der Wirtschaft soll es nun aufwärts gehen. In Wien werden Leute, die kein Hakenkreuz tragen, eingesammelt und malträtiert. Jüdinnen und Juden werden aus ihren Wohnungen geholt, verhöhnt und beraubt. Karl Haber zum Beispiel, ein neunzehnjähriger Handelsangestellter, der später in die Schweiz fliehen wird, muss zusammen mit seinem Vater, zusammen mit vielen, auf der Strasse politische Parolen wegschrubben, Zahnbürsten und ähnliche Werkzeuge sollen sie benutzen; die Umstehenden johlen. Vor dem Lebensmittelladen des Vaters steht ein Posten mit Schild: «Arier kauft nicht bei Juden!» Der Vater ist bürgerlich und patriotisch, er hat im Ersten Weltkrieg gekämpft, er wird in Auschwitz umkommen. Bei der Schneiderin Susi Mehl zum Beispiel, der künftigen Frau von Karl Haber, steht eine alte Bekannte in Begleitung der SA vor der Türe; die alte Bekannte nimmt die Teppiche mit, die SA holt den Vater und die drei Brüder ab. Auch die Eltern von Susi Mehl werden nicht überleben. Der Terror ist eine Massenbewegung in Wien, oft geschildert: ein orgiastischer Pogrom. Die schlimmsten Verfolger sind die Nachbarinnen und Nachbarn. So einfach hatten es die Nazis im Altreich noch nie. Fast alle scheinen spontan mitzumachen. Fast alles ist erlaubt. In fünf Jahren soll Wien «judenrein» sein, hat Hermann Göring versprochen. Innert weniger Monate werden siebzigtausend Wohnungen konfisziert, jüdische Betriebe werden aufgelöst oder von sogenannten Kommissaren übernommen, die sie meistens auf eigene Rechnung weiterführen. Jüdische Angestellte fliegen raus, Verhaftungswellen, Totschlag etc. – ein Vorgeschmack auf das, was folgen wird, eine Probe für die totale Vernichtung, von der aber noch nicht die Rede ist.

Der Schuhmacher Moritz Hacker zum Beispiel, der im letzten Moment aus Wien entkam, weil ein Freund zu den Nazis übergelaufen war und ihn trotzdem vor der Festnahme warnte, sagt heute: «Ja, zuerst wollten sie, dass wir auswandern. Aber dann haben sie beschlossen: nicht mehr auswandern, sondern umbringen! Alles umbringen! – Haben Sie davon gelesen, von dieser alten Sache?»

Aus dem «Vorarlberger Tagblatt» an der Grenze, 18. März 1938, eine Woche nach dem deutschen Einmarsch:

«Bei der Denkart der Juden darf es nicht wundern, dass

diese volksfremden Elemente ausser Land gehen, da ihnen nun endlich auch in Österreich der Boden für Nichtstun und Gaunerei entzogen ist. Dass das 'grosse Wandern', wie es das Vorarlberger Tagblatt vor einigen Tagen nannte, von der heimattreuen Bevölkerung gerne gesehen wird, muss nicht besonders betont werden. Weniger erfreulich ist, dass diese Menschen noch zu retten suchen, was zu retten ist. Dank der schlagartig eingesetzten, sehr verschärften Kontrolle, die in Feldkirch ihren Abschluss findet und hier so gründlich besorgt wird, dass die internationalen D-Züge eine mehrstündige Verspätung erfahren, ist es schon in den ersten Tagen gelungen, namhafte Kapitalswerte sicherzustellen und dem deutschen Volke zu erhalten. Die am Feldkircher Bahnhof vorgenommene Kontrolle führte in der Zeit bis 16. März, 12 Uhr mittags, zur Beschlagnahme von Geld und Geldeswerten im Gesamtbetrage von 121 353 S[chilling] 17 G[roschen]. Die Reisenden, die dieses Vermögen verbotenerweise ins Ausland verschleppen wollten, sind genügend gekennzeichnet durch die Anführung einiger Namen: Charlotte Riesenfeld, Gustav Seemann, Balla Hirschberg, Friedrich Pollak, Moritz Brotfeld, Dr. Morgenstern, Georg Jakobsohn, Isaak und Sara Wachs, Emilie Rosenbaum, Julie Zweig, Dr. Lindenbaum, Dr. Kunststadt, Melanie Lindenbaum, Ludwig Zweig, Ludwig Schwarzschild, Alexander Goldstein, Edit Löwenstamm, Zima Löw u. a. Diese kleine Auslese der Namen genügt, die Rassezugehörigkeit festzuhalten. Wir wünschen nur, dass diese Menschen nie wiederkehren.»

Die ersten Flüchtlinge reisen in der Regel legal in die Schweiz. Mit gültigen Ausweisen. Sie dürfen zehn Mark mitnehmen, eventuell dreissig Mark, die Angaben widersprechen sich. Wenn die Flüchtlinge jüdischer Herkunft sind, gelten sie nach schweizerischen Kriterien nicht als politisch verfolgt. Gemäss einer Weisung des Bundesrates vom 12. März sollte ihnen die Umkehr empfohlen werden. Das geschieht vorläufig selten.

Aus dem Monatsbericht des Grenzwachtkommandos III in Chur vom 7. April 1938:

> «Am 13. 3. standen auf allen österreichischen Zollämtern auch deutsche Finanzbeamte und Polizeiorgane (SS-Leute) im Dienst. Gleichzeitig wurden die österr. Zollwachtposten dann auch durch Zuteilung von österr. Zollanwärtern (Rekruten) vermehrt. In den Tagen vom 12.–16. 3. erfolgte eine starke Personenausreise aus Österreich. Alle von Österreich nach der Schweiz kommenden Züge waren stark besetzt. Auffallend gering war die Zahl der aus Österreich fliehenden politischen Flüchtlinge. Von der Grenzwache und den Polizeiorganen sind in der zweiten Hälfte des Monats März ca. 30 politische Flüchtlinge aufgegriffen worden. So hat sich das grosse Ereignis des Anschlusses von Österreich an Deutschland vollzogen, ohne in unserem Dienstbetrieb und in unseren Dienstverhältnissen nennenswerte Rückwirkungen zu verursachen.»

Zu den ersten Flüchtlingen aus Österreich zählen beispielsweise die Schriftstellerin Gina Kaus und der Lyriker Walter Mehring. Sie treffen am 13. März in Feldkirch ein, der Dramatiker Carl Zuckmayer am 15. März. Der Dichter Jura Soyfer wird am 13. März auf der Vorarlberger Seite der Grenze verhaftet, er ist im Konzentrationslager Buchenwald gestorben.

EINES DER GROSSEN grenzpolizeilichen Probleme in der Zeit vor dem deutschen Einmarsch, erzählt Dr. Julius Längle, 1936–1938 Polizeireferent bei der Bezirkshauptmannschaft Bregenz in Vorarlberg, Anhänger der austrofaschistischen Schuschnigg-Diktatur, die im März 1938 zerschlagen wurde – eines der Probleme, weshalb er in den Jahren vor dem Anschluss Österreichs an Deutschland gelegentlich mit Polizeihauptmann Grüninger aus St. Gallen konferierte sowie mit dem Chef der deutschen Gestapo im bayerischen Lindau, sei die heimliche Durchreise von Spanienkämpfern gewesen, die in allen drei Ländern verboten war. Durch Vorarlberg seien wichtige Verbindungslinien nach Spanien gegangen. Illegaler Menschenschmuggel sei das gewesen, noch lange bevor die Juden kamen, und bei gemeinsamen Sitzungen mit seinem alten Freund Grüninger, einem tüchtigen Polizeioffizier, sowie mit Joseph Schreieder von der Gestapo, einem ausgezeichneten Kriminalbeamten, habe man jeweils die neuesten polizeilichen Erkenntnisse über diese Verbindungslinien ausgetauscht. Man habe einander gegenseitig die Anlaufstellen der Spanienkämpfer dies- und jenseits der Grenze verraten. «Hör zu», habe Paul Grüninger oft zu ihm gesagt, «Du los emoll, do isch denn en Aalaufschtell» – flugs habe er diese Anlaufstelle ausgehoben, die Spanienfahrer festgenommen und in ihre Herkunftsstaaten zurückschieben lassen. Politische Diskussionen habe es bei solchen Zusammenkünften nicht gegeben, es seien rein dienstliche Sitzungen gewesen. Auch Joseph Schreieder von der Gestapo habe nie eine politische Bemerkung gemacht, keine Gehässigkeiten oder so, man sei freundschaftlich miteinander umgegangen. Im März 1938 sei Schreieder dann von Lindau nach Bregenz versetzt worden und habe ihn, Dr. Julius Längle, sofort aus der Haft befreit, in die er als Polizeireferent durch die Rachegelüste der bis dahin ebenfalls verbotenen österreichischen Nazis geraten sei. Ohne den deutschen Gestapo-Chef wäre er zweifellos im Konzentrationslager gelandet, sagt Julius Längle, der unter dem neuen Regime aber wieder Beamter werden durfte und in der Zweiten Republik schliesslich Bezirkshauptmann von Bludenz.

Eines der auffälligsten Phänomene in den Vorarlberger Dörfern vor dem Anschluss, erzählt der Spengler Albert S. aus St. Gallen, Anhänger der Kommunistischen Partei und Aktivist der Roten Hilfe in den dreissiger und vierziger Jahren – etwas vom Auffälligsten seien also die vielen Bettlerinnen und Bettler in Vorarlberg gewesen, Staatenlose aus dem Ersten Weltkrieg oder Angehörige östlicher Länder, die zwischen der Schweiz und Österreich hin- und hergeschoben wurden. Manchmal habe es in bestimmten Dörfern mehr auswärtige Bettler und Staatenlose gegeben als Einwohnerinnen und Einwohner. Auch das «Gefangenenhaus» in Feldkirch, in dem Albert S. ein halbes Jahr lang sass, weil er Spanienkämpfer über die Grenze schleuste, sei 1937 mit Bettlerinnen und Bettlern halbvoll gewesen. Den Transfer der Spanienfreiwilligen hätten in der Ostschweiz massgeblich zwei Genossinnen aus Wien organisiert. Eine der Frauen habe sich im Rheintal scheinbar zur Kur aufgehalten, als herzkranke Lehrerin getarnt, die zweite habe von St. Gallen aus das Ganze geleitet. Ein paar Sozialdemokraten hätten auch mitgemacht, sagt Albert S., darunter ein Dr. Werner Stocker, Rechtsanwalt aus Davos, welcher bald darauf zum schweizerischen Zentralsekretär der Sozialdemokratischen Partei gewählt worden sei. Dieser Werner Stocker habe als Alpinist die Schleichwege durch die Bündner Berge gekannt, er sei ein bäumiger Typ gewesen; trotz seines Doktortitels habe er nie den geringsten Dünkel gezeigt, sondern mit ihm, dem kommunistischen Spengler, wie mit einem guten Kollegen verkehrt. Seine eigene Aufgabe sei es gewesen, erzählt Albert S., neue Anlaufstellen einzurichten, ortskundige österreichische Führer zu suchen und Nachforschungen anzustellen, falls eine Verbindungslinie plötzlich nicht mehr funktionierte. Das Land Vorarlberg sei in der Zwischenkriegszeit unvorstellbar arm dagestanden, ein Grossteil der Bevölkerung habe vom Schmuggel gelebt, es sei daher nicht speziell schwergefallen, bezahlte Führer für die Spanienkämpfer zu finden. Nach dem Anschluss Österreichs an Deutschland, während des Ansturms der Jüdinnen und Juden, sei die Grenzarbeit allerdings komplizierter geworden, wegen der schärferen Kontrollen. Dennoch sei es der Roten Hilfe sogar bis in den Krieg hinein gelungen, auf den Routen der Spanienkämpfer vereinzelt Kommunistinnen und Kommunisten aus dem Dritten Reich herauszuholen, berichtet Albert S., der infolge seiner politischen Haltung acht Jahre lang arbeitslos war und seinen Namen nun nicht mehr publiziert haben möchte.

Er sei heute froh, sagt Albert S., dass er nie jemanden habe töten müssen und dass ihn die Partei zur Grenzarbeit schickte, nicht direkt in den Spanischen Bürgerkrieg.

Im Gefängnis in Feldkirch, fügt Albert S. noch hinzu, hätten übrigens jene Häftlinge, die schon einmal von der St. Galler Polizei erwischt worden seien, sehr freundlich über Hauptmann Grüninger gesprochen. Grüninger sei ein anständiger Mann gewesen, er könne das aus seiner Kenntnis bestätigen, und im Feldkircher Gefängnis hätten die Spanienkämpfer und Bettler bereits im Sommer 1937 den St. Galler Polizeikommandanten für dessen Anständigkeit geradezu gerühmt.

Zur Lage an der Grenze, zweite Hälfte der dreissiger Jahre. Aus den unveröffentlichten Memoiren von Wachtmeister Leonhard Grässli, Zolleinnehmer auf dem Zollamt Diepoldsau im St. Galler Rheintal:

«Am 28. Juni 1936 berichte ich in einem Schreiben an das Grenzwachtkommando: 'Im Monat Mai 1936 wurden im Grenzwachtabschnitt Diepoldsau 74 Mittel- oder Staatenlose zurückgewiesen, davon nur 4 auf der Zollstrasse! Nebenbei sind im gleichen Monat von verschiedenen kantonalen Polizeibehörden 62 Staatenlose oder Nichtösterreicher in unsern Grenzabschnitt zur Ausweisung geleitet worden.' – Hier besteht die einzige Möglichkeit, die Staatenlosen 'los' zu werden, auf der Zollstrasse würden diese ja von den ausländischen Grenzbehörden ebenfalls wieder zurückgewiesen! Wie diese 'Überläufer' den Grenzübertritt fertig bringen, grenzt schon an 'Indianerlis'. (…) Die meisten werden aber nicht erwischt, zwischen der Grenzwache und Polizei und den 'Überläufern' entsteht eine besondere Art 'Fangis'! Nur Diensthunde sind gefürchtet. Im allgemeinen sind diese

'Handelsreisenden' harmlos. Doch nicht immer, vereinzelt widersetzen sie sich der Ausweisung (...) Verschupft, gemieden, selbst wenn sie wirklich wollten, finden sie keine Arbeit, wo soll das noch hinaus, und dann – *1938, am 13. März kehrt Österreich heim ins Reich,* und mit einem Schlage hört die moderne Reisläuferei auf. Nun können sich diese Unerwünschten als ehemals im Untergrund untergetauchte 'Nazis' und von der früheren Regierung Verstossene wieder in die Gesellschaft einreihen. Späteres Kanonenfutter!»

Von den Spanienkämpfern schreibt Leonhard Grässli nichts. Aber ein anderer Zeuge, der frühere Landjäger Ernst Kamm, der eine Zeitlang bei der Passkontrolle in Buchs gearbeitet hat, sah dort Menschen, die unversehrt einreisten und invalid wieder ausreisten, als die Spanische Republik an die Faschisten verloren war. «Da sind viele arme Cheiben durchgekommen», sagt Landjäger Kamm, «und noch ärmer kamen sie zurück. Ohne Glieder, ohne Arme, ohne Beine, ein Auge weniger – und alles, was es so gibt im Krieg.»

APRIL 1938. Drei Wochen nach Beginn der Wiener Pogrome halten sich drei- oder viertausend österreichische Flüchtlinge in der Schweiz auf. Immer noch gelangen die meisten legal ins Land. Manche sind bereits weitergereist, etwa fünftausend Emigrantinnen und Emigranten, die meisten aus Deutschland, waren vor dem März schon da.

Auf den 1. April verhängt der Schweizer Bundesrat die Visumspflicht für ehemalige Österreicher. Aussenminister Giuseppe Motta hat am 14. März dem deutschen Gesandten in Bern seine Bewunderung für den Anschluss mitgeteilt und ihn «als grösstes weltgeschichtliches Ereignis seit dem Weltkrieg» gelobt. An die schweizerischen Grenzübergangsstellen ergeht jetzt die Weisung, alle Personen zurückzuschicken, die über kein gültiges Visum verfügen, und wer ordnungsgemäss ausreisen dürfe, heisst es, werde ohnehin nicht als politischer Flüchtling anerkannt. Noch könnten aber viele ausreisen, wenn sie irgendwo hineingelassen würden. In Österreich lebten zum Zeitpunkt des Anschlusses rund zweihunderttausend Jüdinnen und Juden. Die Tschechoslowakei zum Beispiel hat ihnen den Zugang bereits im März versperrt.

Dem Bundesratsentscheid ist eine mehrtägige Dienstfahrt von Plinio Maggetti vorausgegangen, einem Beamten der Eidgenössischen Fremdenpolizei, welcher die Grenze im St. Galler Rheintal besichtigte, in herannahenden Zügen die Juden zählte, sich über ihre fremdartigen Namen wunderte, ihre Abfertigung inspizierte, auch nicht ganz unberührt blieb von der Tragik in ihren Gesichtern, mit den deutschen Grenzstellen sowie mit der St. Galler Polizei verhandelte und sichtlich unbefriedigt nach Bern zurückkehrte.

In Buchs, notiert Plinio Maggetti, an «der wichtigsten Eingangspforte aus dem Osten» würden die Reisenden auf der Schweizer Seite nur flüchtig überprüft, das eidgenössische Polizeiregister, der «Zeller», werde praktisch nie nachgeschlagen, die kantonalen Grenzpolizisten seien zum Teil unerfahren und überlastet. Der Kanton St. Gallen stelle sich ausserdem auf den Standpunkt, die Bewachung der Grenze geschehe im Interesse der ganzen Schweiz, und die daraus entstehenden Kosten müssten deshalb vom ganzen Land bezahlt werden.

Dass an der Grenze überhaupt Ausweise nötig sind, erscheint 1938 vielleicht etwas weniger selbstverständlich als später. Eine systematische Fremdenkontrolle ist in der Schweiz kaum zwanzig Jahre alt, der kleine Grenzverkehr zwischen den Dörfern im Rheintal hat an einigen Orten noch bis zum Anschluss ohne Papiere funktioniert. Die Passkontrolle in Buchs, schreibt der Fremdenpolizist Maggetti, werde oft nur als ein «notwendiges Übel, ein Hindernis für die Abwicklung der anderen Grenzfunktionen betrachtet». – Streng genommen, so Maggetti, müssten schon jetzt «alle Juden, welche an unserer Ostgrenze erscheinen», zurückgewiesen werden, da sie mittellos seien. Dies geschehe jedoch nicht. «Allein die Einführung des Visums für alle österreichischen Pässe würde die dringend erforderliche Abhilfe schaffen.»

Im Bundesratsentscheid vom 28. März heisst es dann: «Abgesehen von der Lage unseres Arbeitsmarktes gebietet schon der Grad der Überfremdung die strikteste Abwehr eines längeren Aufenthaltes solcher Elemente.» Und ein Satz, der Jahrzehnte später in der schweizerischen Öffentlichkeit für Aufsehen sorgen wird, steht auch in diesem Entscheid: «Wenn wir einer unseres Landes unwürdigen antisemitischen Bewegung nicht», wie der Bundesrat formuliert, «berechtigten Boden schaffen wollen, müssen wir uns mit aller Kraft und, wo es nötig sein sollte, auch mit Rücksichtslosigkeit der Zuwanderung ausländischer Juden erwehren, ganz besonders vom Osten her.»

Nach der Einführung der Visumspflicht werden in den nächsten zweieinhalb Monaten fast gar keine Flüchtlinge mehr gemeldet. Es gibt fast keine Abschiebungen. Zumindest in den Akten der St. Galler Polizei sind bis zum Sommer kaum Rückschaffungen verzeichnet. An der Grenze kehrt plötzlich eine sonderbare Ruhe ein. Das Grenzwachtkommando III berichtet am 8. Juni 1938: «Schmuggler und Überläufer sind wie vom Erdboden verschwunden.»

ENDE JULI beginnt die zweite grosse Massenflucht aus Österreich.

Charles Tenenbaum, Kaufmann in Wien bis 1938, Emigrant in der Schweiz bis 1945, seither in Brooklyn, New York, schreibt heute in einem Brief:

«Am 23. Juli 1938 bin ich und meine Frau nach der Schweiz illegal geflüchtet. Wir sind von der Grenzwache in der Schweiz verhaftet worden und nach Hohenems zurück gestellt worden. Dort hat uns die österreichische Grenzwache übernommen. Die haben uns verholfen, während der Nacht nochmals über die Grenze zu gehen. Wir sind in Diepoldsau angelangt, haben uns in einem Garten versteckt und in der Früh sind wir zum Bollag, Regenmantelfabrik, gekommen.

Den Namen hat uns ein Grenzpolizist gegeben. Von dort sind wir in einem Taxi nach St. Gallen angelangt. In St. Gallen haben wir einen Tempel gesucht. Die Leute haben uns sofort aufgenommen und uns in einer Gastwirtschaft untergebracht. Dort haben wir ein Zimmer und Mahlzeit bekommen. Die Jüdische Gemeinde hat alles für uns gezahlt. Wir waren die ersten Emigranten, ich Nr. 1 und meine Frau Nr. 2. (…) – Unsere Erfahrung an der Schweizergrenze war nicht gut. Wie uns die Schweizer Grenzwache verhaftet hat und uns zurück geschickt hat, hat meine Frau die Bemerkung gemacht, dass wir uns aufhängen können, nachdem wir keine Zukunft haben, darauf hat der Schweizer Grenzwächter geantwortet: Es ist schade um den Strick. Darauf ist meine Frau sehr böse worden und hat ihm geantwortet: Wir werden Sie in der Schweiz sehen.»

Im Hochsommer 1938, sagt der ehemalige Landjäger Ernst Kamm, sei er eines frühen Morgens aus dem Schlaf geholt und vom Polizeidepartement nach Diepoldsau geschickt worden, um ein Flüchtlingslager einzurichten. In einer einzigen Nacht, vom 28. auf den 29. Juli, seien zwölfhundert Flüchtlinge illegal über die Grenze gekommen. Vielleicht auch in zwei oder drei Nächten gegen Ende Juli: Durch den Alten Rhein seien sie gewatet, alle durchs gleiche Loch geschlüpft in Diepoldsau, etwas rechts vom Zollamt, dort im Gebüsch, wo diese Erlenstauden standen. Halbtrocken sei der Rhein dort gewesen. Zuerst seien praktisch nur Männer gekommen. Lauter Väter mit ihren Söhnen. Und sofort habe der Kurierdienst höllisch funktioniert bis nach Wien. Plötzlich habe «jedes Jüdli haargenau gewusst, wo es durchmusste». Die hätten Skizzen und Fotos dabeigehabt, um den Weg zu finden. Sonst habe man ihnen ja alles abgenommen, ohne Hab und Gut seien sie über die Grenze, vollständig ausgebeutet. Aber die Skizzen und Fotos hätten sie sich von niemandem wegnehmen lassen.

«Und dann musste ich also das Lager aufbauen.»

EIN ALTER KÄMPFER für die Sache der Arbeiterschaft, ein Sozialist aus der Gründerzeit war er: Ein gelernter und, nach manchen Berichten, auch sehr begabter Stickereizeichner, der 1912 Gewerkschaftssekretär wurde, 1916 Redaktor der «Volksstimme», 1919 Nationalrat und 1930, mit sechsundfünfzig Jahren, Regierungsrat des Kantons St. Gallen. Ein witziger Polemiker soll er gewesen sein, ein hartnäckiger Ankläger der skandalösen Verhältnisse in der lokalen Textilindustrie. 1918 im Generalstreik hatte ihn das Militär arretiert; als Journalist wurde er öfters wegen Pressedelikten bestraft. – Er war der einzige Sozialdemokrat in der St. Galler Regierung, ein Pazifist, der noch 1935 eine Rede gegen die bewaffnete Landesverteidigung hielt. Die sechs bürgerlichen Regierungsratskollegen plazierten ihn gegen seinen Wunsch ins undankbare Polizeidepartement, zu dem damals sinnigerweise auch das Arbeitsamt gehörte, mitten in der Krise. Er war ein erklärter Feind aller Nazis und Faschisten, die er selbst gegen den Widerstand der Bundesbehörden mit polizeilichen Mitteln zu bekämpfen versuchte. Die frontistischen Blätter griffen ihn regelmässig an, mehrfach attakkierte ihn auch der Schweizerische Vaterländische Verband, welcher ihn zuletzt im Frühjahr 1939, kurz vor der dritten Wiederwahl bezichtigte, er sei als kantonaler Polizeivorstand in eine Emigranten-Schlepper-Affäre verwickelt, er habe Parteigenossen aus Österreich gerettet – und einen Monat später setzte Regierungsrat Valentin Keel, dieser «gutherzige Mensch», wie ihn alte Arbeiter noch heute bezeichnen, seinen bürgerlichen Polizeihauptmann Paul Grüninger ab.

In der linken Presse blieb es auffallend still.

Auch die rechte Presse stellte keine ernsthaften Recherchen an. Das offizielle Communiqué des Regierungsrates liess die Vorwürfe gegen Grüninger zunächst im dunkeln: «Mit Rücksicht auf einen über die Handhabung der Emigrantenpolizei anhängigen Untersuch», teilte die Regierung lediglich mit, sei der Polizeikommandant «bis auf weiteres» in seinen Funktionen suspendiert. Viel Raum für Gerüchte. In der Folge glaubten einige Zeitungen, der Hauptmann sei wegen illegaler Zusammenarbeit mit der Gestapo gestürzt, doch Regierungsrat Valentin Keel dementierte. Die nationalsozialistische «Front» in Zürich schrieb, sie habe in Grüninger stets «einen national gesinnten Beamten» gesehen. Die «Republikanischen Blätter» in Bad Ragaz schrieben, Grüninger habe «weder mit den Frontisten noch mit den Nationalsozialisten zu tun», und «das, weswegen Hauptmann Grüninger in Untersuchung» stehe, spreche ganz im Gegenteil «für seine Menschlichkeit». Der freiwirtschaftliche «Demokrat» aus Heiden erinnerte in einem verklausulierten Karfreitags-Leitartikel unter dem Titel «Der Hauptmann» an jenen biblischen Offizier, welcher einst die Hinrichtung von Jesus kommandierte, seine Pflicht treu erfüllte und dabei von «vornehmen Herren als Werkzeug eines Verbrechens missbraucht worden» sei; dieser Hauptmann habe nachher seine Tat schwer bereut, schrieb der «Demokrat», doch die Erkenntnis müsse ja nicht immer erst kommen, wenn es zu spät sei.

Die regionalen Tageszeitungen schwiegen zumeist. Der «Fürstenländer» in Gossau meldete fälschlicherweise, Grüninger befinde sich in Untersuchungshaft. Das freisinnige «St. Galler Tagblatt», die katholisch-konservative «Ostschweiz» und die sozialdemokratische «Volksstimme» brachten ausser der knappen Mitteilung des Regierungsrates nichts. Als Grüningers Entlassung sechs Wochen später endgültig beschlossen war, präzisierte eine zweite regierungsrätliche Bekanntmachung, es handle sich bei den Vergehen des Hauptmanns «im wesentlichen um Amtspflichtverletzung und Anstiftung zur Urkundenfälschung». Diese Delikte stünden im Zusammenhang «mit der Einreise von Emigranten».

Exakt anderthalb Jahre vergingen, bevor die St. Galler Öffentlichkeit etwas über die Hintergründe erfahren durfte. Denn die einzige Zeitschrift, die schon im Frühjahr 1939 mit brisanten Details aufgewartet hatte, war auf Betreiben Valentin Keels umgehend beschlagnahmt worden. Die Publikation hiess «Guggu»: ein kleines Zürcher Satireheft mit Spottversen, Glossen, kuriosen Einsendungen aller Gattung, eine Art ganzjähriger, wöchentlich erscheinender Fasnachtszeitung. Am 25. Mai 1939 druckte der «Guggu» einen Brief aus dem Kanton St. Gallen ab. Der Verfasser blieb zwar vorerst anonym, er konnte indessen schnell identifiziert und wegen seiner Äusserungen zur Verantwortung gezogen werden.

Der Autor war ein ehemaliger Landjäger namens Christian Dutler. Er hatte seine Stelle bei der St. Galler Polizei schon im letzten Dezember verloren und sieben Wochen in Untersuchungshaft gesessen. Jetzt hatte er die Nase voll und packte aus.

An einem Sonntag im April 1938, so geht der erste Teil der Geschichte aus dem «Guggu», ein Jahr vor der Suspendierung des Hauptmanns und wenige Wochen nach dem Anschluss Österreichs ans Deutsche Reich, wurde der Grenzpolizist Christian Dutler auf dem Zollamt in St. Margrethen während der Dienstzeit von vier Männern aufgesucht. Einer der Männer, Karl Zürcher hiess er, stellte sich ihm als Leiter der Sozialistischen Jugend in St. Gallen vor. Einen der anderen, Karl Zweifel, kannte Dutler als langjährigen Polizeikollegen, aber diese Namen wurden im «Guggu» nicht erwähnt. Die vier Besucher erklärten dem Landjäger Dutler, sie kämen im Auftrag von Regierungsrat Valentin Keel, sie müssten sich erkundigen, «wie es am besten möglich sei, zwei Emigrantenkinder in die Schweiz zu bringen». Es seien dies «ein Knabe von 9 Jahren und ein Mädchen von 11 Jahren, deren Eltern bereits nach Paris geflüchtet seien». Die Ausweisschriften der Kinder, sagten die Männer, hätten die Eltern.

Christian Dutler war dreiunddreissig Jahre alt, Sohn eines Schifflistickers aus Rans bei Buchs, Familienvater und Sozialdemokrat. Auch der Kollege Karl Zweifel gehörte der Partei an. Aufgrund der Visumspflicht hätten die Kinder zurückgeschickt werden müssen. Doch da ihm die Besucher nun versicherten, er sei für jede Handlung vom linken Regierungsrat vollständig gedeckt, fand der Grenzpolizist leicht einen Ausweg: Noch am selben Tag konnten die Kinder einreisen.

«Kurze Zeit später», schreibt Christian Dutler im «Guggu», sei man wieder «mit einem solchen Gesuch» an ihn herangetreten, erneut sei behauptet worden, dass der Genosse und Regierungsrat Valentin Keel hinter der Sache stehe, und allmählich, schreibt Dutler, seien dann «immer Leute aus Zürich» gekommen, um in St. Margrethen illegale Flüchtlinge abzuholen.

Tatsächlich hatte mit der Unterredung im April 1938 eine mehrmonatige heimliche Rettungsaktion für Sozialistinnen und Sozialisten begonnen. Ein regelrechter Fluchthilfe-Ring entstand im Rheintal, organisiert vom schweizerischen Zentralsekretär der Sozialdemokratischen Partei in Zürich, dem früheren Davoser Rechtsanwalt Werner Stocker, der gleichzeitig die Kontakte zum St. Galler Polizeivorstand hielt. Neben den Landjägern Christian Dutler in St. Margrethen und Karl Zweifel in Buchs konnte Stocker noch eine Anzahl weiterer Helfer gewinnen, etwa den Zürcher Buchhändler Willi Zahn, den Bühnenbildner Röbi Furrer vom Schauspielhaus, die Parteifunktionäre Hans Mathys und Bruno Grimm sowie den Wirt und Taxifahrer Alfred Schachtler aus St. Margrethen. Schachtler hatte schon beim Transfer von Spanienkämpfern mitgewirkt, und Stocker, der jetzt auch die sozialdemokratische «Schweizerische Flüchtlingshilfe» präsidierte, kannte ihn wohl aus dieser Zeit.

Zur Methode der beiden Polizisten wird in einem Gerichtsurteil 1941 zu lesen sein:

«In der Strafuntersuchung gestanden die Landjäger Zweifel und Dutler (…), in vielen Fällen den Grenzübertritt von Ausländern, die nicht im Besitze gültiger Ausweispapiere waren, entgegen den bestehenden Vorschriften ermöglicht zu haben, indem sie dieselben bei der Zugskontrolle in Feldkirch oder auf der Herfahrt ungehindert durchliessen oder ihnen entweder selbst oder durch Mittelspersonen mit falschem Namen und falschem schweizerischem Wohnsitz ausgefüllte Passierscheine, die nur für Grenzanwohner im kleinen Grenzverkehr bestimmt sind, übergaben, mit denen sie dann die deutsche und die schweizerische Grenzkontrolle passieren konnten.»

Zur Rolle des sozialdemokratischen Parteisekretärs wird das Gerichtsurteil 1941 festhalten:

«Die beiden Landjäger standen hiebei in Verbindung mit Dr. Stocker in Zürich (...), der ihnen jeweils die Emigranten, welche über die Grenze gebracht werden sollten, bekannt gab. Die beiden Angeschuldigten beriefen sich nun darauf, dass Dr. Stocker ihnen erklärt habe, er handle in vollem Einverständnis mit Regierungsrat Keel und übernehme für sein Handeln die volle Verantwortung. (...) Dr. Stocker bestätigte, dem Dutler erklärt zu haben, er (Dutler) handle im Einvernehmen mit Regierungsrat Keel und er (Stocker) übernehme die volle Verantwortung.»

Zur Einstellung Valentin Keels wird Stocker laut Gericht aussagen:

«Die Versicherung, dass 'wir' – gemeint wohl Keel und er – die Verantwortung übernähmen, habe sich darauf bezogen, dass sie gewünscht hätten, dass politische Flüchtlinge unter keinen Umständen, wie auch die Art ihres Grenzübertrittes sei, zurückgewiesen werden sollten.»

Die Partei beschaffte Christian Dutler für seine verbotenen Aktivitäten sogar ein Motorrad, daran erinnert sich heute die Witwe von Werner Stocker, und nachdem er im Juli 1938 von St. Margrethen ein paar Kilometer ins Landesinnere versetzt worden war, angeblich aus disziplinarischen Gründen, machte er kurzerhand in der Freizeit weiter, transportierte an der Zensur vorbei Briefe ins Reich, schmuggelte Parteiakten und Menschen heraus, die sonst vielleicht verloren gewesen wären.

Als die Sache eines Tages aufflog, so sah es der Landjäger, liess ihn sein Regierungsrat jedoch augenblicklich fallen.

AUCH ER SEI einige Male nach Österreich gefahren, sagt der damals achtzehnjährige Niklaus Wagner aus St. Gallen, aber nicht im Auftrag von Werner Stocker, sondern auf Bitten von Karl Zürcher, seinem Freund aus der Sozialistischen Jugend, mit dem er in der Firma Weder, Feuerlöscher-Produktion, zusammengearbeitet habe. Er sei jeweils einfach nach drüben gegangen, zu einer bestimmten Zeit an einen bestimmten Treffpunkt in Bregenz, Feldkirch, Hohenems, Frastanz, Lindau oder gar bis nach Innsbruck, und habe den dort wartenden Leuten ein Couvert zugesteckt, ihnen die Abfahrtszeit des Zuges angegeben, mit dem sie an der Grenze eintreffen sollten, und ihnen auch eingeschärft, sie dürften kein Geld mitnehmen. Es seien alles ältere Leute gewesen, die jüngsten vielleicht um die fünfzig. Irgendwoher hätten diese Emigranten offenbar gewusst, bei wem sie sich in der Schweiz telefonisch anmelden mussten. Aber er selber habe sie nie, kein einziges Mal, über die Grenze begleitet, er sei immer allein zurückgefahren. Sicher zwölf Mal sei er drüben gewesen, und diese Couverts hätten Passierscheine enthalten, ausgefüllte Tagesscheine für den kleinen Grenzverkehr, welche die Flüchtlinge, falls sie pünktlich eintrafen, den eingeweihten Polizisten an der Passkontrolle vorweisen konnten. Er sei immer dann hinüber, sagt Niklaus Wagner, wenn Karl Zürcher selber nicht dazu gekommen sei, oder vielleicht habe man Zürcher auch einmal verhaftet bei einem derartigen Gang, vielleicht habe Zürcher deshalb gar nicht mehr hinüber dürfen und ihn geschickt.

Dass Regierungsrat Valentin Keel etwas mit der Sache zu tun gehabt habe, sei ihm nicht erinnerlich, sagt Niklaus Wagner. Er habe jedoch gewusst, dass Zürcher mit Polizeihauptmann Grüninger verkehrte. Von Zürcher habe er meistens auch die Couverts mit den polizeilichen Passierscheinen erhalten. Er sei überzeugt, dass Grüninger und nicht Keel daran beteiligt gewesen sei. – «Angst brauchst du keine zu haben», habe ihm der heute längst verstorbene Karl Zürcher einst erklärt: «Der Hauptmann Grüninger ist dabei.»

IN DEN DOSSIERS der St. Galler Polizei tauchten Leute, die im Frühjahr und Sommer 1938 dank ihrer Verbindung zu sozialdemokratischen Kreisen entkamen, wahrscheinlich selten auf. Oft reisten sie sofort nach Frankreich weiter, oder sie wurden erst in Zürich registriert. Doch es gibt einige schriftliche Hinweise auf politische Emigrantinnen und Emigranten, die in den ersten Monaten nach Einführung der Visumspflicht auf eigene Faust in die Schweiz fliehen mussten. Man behandelte sie ganz unterschiedlich:

Am 26. Juli zum Beispiel passiert der päpstliche Geheimkämmerer und Universitätsprofessor, Monsignore Dr. Johannes Messner, den Zollposten bei Tosters in Liechtenstein. Messner ist ein Vertrauter des früheren österreichischen Bundeskanzlers Kurt Schuschnigg, über dessen 1934 ermordeten Vorgänger Engelbert Dollfuss hat er ein Buch geschrieben. Messner gilt als einer der christlich-konservativen Ideologen des autoritären Ständestaates. Das Fürstentum Liechtenstein und die Schweiz erreicht er unkontrolliert mit einem Ausflüglerbus, er stellt sich sofort bei der Fremdenpolizei. Als mögliche Referenzen für sein Asylgesuch nennt er unter anderem den Chefredaktor der «Ostschweiz» in St. Gallen und den rechtslastigen Freiburger Schriftsteller Gonzague de Reynold. Messner darf sich provisorisch im Kanton Glarus niederlassen, bevor er nach Grossbritannien übersiedelt.

Ebenfalls am 26. Juli durchschwimmt der Kommunist Karl Schiffer, der wegen der angeblichen Ermordung eines SA-Mannes gesucht wird, den Rhein bei Diepoldsau. Ihm geht es anders als dem Monsignore. Er versteckt sich in der Küche eines Restaurants, die Wirtin verpflegt ihn, trocknet seine durchnässten Kleider. Doch beim Verlassen des Lokals wird Schiffer von einem Landjäger verhaftet. Seine Erklärung, ein Mitglied des Zürcher Kantonsrats stehe für ihn ein, hilft nichts. Schon am nächsten Morgen jagt man ihn über die Grenze zurück. Karl Schiffer schafft es dann trotzdem in die Schweiz. Die österreichische Kommunistische Partei hat ihm als letzte Möglichkeit erstaunlicherweise empfohlen, sich an die Schweizer Konsularagentur in Bregenz zu wenden. Dort hört sich ein Beamter Schiffers Geschichte aufmerksam an – und stempelt ihm wirklich ein Visum in den Pass, obwohl er das nach eigener Aussage gar nicht dürfte. Der Beamte sorgt ferner dafür, dass Schiffers fünfzig Franken Reisegeld von einem Eisenbahn-Angestellten durch den Zoll geschmuggelt werden. Karl Schiffer reist nach Zürich, er wird nicht mehr ausgeschafft, bleibt bis zum Kriegsende in der Schweiz, durchläuft verschiedene Flüchtlingslager und kehrt 1945 nach Österreich zurück. 1987 ist er gestorben; den unbekannten Schweizer, der ihm 1938 in Bregenz das Leben rettete, hat er in einer Autobiographie als «grossen, schwarzhaarigen Mann mit elegant gestutztem Schnurrbart» geschildert. Das Signalement passt auf den Beamten Ernest Prodolliet, den stellvertretenden Leiter der Konsularagentur, der ein halbes Jahr später aus Bregenz abberufen wurde, weil er sich auch bei weiteren Flüchtlingen nicht an die Anweisungen der Vorgesetzten hielt.

Zwischen 1933 und 1945 lebten in der Schweiz nie mehr als zweihundert reguläre, das heisst, von der Bundesanwaltschaft formell anerkannte politische Flüchtlinge. Anfang 1938 sind es 116, Ende des Jahres 123, im Kanton St. Gallen steigt die Zahl in diesem Jahr von 13 auf 18.

Die Zahl der Flüchtlinge ohne politische Anerkennung aber erhöht sich in St. Gallen im Sommer und Herbst 1938 von schätzungsweise null auf gegen tausend.

Juli 1938. Im ehemaligen Österreich tritt ein Dekret in Kraft, das den jüdischen Bürgerinnen und Bürgern die Arbeit im Handel und in der Industrie untersagt. Die Mehrheit der «nicht-arischen» Bevölkerung hat jetzt keine Existenzgrundlage mehr, sie wird systematisch zur Auswanderung gezwungen, die jüdischen Vermögen sind registriert und müssen zurückgelassen werden. Kein Land will die Leute aufnehmen. Die Schweiz steht durchaus nicht alleine da; von den 36 westeuropäischen und amerikanischen Staaten, die im Juli 1938 eine internationale Flüchtlingskonferenz in Evian abhalten, verschärfen in der Folge die meisten ihre fremdenpolizeilichen Bestimmungen für deutsche und österreichische Emigrantinnen oder Emigranten, statt sie zu erleichtern, was eigentlich Zweck der Konferenz gewesen wäre. Der Schweizer Generalkonsul in Wien, Walter von Burg, schickt seit Anfang Juni alarmierende Berichte nach Bern; Visa lässt er kaum mehr ausstellen, es sei denn nach Vorlage eines Arierausweises (wie das «Israelitische Wochenblatt», Nr. 27/1938, meldet) – und der Konsul entspricht damit zweifellos den Erwartungen des Eidgenössischen Justiz- und Polizeidepartements (EJPD): Einreisen sollten nur bewilligt werden, «wenn einwandfrei festgestellt ist, dass es sich nicht um Juden handelt», mahnt Bundesrat Johannes Baumann am 16. Juli noch einmal, selbst das Vorliegen einer kantonalen Arbeitsbewilligung dürfe von dieser Prüfung nicht entbinden, denn es komme vielleicht vor, dass sich ein Kanton «in bezug auf die Zugehörigkeit eines Gesuchstellers zum Judentum» täusche. Die Regierung in Bern passt sich den deutschen Rassegesetzen umstandslos an.

Doch Ende Juli scheinen die ganzen bürokratischen Abwehrmassnahmen der Bundesbehörden plötzlich unnütz zu werden: Jetzt gerät die Situation direkt an der Grenze ausser Kontrolle. Die Grenzstellen sind offensichtlich nicht mehr imstande, ihre Aufgabe nach den Vorstellungen des Bundes durchzuführen. Das Grenzwachtkommando III in Chur, zuständig für den Abschnitt von Italien bis zum Bodensee, protokolliert über den Monat Juli zuerst:

«Nachdem in Österreich alles, was sich nicht durch Arbeit ausweisen konnte, in die Arbeitslager gesteckt wurde, ist für

die Grenzwache eine Entlastung eingetreten. Es werden nur
mehr vereinzelte zweifelhafte Elemente aufgegriffen. Die freiwilligen 'Spanienfahrer' sind von der Bildfläche verschwunden»,

und kommt dann unvermittelt auf die Flüchtlinge zu sprechen, von
denen seit April kaum mehr die Rede war. In einigen Fällen seien
schwarz eingereiste Flüchtlinge bisher «durch die Polizei in bruta-
ler Weise wieder abgeschoben» worden, schreiben die Zöllner, jetzt
aber habe man die Praxis geändert:

> «Da es sich bei den Flüchtlingen fast ausnahmslos um Juden
> handelt, werden diese nunmehr der Kultusgemeinde Basel
> zugeführt, welche für die Weiterleitung dieser Leute sorgt,
> so dass von der Zurückweisung Umgang genommen wird.»

Von Basel aus überstellt man die Flüchtlinge nach Frankreich, mit
und ohne Erlaubnis der französischen Behörden. Bald treffen allerdings viel zu viele ein, als dass man sie auf diese Weise loswerden
könnte. – Am 4. August notiert Robert Jezler, Mitarbeiter der Polizeiabteilung im EJPD, in einem internen Memorandum:

> «Die Berichte aus Basel, Buchs, Diessenhofen usw. lassen
> darauf schliessen, dass der Zustrom von Flüchtlingen in der
> allerletzten Zeit wieder beträchtlich anschwillt. (...) Motiv
> zur Flucht sind allgemein die Judenverfolgungen, die von
> vielen Flüchtlingen eindrücklich geschildert werden. Die
> meisten der in letzter Zeit hereingekommenen Flüchtlinge
> sind jedoch nicht eigentlich aus eigenem Willen geflohen,
> sondern wurden zur Ausreise genötigt. Regelmässiges Ver-
> fahren: Sie werden in Wien verhaftet, meist ohne jede Grund-
> angabe, bleiben einige Wochen in Haft, werden dann nach
> Feldkirch abgeschoben; dort müssen sie eine Erklärung un-
> terzeichnen, durch die sie sich verpflichten, nie mehr ins

Deutsche Reich zurückzukehren. Auf Widerhandlung wird ihnen mit Dachau gedroht. Dann heisst's: innert 24 Stunden über die Grenze!»

Für einen kurzen Moment scheint sich die Schweiz an einzelnen Stellen fast wieder zu öffnen. In Buchs zum Beispiel trifft am 3. August der jüdische Medizinstudent Bruno A. mit dem Zug ein, er hat schon zu Hause in Wien gehört, er müsse sich hier an einen «Inspektor Gabathuler» wenden. Wachtmeister Ferdinand Gabathuler ist der Chef des Polizeipostens in Buchs. Er sperrt die ankommenden Flüchtlinge über Nacht in eine Gemeinschaftszelle, nicht ohne sich bei ihnen dafür zu entschuldigen, wie Bruno A. heute erzählt, und am nächsten Tag bringt er sie nach St. Gallen zur Israelitischen Flüchtlingshilfe. Dort werden sie auf Pensionen und Gasthöfe verteilt. Gabathuler kann nicht heimlich so handeln, er tut es mit Wissen von Polizeihauptmann Grüninger, wahrscheinlich auch mit Wissen von Regierungsrat Valentin Keel.

Am 10. August teilt die Polizeiabteilung im EJPD dem Bundesrat mit, sie habe «ein Kreisschreiben an die Grenzpolizeiposten der schweizerisch/deutschen Grenze gerichtet» mit der Anweisung, «wenigstens die sich direkt bei ihnen meldenden Flüchtlinge» zurückzuschicken und sie den deutschen Passbehörden zu übergeben.

Man hält sich nicht überall daran.

HARRY WEINREB lebt heute in Genf. Er ist zweiundsiebzig Jahre alt, 1938 war er siebzehnjährig, Verkäuferlehrling. Am 11. August ging er ohne Visum über den Strassenzoll bei Diepoldsau in die Schweiz. Er sagt: «Paul Grüninger hat mir das Leben gerettet.»

Harry Weinreb arbeitete in einem Wiener Textilgeschäft, als die Deutschen einmarschierten, der Laden wurde sofort «arisiert», die jüdischen Angestellten wurden gefeuert, die Lehrlinge wurden noch etwas behalten, für eine kurze Übergangszeit, bis sich das neue

Personal und der neue Geschäftsführer genug auskannten im Betrieb. Danach verloren auch die Lehrlinge ihre Stellen. «Von den Österreichern haben die Deutschen gelernt, was man mit Juden alles machen kann», sagt Harry Weinreb. Die Pogrome und Quälereien auf den Wiener Strassen seien manchmal sogar den Deutschen zuviel geworden, ab und zu hätten sie dagegen eingegriffen.

Weinrebs Vater war Handelsvertreter; ihm passiere sicher nichts, sagte der Vater beim Abschied des Sohnes, keine Sorge, er sei schliesslich Frontkämpfer im Weltkrieg gewesen, er habe Medaillen und Auszeichnungen. Mit der Konjunktur stehe es ausserdem jetzt besser seit dem Anschluss, die Wirtschaftskrise sei anscheinend vorbei; gute Aussichten für einen Handelsvertreter, im Prinzip. Und der Sohn dachte, es sei also nicht für lange, spätestens in einem Jahr werde er zurückkehren, alles werde wieder genauso sein wie zuvor. Von sich aus wäre er wohl gar nicht geflohen, sagt Harry Weinreb. Eigentlich war es die Entscheidung von zwei Freunden, zwei Brüdern, damals achtzehn und neunzehn Jahre alt, Herrenschneider und Handelsangestellter: «Wir gehen morgen in die Schweiz, kommst du mit?» fragte der ältere eines Tages. Die zwei Freunde seien eben reifer gewesen, sagt Harry Weinreb, und hätten eher gemerkt, dass es keine Hoffnung mehr gab. Er habe sich ihnen dann einfach angeschlossen, mit jugendlicher Abenteuerlust sozusagen, der Weg ins Exil sei ihm persönlich fast wie eine Fahrt ins Pfadfinderlager vorgekommen. Den Vater sah er nie mehr.

Abreise am 10. August; ohne Visum natürlich, aber mit einer Ausreiseerlaubnis der Nazis, Ankunft frühmorgens in Feldkirch, Vorarlberg. Die Gestapo holt sie aus dem Zug und befiehlt ihnen, eine Fahrkarte für die Rückreise zu kaufen. Ohne Visum sei es unmöglich, die Grenze zu überqueren. Eventuell meint es die Gestapo aber gar nicht so ernst, jedenfalls beaufsichtigt sie die Rückfahrt nicht weiter und hat vielleicht nur ein bisschen gedroht; die Schweiz protestiert in diesen Tagen nämlich dauernd gegen die Zuschiebung von Jüdinnen und Juden. Für eine Fahrkarte nach Wien hätten die drei Flüchtlinge ohnehin kein Geld. Sie haben nicht einmal Gepäck dabei, nur Badehosen. Statt nach Wien lösen sie jetzt ein Billett nach Hohenems an die Grenze. Von dort aus marschieren sie zu Fuss über die Felder, in ihren dunklen Anzügen, die Badehosen in der Hand, Richtung Rhein. Noch einmal kontrolliert sie ein österreichischer Zöllner, der mit dem Velo heranradelt, will sie zurückschicken, sie gehorchen ihm nicht, er lässt sie gehen. Auf der anderen Seite des Flusses, in Diepoldsau, hat ihnen jemand in Wien gesagt, gebe es ein Strandbad, das auch von Vorarlbergern benützt werde, sie müssten halt so tun, als wären sie Einheimische, die bloss schnell in die Schweiz zum Baden wollten. Drei junge Herren mit Wiener Dialekt, förmlicher Kleidung, jüdischen Namen, Ausreisestempeln im Pass – schöne Badegäste! Auf der Schweizer Seite ist der Chef des Zollamtes ein gewisser Herr Grässli, sie laufen ihm direkt in die Arme. Er glaubt ihnen natürlich kein Wort. Aber die drei weigern sich ganz entschieden, nach Österreich zurückzukehren.

Die Schweizer Grenzwächter, sagt Harry Weinreb, hätten sich nun eine Weile beraten, ungefähr eine Stunde lang, dann sei der Chef des Zollamtes wieder zu ihnen gekommen und habe erklärt: Es gäbe da vielleicht eine Möglichkeit. Er werde mit St. Gallen telefonieren und den Polizeikommandanten persönlich herbitten. Wenn der Hauptmann nachher hier sei, werde er zu ihnen sagen: Entweder gehen Sie zurück, oder wir müssen Sie erschiessen!

Er werde sie selbstverständlich nicht erschiessen, habe der Zollbeamte Grässli sofort hinzugefügt. Er werde nur damit drohen, und sie müssten halt die richtige Antwort geben. – So im Laufe des Nachmittags, gegen vier Uhr ungefähr, sei dann der Hauptmann Grüninger in Uniform aus St. Gallen eingetroffen. Der Zollchef, der Grässli, habe ihn prompt herbeigeführt und zu ihm gesagt: «Sehen Sie, das sind also die drei Burschen, die möchten bleiben, die können nicht zurück.» – Harry Weinreb:

«Und dann ist der Grässli zu uns gekommen und hat gesagt: Also, es ist unmöglich! Wenn Sie nicht zurückgehen, müssen wir Sie erschiessen! Dann gaben wir die Antwort, die er uns vorgesagt hatte: Also bleiben wir lieber da, wir können sowieso nicht zurück. Ob man uns hier oder dort erschiesst, das ist uns gleich.»

Darauf hätten beide ein wenig geschmunzelt, der Grüninger und der Grässli, und der Hauptmann habe die Einreise bewilligt. «Ja, wenn es so ist», habe der Hauptmann gesagt, «dann müssen sie wohl hierbleiben.»

WACHTMEISTER LEONHARD GRÄSSLI, Einnehmer auf dem Zollamt Diepoldsau, stellt die Sache etwas anders dar. Es ist allerdings auch denkbar, dass er eine andere Begebenheit meint. – Aus seinen unveröffentlichten Memoiren:

«Überall an der Grenze müssen die Juden zurückgetrieben werden, ins Ungewisse, in den Terror, in den Tod, noch weiss man nichts von den Todeslagern der Juden, aber man ahnt schon Furchtbares! Herzbeklemmende Scenen entstehen, auch hier bei uns. So werden drei junge Juden, die die Grenze auf Nebenwegen überschritten haben, auf das Zollamt Diepoldsau gebracht. Sie weigerten sich kategorisch, über die Grenze zurückzukehren. 'Wir gehen nicht zurück, erschiessen Sie uns', war ihre Antwort auf meine Belehrung. Man müsste diese Flüchtlinge über die Grenze, auch wieder auf Nebenwegen, zurückschleppen und dann würden sie immer wieder versuchen, in unser Hinterland einzudringen. Gegen die Vorschriften, stets den 'Dienstweg' einzuhalten, telephoniere ich direkt mit der Eidg. Fremdenpolizei in Bern, schildere den besondern Fall und die Situation der Flüchtlingsrückweisung im allgemeinen. 'So lassen Sie die drei ausnahmsweise einreisen', war der lakonische Entscheid. Aber auch in andern extremen Fällen erreichte ich Einreisebewilligungen seitens des kantonalen Polizeikommandanten Grüninger.»

Eine Woche nachdem Harry Weinreb ausnahmsweise in die Schweiz einreisen durfte, zusammen mit den Brüdern Albert und Kurt Teller, die heute in Los Angeles leben, verhängte der Bundesrat eine absolute Grenzsperre für jüdische Flüchtlinge aus Österreich und schickte Militär ins Rheintal.

3.

MAN HAT DIE Geschichte des gestürzten Polizeikommandanten gelegentlich nach Zeichen abgesucht, nach persönlichen Bruchstellen oder Widersprüchen, die seine unerhörten Taten vielleicht hätten vorausahnen lassen. Man konnte jedoch fast nichts Derartiges finden. Bis zum Sommer 1938, so scheint es, und noch einige Zeit darüber hinaus, galt Hauptmann Grüninger als ziemlich normaler, pflichtbewusster Beamter. Gerüchteweise ist zwar immer wieder von früheren disziplinarischen Skandalen die Rede, doch in den Akten tauchen alle Beanstandungen erst während des letzten Amtsjahres auf. Auch die tiefgreifenden «Charakterdefizite im Sinne fehlender Hemmungen», welche der Untersuchungsrichter kurz nach der Absetzung diagnostizierte, oder die angeblichen geistigen Störungen, von denen Polizeivorstand Valentin Keel den Regierungsratskollegen plötzlich erzählte, sind in Grüningers Biographie vorher nie festgestellt worden.

Paul Ernst Grüninger kam im Oktober 1891 als zweites von vier Kindern des katholischen Tapezierermeisters Oskar Grüninger und seiner protestantischen Frau Maria, geborene Forrer, in St. Gallen zur Welt. Er wurde protestantisch erzogen. Die Eltern übernahmen später einen Zigarrenladen in der Innenstadt; der Vater sei leutselig und freundlich gewesen, die Mutter eine tüchtige Geschäftsfrau, sagen ihre Verwandten. Sohn Paul besuchte ab 1907 das Lehrerseminar in Rorschach, obwohl er beim Lernen, wie er selber berichtet hat, «keine besondere Freude» empfand, sondern eher beim Fussball: «Wieso ich dazu kam, mich für den Lehrerberuf zu entscheiden, ist mir heute noch unerklärlich», schreibt er 1954 in einem Lebenslauf. Im April 1911 bestand er die Abschlussprüfung, die Noten waren offenbar durchschnittlich. Er trat eine erste Stelle in Räfis bei Buchs an. Dort unterrichtete er 67 Kinder der mittleren Primarschulklassen, sein Monatsgehalt betrug knapp 160 Franken, und eines der ältesten Dokumente, das vom Staatsarchiv St. Gallen

über ihn aufbewahrt wird, ist ein miserables Zeugnis des Bezirks-
schulrates Werdenberg von 1913: Der Schulrat, heisst es darin,
habe die Kündigung des ohnehin provisorisch beschäftigten Leh-
rers nicht ungern gesehen, weil «Hr. Grüninger in Räfis nicht auf
dem richtigen Posten» gewesen sei. «Seine etwas hochfahrende Art
passte nicht in die einfachen ländlichen Verhältnisse von Räfis hinein. Zugleich gelang es ihm nicht, die Schüler auf die erwünschte
Höhe zu bringen.» 1911 hatte Paul Grüninger ausserdem die Rekrutenschule absolviert, 1912 war er Leutnant der Verpflegungs-
truppen geworden (Bäcker-Detachement 9). Ab 1913 spielte er als
Linksaussen im Fussballclub Brühl, St. Gallen, wo er in der Saison
1914/15 zur Mannschaft gehörte, welche die Schweizer Meister-
schaft gewann (Serie A).

Von Räfis wechselte Grüninger an die evangelische Oberschule
in Au, Bezirk Unterrheintal, ebenfalls ländlich bzw. einfach. Zwanzig bis dreissig Schülerinnen und Schüler, vierte bis achte Klasse.
Seine Referenzen waren hier plötzlich gut. Er sei nicht nur Schul-
meister, soll im Visitationsprotokoll 1918/19 vermerkt sein, er dürfe «füglich als Meister der Schule» bezeichnet werden. Eine seiner
damaligen Schülerinnen, Jahrgang 1901, sagt heute: «Er wäre ge-
scheiter in der Au geblieben!» Alle hätten ihn dort gerühmt, erinnert sie sich, im Schulzimmer habe Ordnung geherrscht, für die
weiterführende Sekundarstufe sei man prima vorbereitet worden,
sogenannte Tatzen, flache Schläge auf die Hand, habe er selten ver-
abreicht, «aber wenn es nötig war schon». Dass er zwischen 1914
und 1918 auch Aktivdienst leistete, hat er in seinem Lebenslauf
nicht einmal erwähnt. Unterdessen war er Ende zwanzig und mit
Alice Federer verlobt, der Tochter einer angesehenen Kaufmanns-
familie im Dorf. Zum Nebenverdienst gab er Klavierstunden.

1919 will sich Paul Grüninger eigentlich gar nicht verändern, als
ein Kunde aus dem Regierungsgebäude die Eltern in ihrem Zigarren-
geschäft auf die freigewordene Stelle des sanktgallischen Polizeileut-
nants aufmerksam macht. Ein Lehrer mit dem richtigen militärischen
Rang scheint dafür geeignet. Grüninger kandidiert, möglicherweise

auf Drängen der Mutter und, wie er im Alter schreibt, «einzig und allein wegen der finanziellen Besserstellung». Der Regierungsrat wählt ihn aus 78 Bewerbern.

In den Zeitungsartikeln, die seit der Wiederentdeckung des Polizeikommandanten nach 1968 in aller Welt erschienen sind, wird zu seiner Jugend etwa noch ergänzt, dass er bereits 1908 in einem Schulaufsatz für das Frauenstimmrecht eingetreten sei; sich selber bezeichnete er einmal als konservativ. Er war Mitglied der Freisinnig-Demokratischen Partei, aber ohne grosses Engagement.

DAS KANTONALE Landjägerkorps St. Gallen zählte laut Amtsbericht des Regierungsrates am 31. Dezember 1919 insgesamt 108 Mann, dazu gehörten neun Wachtmeister, neun Korporale und zwei Offiziere. Der neue Leutnant erschien vermutlich im September zum ersten Mal. Sein Vorgesetzter war der bisherige Leutnant Thomas Graf, der zum Hauptmann befördert worden war. Sonst ist aus dieser Zeit so gut wie gar nichts überliefert. Man weiss eigentlich nur, dass Leutnant Grüninger bald nach seinem Amtsantritt heiratete und dass Hauptmann Graf im Herbst 1925 starb.

«Die Disziplin ist gut, Arreststrafen sind keine ausgesprochen worden. Dagegen fanden kleinere Dienstvergehen ihre Ahndung durch Geldbussen und Verweise», referiert der Amtsbericht von 1925. Ausser Graf gingen noch drei weitere Polizisten «durch Tod ab», einer wurde pensioniert, und die Korps-Stärke betrug zu Jahresende 111 Personen: 2480 Verbrecher und Verbrecherinnen oder Ausgeschriebene konnten in dieser Berichtsperiode verhaftet werden, 1674 Bettler, Bettlerinnen, Vaganten, Vagantinnen und Schriftenlose hatte man aufgegriffen, 8789 Straffälle wurden angezeigt, 710 mehr als im Vorjahr. Ein «bedeutender Teil der Mannschaft» wurde «durch Seuche und Streikdienst in Anspruch genommen». – 1925 stieg Paul Grüninger zum Kommandanten auf oder zum Landjägerhauptmann, wie man damals noch sagte. Sein Stellvertreter hiess Christian Dürr. Dieser war erheblich älter und hatte als einfacher

Polizeimann angefangen, 1933 wechselte Leutnant Dürr zur Automobilkontrolle.

Grüninger schreibt 1954: «Mit grösster Begeisterung versah ich meinen Dienst und lehnte selbst bessere Stellenangebote als Departementssekretär und als Strafanstaltsdirektor rundweg ab. Die Bekämpfung des Verbrechertums mit den modernsten Fahndungsmitteln und die Heranbildung befähigter Polizeiorgane lagen mir mehr am Herzen.» Rechtzeitig habe er auch die Gefahren der aufkommenden Motorisierung erkannt und sich «als einer der ersten» der praktischen Verkehrserziehung gewidmet. Er wurde nebenher Präsident des schweizerischen Polizeidiensthundeführervereines, betätigte sich im Zentralvorstand des schweizerischen und im Präsidium des sanktgallischen Tierschutzvereines, legte dabei «grössten Wert auf liebevolle, tierschützlerisch einwandfreie Dressur» und hatte, wie seine ältere Tochter heute sagt, ausser den erwartbaren Neidern «eigentlich keine Feinde».

Er bildete sich beruflich in Instruktionskursen weiter, nahm an internationalen Polizeikongressen in Berlin, in Brüssel und in Paris teil. Er war unter anderem für die Sicherheit von Staatsbesuchen zuständig, die häufig mit dem Zug bei St. Margrethen oder über den Flugplatz Altenrhein einreisten. Fotografien zeigen ihn jetzt neben dem japanischen Kronprinzen Hirohito oder dem österreichischen Bundeskanzler Engelbert Dollfuss. König Carol mit Familie aus Rumänien, die holländische Königin, der Prinz von Wales und der französische Marschall Pétain, welcher in der Zwischenkriegszeit als Held von Verdun geachtet war, kamen ebenfalls vorbei. Grüninger schreibt: «Zu mehreren von ihnen entwickelten sich aus dem dienstlichen Kontakt freundschaftliche, ja herzliche Beziehungen.»

In der Freizeit präsidierte der Polizeioffizier von 1924 bis 1926 erstmals den FC Brühl, der etwas weniger vornehm als der FC St. Gallen gewesen ist. Der 1901 gegründete Verein hatte seine Glanzzeit schon hinter sich und kämpfte von Saison zu Saison gegen den Abstieg; der englische Trainer war soeben ohne Abmeldung davon-

gelaufen. 1926 verfasste Paul Grüninger die einzige erhalten geblie-
bene Publikation, eine fünfzigseitige Jubiläumsbroschüre. «Im Laufe
weniger Jahre hat er sich emporgearbeitet, ohne grossen Pomp, Lärm
und Selbstüberhebung», schildert er da seinen Club. «Wir halten fest
und treu zusammen! Hip, hip, hurra! Hip, hip, hurra!»

Es sei eine strube Zeit gewesen, erzählen einige der Landjäger aus
den dreissiger Jahren heute. Harte Sitten, auch bei der Polizei, und
«für die Unteren» sowieso. Wegen jedem Dreck habe der Staat einen «eweggheit» (rausgeschmissen). Auf jede freie Stelle hätten
Hunderte von Interessenten gewartet. Wirtschaftlich sei alles im
Graben gelegen, der gescheiteste Mann habe keine Arbeit gefunden. Landjäger Ernst Kamm zum Beispiel musste 1935 als Bauin-
genieur mit Technikums-Diplom gegen 1070 andere Bewerber an-
treten, 200 wurden zur Prüfung vorgelassen, acht Stellen waren
frei, sagt er. Polizeirekruten und ledige Landjäger wurden in
Schlafräumen über der Staatsanwaltschaft kaserniert. Wer abends
um elf Uhr nicht drin war, erhielt Ausgangssperre. Der Lohn habe
kaum fürs Essen gereicht, sagt Landjäger Hermann Fehr, der ebenfalls 1935 eingestellt wurde. Nach dem Börsenkrach und mitten in
der Stickereikrise waren in der Stadt St. Gallen rund vier Prozent
der Einwohnerinnen und Einwohner beschäftigungslos, 1938 noch
drei Prozent. Es gab Arbeitskämpfe, aber nicht mehr viele, etwa
Brückenbesetzungen der verarmten Sticker an der Grenze im
Rheintal, die sich dagegen wehrten, dass die wenigen Aufträge ins
billigere Vorarlberg vergeben wurden. Es gab vereinzelt antisemitische Parolen gegen die nur zum Teil jüdischen Textil-Barone. Und
es gab die grossen Massenversammlungen der Nationalen Front im
St. Galler «Schützengarten», die erste hatte 1933 stattgefunden: mit
zwei- bis dreitausend Teilnehmerinnen und Teilnehmern.

Seit 1930 war der Antifaschist Valentin Keel in der Regierung.
Rund zehn Prozent der St. Galler Bevölkerung waren Reichsdeut-
sche; das deutsche Konsulat versuchte, sie politisch gleichzuschal-

ten. 1935 verlangte Valentin Keel von Wilhelm Gustloff, dem Landesleiter der NSDAP, in einem förmlichen Brief die Übergabe sämtlicher Adressen der auf Adolf Hitler vereidigten lokalen Parteifunktionäre; er bekam die Liste nicht, dafür wurden nun auch deutsche Zeitungen auf diesen «Marxisten» aufmerksam.

In der organisierten Arbeiterschaft galt Valentin Keel, wie seine jüngeren Genossen berichten, als eine Art Vaterfigur. Als leiblicher Vater hatte er zwei erwachsene Söhne, die beide nach Amerika ausgewandert waren, einer kehrte zurück und wurde bei der Polizei angestellt. Er zog ins gleiche Haus an der Moosbruggstrasse, in dem sich die Amtswohnung des Kommandanten befand. Wenn Polizeivorstand Keel seine Enkelin besuchte, liefen ihm auch die beiden Kinder von Grüninger entgegen. – Familiäre Kontakte seien das gewesen, erinnert sich die ältere Tochter des Hauptmanns, nicht direkt Freundschaft zwischen den Männern. Doch ihre jüngere Schwester habe zum Regierungsrat Grossvater gesagt, und einmal habe Keel sogar bemerkt, wenn Paul Grüninger nicht in der falschen Partei wäre, könnte er ihn sich als Nachfolger vorstellen.

Ebenfalls 1930 erhielt das Polizeidepartement einen neuen Sekretär, Dr. Gustav Studer. Parteilos bürgerlich, sagt seine Witwe. Er führte später die ersten Untersuchungen gegen den Kommandanten und reorganisierte anschliessend die Fremdenpolizei. Die Landjäger nannten den Departementssekretär, der ihnen juristische Theoriestunden erteilte, den «Dr. Chraiebüehl», wegen seiner hohen, scharfen Stimme. Ein junger Polizeileutnant schliesslich, Paul Künzler, gelangte ungefähr 1934 ins Kommando, ein grossgewachsener, sehr militärischer Typ, sein Lieblingswort soll «Mistbock!» gewesen sein.

Das entsprechende Lieblingswort des Hauptmanns war «Blödsinn!».

DIE ALLERERSTEN Flüchtlinge kamen aus dem benachbarten Kanton Thurgau.

Bei Hitlers Machtantritt 1933 hatte sich eine kleine Gruppe

deutscher Gewerkschafter nach Kreuzlingen abgesetzt. Sie wurden als politische Emigranten von der Bundesanwaltschaft anerkannt, die Eidgenössische Fremdenpolizei erlaubte ihnen einen vorübergehenden Aufenthalt, die thurgauische Regierung vertrieb sie trotzdem. In St. Gallen durften sie bleiben, dank Valentin Keel, der sich um eine mögliche Belastung des schweizerisch-deutschen Verhältnisses durch diese Leute nicht so kümmerte wie der freisinnige Thurgauer Polizeidirektor Paul Altwegg. Auch in den folgenden Jahren ging der Kanton St. Gallen mit den wenigen politisch anerkannten Flüchtlingen weitaus zuvorkommender um als die anderen Kantone; das berichtet der Historiker Hermann Wichers in seiner Dissertation «Deutsche Sozialisten im Schweizer Exil 1933–1940». Ihre Aufenthaltsbewilligungen wurden von Valentin Keel stets anstandslos verlängert.

Die Haltung Paul Grüningers zur Flüchtlingsfrage während dieser Zeit ist unbekannt. Er hatte noch nichts damit zu tun und war durch seine vielen Funktionen und Ehrenämtern wahrscheinlich genügend ausgelastet. Seit 1935 baute er zusätzlich den kantonalen Luftschutz auf. Die Wochenenden verbrachte er meistens auf dem Fussballplatz oder am Stammtisch beim FC Brühl, den er 1938 zum zweiten Mal präsidierte.

Besonders die ansteigende Jugendkriminalität habe ihn damals bedrückt, am Stammtisch habe er manchmal darüber geklagt, sagt Grüningers Patenkind Louise Wolf-Pfändler, deren Vater ein Cousin des Hauptmanns war. Sie habe den Vater jeden Samstag vom Stammtisch im Hotel Hirschen abgeholt, dabei habe sie den Erwachsenen ein bisschen zugehört und auch den Götti gesehen. Das Auffälligste an Paul Grüninger sei für sie als acht- oder neunjähriges Mädchen sein altertümlicher Zwicker gewesen. «Superkorrekt» habe er immer gewirkt, die Haare in der Mitte gescheitelt; er sei aber ein sehr gutmütiger Götti gewesen, sehr einfühlsam und geduldig. Im Hotel «Hirschen» am Marktplatz hätten die Männer jeweils den letzten Match besprochen, und oft hätten sie nachher politisiert, sagt Luise Wolf. Einige hätten «die Schwaben» ganz toll gefunden, andere seien, wie ihr Vater, «richtige Antinazi» gewesen. Fast alle hätten dann lautstark eine bestimmte Richtung vertreten, wohingegen ihr Götti als Präsident nur selten eine politische Meinung geäussert und sich an solchen Debatten kaum beteiligt habe. Nach ihrer damaligen Wahrnehmung sei der Götti politisch «gar niene gsii».

Jeden Montagmorgen während der Saison, erinnert sich Landjäger Hermann Fehr, seien fünf bis sechs Fussballer ins Büro des Hauptmanns gekommen, um den Match vom Wochenende noch einmal zu diskutieren; er selber sei nach der Aufnahme in die Polizei natürlich schnell vom FC St. Gallen zum FC Brühl übergetreten, das habe er ja fast müssen. Auf alten Mitgliederlisten des Fussballclubs Brühl aus den dreissiger Jahren sind Freisinnige und prominente Sozialdemokraten verzeichnet, berüchtigte Frontisten und Repräsentanten der Israelitischen Kultusgemeinde. Es waren Arbeiter und Angestellte darunter, Beamte, Selbständige und kleine Geschäftsleute. Mehreren seiner Sportkameraden half der gutverdienende Kommandant während der Krise mit Darlehen oder Bürgschaften aus, er verlor dabei hohe Beträge. Aber einen wirklich guten Freund, meint die älteste Tochter, hatte Paul Grüninger trotzdem nicht.

AUGUST 1938. Fünf Monate nach dem deutschen Einmarsch in Österreich spitzt sich die Lage an der Grenze innerhalb weniger Tage zu. Jüdinnen und Juden werden von den Nazi-Behörden zahlreich und systematisch in die Schweiz abgeschoben. Besonders geeignet sind dafür die unübersichtlichen Stellen bei Diepoldsau und St. Margrethen sowie die rechtsrheinischen Gebiete bei Schaffhausen und Basel. Die sozialdemokratisch regierte Basler Polizei hat am 10. August allerdings angefangen, einen Teil der Flüchtlinge (nämlich jene, die sich nicht dagegen wehrten) sofort wieder nach Lörrach zurückzufahren. Im St. Galler Rheintal hat der örtliche Postenchef von Buchs, Wachtmeister Ferdinand Gabathuler, welcher die Leute grosszügig passieren liess, nach Reklamationen aus Bern mit dieser Praxis wieder aufgehört. In einem Rapport ärgert sich Kantonspolizist Gabathuler am 15. August, dass andere weitermachen dürfen, er schreibt:

«Bei Diepoldsau sollen zur Zeit massenhaft Juden schwarz einreisen. Was tut denn dort die Grenzwache? In dem kleinen Grenzabschnitt sollte es doch möglich sein, dieser Masseneinwanderung etwas Halt zu bieten, sonst sind unsere Zurückweisungen in Buchs oben auch zwecklos, wenn die Flüchtlinge wissen, dass sie in Diepoldsau ungehindert schwarz einreisen können.»

Wie es bei Diepoldsau mittlerweile zuging, erzählt heute der damals zwanzigjährige Wiener Schneidergeselle Kurt Bettelheim in einem Brief. Er traf am 13. August 1938 auf dem vorarlbergischen Bahnhof Hohenems ein:

«Der Bahnsteig war in seiner ganzen Länge von uniformierter SS besetzt, die uns sofort umzingelte, als wir den Waggon verliessen. Unser Schrecken war gross, denn wir kannten die SS aus unseren Erlebnissen in Wien als brutal und hoffnungslos. Zu unserer Überraschung aber wurden wir sehr menschlich behandelt und in ein nahegelegenes Gasthaus gebracht, wo man uns mitteilte, uns für den illegalen Grenzübertritt behilflich zu sein. (...) Es wird niemand erstaunen, wenn ich nun sage, dass wir nicht nur überrascht, sondern auch misstrauisch waren, denn dies alles war gemäss unserer Erlebnisse mit der SS in Wien einfach unglaublich. In dieser Stimmung ging der Tag zu Ende, und als es dunkel wurde, nahm man uns in Gruppen von ca. 4 Mann und brachte uns an den sogenannten alten Rhein, wo wir durch Gebüsch und etwas Wasser Schweizer Gebiet erreichten. Zu unserem neuerlichen Schrecken liefen wir da sofort den Schweizer

Grenzjägern in die Hände, die uns aber sofort beruhigten und uns aufforderten, ihnen zu folgen. So erreichten wir ganz rasch das Schweizer Zollgebäude, wo nicht nur Polizei, sondern auch Leute der Israelitischen Flüchtlingshilfe anwesend waren, die uns versicherten, dass wir in der Schweiz bleiben könnten. Nach kurzer Zeit wurden wir auf einige Schweizer Privathäuser verteilt, wo wir die Nacht friedlich verbringen konnten. Private und Offizielle waren ausnehmend freundlich zu uns!»

Am nächsten Morgen wird Kurt Bettelheim aufs Polizeikommando nach St. Gallen gebracht, wo man seine Personalien aufnimmt und ihn dann in ein Flüchtlingslager befördert, ins relativ komfortable Hotel «Krone» nach Wald-Schönengrund. Später verlegt man ihn zurück nach Diepoldsau in ein grösseres Lager, das seit Ende Juli von Landjäger Ernst Kamm aufgebaut worden ist. Bis Mitte August werden bei der Israelitischen Flüchtlingshilfe St. Gallen, die solche Unterkünfte finanziert, rund vierhundert mittellose Flüchtlinge registriert und zur Betreuung übernommen, allein vom 12. bis zum 19. August sind es mehr als zweihundert. Wie viele ohne Anmeldung einfach weitergeschickt wurden, lässt sich schwer sagen; dass tatsächlich schon in den letzten Juli-Tagen mehr als 1200 kamen, wie Landjäger Kamm sich erinnert, ist durch Akten nicht zu belegen.

AM 17. AUGUST 1938 findet in Bern eine Konferenz der kantonalen Polizeidirektoren statt. Eingeladen hat Dr. Heinrich Rothmund, der Chef der Polizeiabteilung im Eidgenössischen Justiz- und Polizeidepartement (EJPD), höchster Beamter der Fremdenpolizei, er will die Grenze nun definitiv dichtmachen und, wie er gegenüber dem deutschen Gesandten einmal erklärt hat, «die Schweiz vor der Überflutung mit Juden schützen», welche man hier «ebensowenig brauchen könne wie in Deutschland». Sein Vorgesetzter, Bundesrat

Johannes Baumann, lässt sich bei der Konferenz entschuldigen. Als Vertreter des Kantons St. Gallen nehmen sowohl Valentin Keel als auch Paul Grüninger teil.

Nach dem Protokoll ist es allerdings nicht der mächtige Überfremdungspolizist Heinrich Rothmund, der die Grenzsperre ins Gespräch bringt. In seinem Eröffnungsreferat gibt Rothmund ein kurzes Resümee der vergangenen Monate. Es befänden sich «wohl über 1000» illegale Flüchtlinge aus Österreich in der Schweiz, schätzt er, und seit dem «Beginn des Rassenkampfes» in Italien drohe von dieser Seite «neue Gefahr». Zudem stelle die deutsche Regierung seit dem 16. August auch Österreicherinnen und Österreichern deutsche Pässe aus, man prüfe zur Zeit eine Erweiterung der Visumspflicht (die bisher nur für die sogenannte Ostmark gilt) auf alle Bewohner des Reiches.

In der Diskussion liefert dann ausgerechnet der Präsident der Schweizerischen Zentralstelle für Flüchtlingshilfe, der Zürcher Polizeidirektor Robert Briner, das entscheidende Stichwort:

«Können wir unsere Grenzen nicht besser verschliessen? Die Entfernung der Flüchtlinge ist schwieriger als ihre Fernhaltung»,

sagt Briner, fügt jedoch sofort bei, wenn andere Länder willens wären, Flüchtlinge aus der Schweiz zu übernehmen, wäre man eher wieder bereit, neue hereinzulassen. Im Kanton Zürich sind seit März 1938 rund vierhundert österreichische Jüdinnen und Juden ohne Visum eingetroffen; in Basel-Stadt leben zur Zeit 587, in Schaffhausen 120. Der Basler Polizeidirektor Fritz Brechbühl wendet sich an diesem Tag gegen Rückstellungen, obwohl sie in Basel bereits ausgeführt wurden. Man müsse davon absehen, sagt Brechbühl, «wegen der Szenen, die sich abspielen». Der Schaffhauser Regierungsrat Ernst Bührer, wie Brechbühl Sozialdemokrat, lehnt aus «Gründen der Humanität» eine «rücksichtslose Zurückweisung» vorläufig ebenfalls ab: «Die Drohungen mit Dachau und mit Er-

47

schiessen», denen die Abgeschobenen in Deutschland ausgesetzt würden, seien «nach den bisherigen Erfahrungen» ernst zu nehmen. Valentin Keel äussert sich laut Protokoll wie folgt:

> «St. Gallen ist ausgesprochener Einreisekanton. (...) Auch wir wünschen eine Verstärkung der Grenzkontrolle, können jedoch die Kosten nicht übernehmen. Der Bund muss beitragen.»

Der «Kulturschande» der Judenverfolgung, erklärt Keel unter anderem noch, müsse ein Ende bereitet werden. Doch dieser Satz wird nur handschriftlich aufgenommen und in der amtlichen Fassung des Protokolls nicht zitiert. – Die härteste Haltung vertritt bei der Konferenz der thurgauische Polizeikommandant Ernst Haudenschild. «Die grösste Strafe für die deutschen Behörden», referiert Major Haudenschild, sei die «Zurückschiebung aller Flüchtlinge»:

> «Heute beschäftigen uns die Juden, in einigen Monaten wohl andere Flüchtlinge aus Deutschland. Unsere kantonale Regierung hat uns strikte Weisung erteilt, alle Flüchtlinge abzuweisen. Wir haben keine politischen und keine jüdischen Flüchtlinge in unserem Kanton. Man mag in Bern befehlen und beschliessen, was man will, unser Kanton wird keine Flüchtlinge zulassen.»

Darauf meldet sich Paul Grüninger zu Wort. Es ist die erste asylpolitische Stellungnahme des Hauptmanns, die dokumentiert werden kann. Die Ausführungen des Thurgauer Kollegen seien für ihn überraschend, sagt Grüninger, denn:

> «Die Rückweisung der Flüchtlinge geht schon aus Erwägungen der Menschlichkeit nicht. Wir müssen viele hereinlassen. Wir haben ein Interesse daran, diese Leute möglichst zusammen zu erhalten, damit die Kontrolle erfolgen kann

und ebenfalls aus hygienischen Gründen. Wenn wir die Leute abweisen, kommen sie eben 'schwarz' und unkontrollierbar. Vollkommene Abschliessung der Grenze ist nicht möglich.»

In der handschriftlichen Fassung des Protokolls wirkt Grüningers Votum heftiger:

«Rückweisung? Wie, wenn 50 miteinander kommen? Geht schon vom menschlichen Standpunkt aus nicht. Herzbewegende Szenen! Allerdings gibt es viele, die sich polit. Flüchtlinge nennen. Wir müssen viele hereinlassen. (…)»

Einzig der Bündner Vertreter, ein Departementssekretär namens Dr. Bühler, schliesst sich der Idee des freisinnigen St. Galler Polizeihauptmanns, die Grenze nicht zu versperren, sondern sie im Gegenteil mehr zu öffnen, scheinbar vorbehaltlos an: Die ersten Emigranten seien ja noch bei hohem Schnee durch die Berge gekommen, solche Schrecken unternehme man nicht ohne Grund! Im Kanton Graubünden wurden bisher 173 illegale Flüchtlinge registriert, laut Dr. Bühler hat man sie mit der Hilfe anderer Kantone, speziell Zürichs, allesamt weiterziehen lassen. Zum grossen Teil seien sie nach Frankreich gegangen.

In der Pressemitteilung der Polizeidirektorenkonferenz werden die abweichenden Positionen einfach unterschlagen. So melden die Zeitungen wahrheitswidrig:

«Die Konferenz hat einmütig der bestimmten Erwartung Ausdruck verliehen, dass von nun an die illegalen Einreisen aufhören werden. Sie ist der Meinung, dass einem trotzdem auch weiterhin erfolgenden Zustrom von Flüchtlingen durch Zurückweisung aller über die deutsche Grenze Einhalt geboten werden müsste. Auch ersucht sie das eidgenössische Justiz- und Polizeidepartement dringend, dafür besorgt zu sein, dass die Kontrolle der Einreise mit allen zur Verfügung stehenden Mitteln auch in Zukunft gewahrt bleibe und mit aller Strenge durchgeführt werde.»

Zwei Tage danach schreibt das EJPD den kantonalen Polizeidirektoren:

> «In der Nacht, die Ihrer Konferenz folgte, also vom 17. August zum 18. August, sind uns von der Ostgrenze alarmierende Meldungen über neue zahlreiche Eintritte von Flüchtlingen aus Deutsch-Österreich zugekommen. Nachdem Sie mit uns festgestellt hatten, dass eine weitere Zureise von illegalen Flüchtlingen nicht geduldet werden könne, mussten wir gestern die Grenzsperre über diese Flüchtlinge verfügen. Wir haben es sehr ungern getan, wussten aber keinen andern Ausweg mehr. Da die Ostgrenze namentlich bei Diepoldsau schwer zu schützen ist, wurde die dortige Grenzkontrolle aus den Beständen der freiwilligen Grenzschutzkompagnien verstärkt.»

Ab sofort müssen ausnahmslos «alle Personen, die mit einem österreichischen Pass ohne das erforderliche Visum eines schweizerischen Konsulates die schweizerische Grenze überschreiten wollen», auf Berner Befehl hin zurückgewiesen werden. «Solche, denen es gelungen ist, die Grenze zwischen den Posten zu überschreiten, sind über die Grenze zurückzustellen.»

ALFRED SAAM, Velomechaniker bei der freiwilligen Grenzschutzkompanie 6, wegen Arbeitslosigkeit drei Jahre lang Berufssoldat und 1938 im Einsatz bei Diepoldsau, sagt heute: «Es war doch etwas Verrücktes, wenn man junge Leute, die mit Hoffnungen kamen, zurückschicken musste. Man hat damals einfach alles so hingenommen und nicht weiter geforscht.» Alfred Saam erinnert sich zum Beispiel an eine Frau, die durchs Wasser watete, den Koffer hochhielt und der ein Schweizer Leutnant entgegenbrüllte: «Machen Sie, dass Sie zurückkommen, sonst jage ich Ihnen eine Kugel in den Kopf!» Er selber, sagt Saam, sei nach drei Tagen vom Wachtdienst befreit worden, weil in dem unwegsamen Gelände am Alten Rhein so viele Militärvelos kaputtgegangen seien.

Am 24. August schafft es die neunzehnjährige Schneiderin Frieda Prossner, trotz aller Kontrollen mit einer Freundin bei Diepoldsau durchzukommen. Sie schreibt heute aus Flushing, New York: «It was Hauptmann Grüninger, dem wir unser Leben danken können.»

4.

ÜBER DEN JUNGEN Landjäger Ernst Kamm, den Leiter des Flücht-
lingslagers von Diepoldsau, erzählen viele ehemalige Flüchtlinge,
er sei halt ein typischer Polizist gewesen. Manche bezeichnen ihn
als korrekt, manche hielten ihn für überfordert, manche nennen
ihn noch heute ein Ekel. Manche sagen, er habe sie dauernd mit der
Ausschaffung bedroht, manche erinnern sich an wirkliche Aus-
schaffungs-Szenen und werden sie nicht vergessen.

Über sich selber berichtet Ernst Kamm, heute vierundachtzig
Jahre alt, er sei nach der Grenzsperre im August 1938 beinahe ner-
venkrank geworden. Es sei die schlimmste Zeit seines Lebens gewesen. Die Polizei habe zum Beispiel jüdische Familien trennen müssen, weil ein Teil der Verwandten zu spät angekommen sei. Unter
den Zurückgewiesenen habe es Selbstmordversuche gegeben. Jede
Nacht hätten die Juden an seine Schlafzimmertüre im Lager gepol-
tert: «Bitte, Herr Inspektor, mein Vater ist an der Grenze» oder
«Meine Mutter ist an der Grenze, bitte helfen Sie mir!» Nicht selten hätte er ihnen am liebsten eine runtergehauen, sagt Ernst
Kamm, das häufige Wecken habe ihn seelisch aufgerieben, das Erbarmen erst recht: Schliesslich habe es sich ja um Menschen gehandelt,
nicht wahr? Oft hätten sich die illegalen Flüchtlinge auch tagelang
in Diepoldsauer Bauernhäusern versteckt, bevor sie dann mitten in
der Nacht plötzlich bettelnd und weinend vor seiner Türe gestanden seien.

Ernst Kamm kann Briefe vorweisen, in denen sich Flüchtlinge
Jahrzehnte später für seine Hilfe bedankten. Er habe eben viel riskiert und trotz aller Bestimmungen immer wieder «das Herz wal-
ten lassen», sagt er. Im Fall Grüninger sieht sich Landjäger Kamm
als einen der Hauptbeteiligten, obwohl sein Name in den Akten
fast nie erscheint. Nachdem der Polizeikommandant im Frühjahr
1939 abgesetzt wurde, hat man den Lagerleiter von Diepoldsau
verwarnt.

DIEPOLDSAU LIEGT in einer Schleife am Rhein. Wer in früheren Zeiten in Diepoldsau wohnte, musste ständig mit Überschwemmungen rechnen. Aber 1910 kamen sechshundert Arbeiter aus verschiedenen Ländern nach Diepoldsau und fingen an, einen langen Kanal zu graben. Sie gruben bis 1914, dann wurden die meisten in ihre Armeen einberufen; 1918 gingen die Bauarbeiten mit achthundert Arbeitern weiter, und seit 1923 liegt die Politische Gemeinde Diepoldsau, die aus den Dörfern Diepoldsau und Schmitter besteht, auf einer weiten Insel im Rhein. Links strömt der Neue Rhein in einer schnurgeraden, sechs Kilometer langen Linie. Rechts schlängelt sich der Alte Rhein an Diepoldsau vorbei; er bildet die Grenze zu Österreich und führt nur noch wenig Wasser. Auf der gegenüberliegenden Seite, am Rand der Rheinebene, liegt das vorarlbergische Städtchen Hohenems mit Spuren einer alten jüdischen Gemeinde. Seit der Flusskorrektur gibt es kaum Überschwemmungen mehr.

Anfang des Jahrhunderts lebten die Leute in Diepoldsau von einer florierenden Stickerei-Industrie. Mitte der zwanziger Jahre ist die Stickerei in der ganzen Region zusammengebrochen, sie hat sich nie wieder richtig erholt. Wie es in Diepoldsau wirtschaftlich aussah, als die jüdischen Flüchtlinge eintrafen, schilderte Grenzwachtmeister Leonhard Grässli Ende 1938 in einem Brief an das Hauptzollamt St. Margrethen:

«Die ca. 2500 Einwohner zählende Gemeinde Diepoldsau weist heute ca. 80 unterstützte Arbeitslose auf, weitere ca. 100 Familien sind Kleinbauern, die sich mit ihrem kleinen Viehbestand und durch gelegentliche Taglohnarbeiten durchzubringen versuchen, ohne die Arbeitslosenunterstützung in Anspruch nehmen zu müssen. Etliche Familien werden als armengenössig unterstützt. Daneben gibt es viele Familien, von denen ein bis zwei Angehörige die Familie mit schlecht bezahlter Fabrikarbeit sehr notdürftig durchhalten, während Brüder und Väter arbeitslos sind und aus

Scham keine Arbeitslosenunterstützung beziehen. Reiche oder wohlhabende Leute gibt es hier nicht.»

Die Bauern von Diepoldsau und Schmitter besassen durchschnittlich zwei bis drei Kühe. Sie bewirtschafteten einen zerstückelten Boden, der teilweise jenseits der österreichischen Grenze lag. Während der Krise pflanzten sie Grünerbsen an, oder «Boverli», wie man in der Ostschweiz sagt; der Jahresertrag einer «Boverli»-Kultur entsprach in schlechten Sommern nicht einmal dem Monatsgehalt eines Gemeindebeamten. Eine Kettenstickerin beispielsweise, die im Rheintal früher fünfzehn Franken pro Tag verdienen konnte, kam 1938 noch auf drei Franken Lohn, wenn sie überhaupt irgendwelche Aufträge erhielt. Ende der dreissiger Jahre wütete ausserdem die Maul- und Klauenseuche im Dorf, und der Lebensstandard in Orten wie Diepoldsau galt schon lange als der niedrigste in der Schweiz.

Auf der gegenüberliegenden Seite, in Vorarlberg, setzte nach dem deutschen Einmarsch im März 1938 ein kleines Wirtschaftswunder ein. Überall wurden Strassen saniert, Eisenbahnlinien erweitert und Industrien ausgebaut. Auch die Rüstungsbetriebe im deutschen Friedrichshafen brauchten dringend zusätzliche Arbeitskräfte. Die Situation im St. Galler Rheintal verbesserte sich deswegen nicht, aber sie wurde nun plötzlich zum nationalen Thema – plötzlich war sie ein Problem «von gesamteidgenössischer Tragweite», wie etwa die «Neue Zürcher Zeitung» im November 1938 feststellte; die Grenzbevölkerung habe nämlich «in einem ersten Ansturm mit der Waffe dem Eindringling zu wehren» und müsse entsprechend motiviert sein. Doch wirksame Arbeitsbeschaffungsmassnahmen liessen weiterhin auf sich warten.

Vom Flüchtlingslager ist in den Akten erstmals Mitte August 1938 die Rede. Finanziert wurde das Lager in Diepoldsau durch die Israelitische Flüchtlingshilfe. Die Organisationen der Schweizer

Jüdinnen und Juden hatten sich kurz vor der Grenzsperre vom Eidgenössischen Justiz- und Polizeidepartement verpflichten lassen, sämtliche Kosten für alle jüdischen Vertriebenen zu übernehmen; dafür existierte zwar keine gesetzliche Grundlage, aber die jüdischen Organisationen lehnten nicht ab, weil das EJPD ihnen androhte, sonst keine Flüchtlinge mehr hereinzulassen. Als dann ohnehin keine mehr einreisen durften, drohte das EJPD den jüdischen Organisationen, die bereits anwesenden Flüchtlinge abzuschieben, wenn nicht auch künftig alles bezahlt werde.

Aus dem Protokoll des Central-Comités des Schweizerischen Israelitischen Gemeindebundes vom 18. August 1938, am Tag, als die Grenzsperre beschlossen wurde:

«Im Laufe der ersten sieben Monate 1938 wurden rund Fr. 200 000.– eingenommen und ausgegeben. Zur Zeit sind die Kassen leer. (…) Falls nicht die nötigen Garantien für die Durchhaltung der Flüchtlinge gegeben werden können (…), macht man behördlicherseits alle Vorbehalte für zu treffende Massnahmen und lehnt man jede Verantwortung für die Folgen ab. (…) Um bei niemandem Zweifel aufkommen zu lassen, besteht die Instruktion, ausdrücklich mitzuteilen, dass sämtliche illegal Anwesenden als letzte Folge eines allfälligen Versagens des Judentums an die Grenze gestellt werden.»

Aus dem Protokoll des Vorstands der Israelitischen Gemeinde St. Gallen, Sitzung vom 31. August 1938:

«Die St. Gallische Kantonspolizei richtete auf unsere Kosten in einem leerstehenden Stickereigebäude in Diepoldsau-Schmitter ein Lager ein, das bis zu 300 Personen fassen kann. Wir sind jedoch der Meinung, dass allzu grosse Lager vermieden werden sollten und kleinere Lager vorzuziehen sind. Immerhin kann man sich den Wünschen der Polizei nicht gut verschliessen.»

Und aus dem «St. Galler Tagblatt» vom 23. August 1938:

«Wer gegenwärtig in der Gegend von Diepoldsau-Widnau
zu tun hat, dem fallen unwillkürlich die vielen fremdländi-
schen Gestalten auf, meist Leute im Alter von 20–30 Jahren,
die das Strassenbild beleben und auf den ersten Blick als
jüdische Emigranten erkannt werden. (...) In einer leerstehenden Schifflistickerei in Diepoldsau ist seit einigen Tagen
das Sammellager der (...) in die Schweiz geflüchteten oder
abgeschobenen Wiener Juden eingerichtet. Der zurzeit be-
zogene Bau umfasst 120 Personen, und ein Haus der Rhein-
korrektion, das schon einige Jahre leersteht, wird als Kran-
kenzimmer und Raum für die weiblichen Emigranten und
verheirateten Paare benützt. (...) Eine regelrechte Kanton-
nementsordnung ist durch die st. gallischen Polizeiorgane
im Lager eingeführt worden: die Leute haben sich zum
Zimmerverlesen zu stellen, Appell einzuhalten, Planken-
ordnung zu machen usw. Während das für die meisten am
Anfang ganz fremde Dinge waren, scheinen sich heute alle
gut daran gewöhnt zu haben und erkennen den Wert solcher
Ordnung.»

Die St. Galler «Volksstimme» interviewte am 26. August den Lagerleiter Ernst Kamm:

«Wir fragten den Kantonspolizisten: 'Wie steht's mit der Disziplin im Lager?' – 'Sehr gut', antwortet er uns, 'anfänglich
entstanden Schwierigkeiten, namentlich mit solchen Flüchtlingen, welche in guten Verhältnissen gelebt hatten und die
sich darum nicht rasch einfügen konnten. Aber ich bin ja nicht
vergebens Wachtmeister im Dienst, ich hab die Ordnung
schon hergestellt.'»

Um sieben Uhr sei Tagwache gewesen, sagt heute der ehemalige
Landjäger Kamm. Die meisten seien allerdings schon vor sieben

Uhr erwacht, weil so viele im gleichen Raum schliefen. Nach dem Frühstück hätten sie angefangen, Briefe an ihre Verwandten und Freunde zu schreiben, um aus der Schweiz wegzukommen. «Der Jude» habe ja Beziehungen «wie sonst kein Mensch in der Welt», und niemand habe auch nur einen einzigen überflüssigen Tag im Lager bleiben wollen. Am Mittag wurden die Flüchtlinge kolonnenweise in nahe Gasthöfe zum Essen geführt, da es im Lager anfangs keine eigene Küche gab.

Regelmässig sei er mit ihnen turnen gegangen, sagt Ernst Kamm, der selber ein begeisterter Sportler war: «Man musste die Leute bewegen!» Und auch sonst habe er «alles mögliche gemacht» mit den Flüchtlingen, etwa eine Bühne aufgebaut für Unterhaltungsabende, weil Mitglieder der Wiener «Volksbühne» und einige Musiker im Lager lebten.

Sauber habe es aussehen müssen, dafür habe er gesorgt, sagt Ernst Kamm beim Betrachten alter Fotografien aus Diepoldsau, die einen ordonnanzmässig ausgerichteten Schlafsaal zeigen oder ein Schild mit der Aufschrift «Dank dem Schweizervolk!» (aussen am Gebäude), ein die Schweiz lobpreisendes Wandgemälde (innen) oder einen Geburtstagskuchen für den Lagerleiter.

ES GAB AUCH überzeugte Nazis in Diepoldsau. Alte Einwohnerinnen und Einwohner verweisen zum Beispiel auf einen frontistischen Dachdeckermeister, und ein ehemaliger Flüchtling berichtet sogar von deutschen Parteiuniformen, die er in einer Diepoldsauer Wohnung gesehen habe. Im sanktgallischen Nachbardorf Altstätten hängte der Zahnarzt Ernst Schegg am 1. August die Hakenkreuzfahne vors Haus, im Nachbarbezirk Werdenberg unterhielt der Lederfabrikant Hans Nagl einen Stützpunkt der NSDAP, und in der Stadt St. Gallen verbreitete die lokale Nationale Front des Altstoffhändlers Mario Karrer hetzerische Flugblätter gegen die «Überschwemmung der Ostschweiz mit jüdischen Elementen».

Aber in Diepoldsau, versichern Einheimische und Flüchtlinge, habe man «den Juden nie etwas zuleide getan»: Im Gegenteil. Die Bevölkerung sei immer viel freundlicher gewesen als die Behörden, sagt zum Beispiel Poldi M., der am 16. August über den Alten Rhein floh. Am 19. August, als der Bundesrat die vom EJPD verfügte Grenzsperre nachträglich guthiess, fasste er die Stimmung in Diepoldsau im Protokoll so zusammen:

> «Das von den St. Galler Polizeibehörden in Diepoldsau eingerichtete Lager (...) sei ständig von der schweiz. Ortsbevölkerung umgeben, die sich mit den Flüchtlingen unterhalte und unter dem Eindruck des von ihnen Gehörten grosses Mitgefühl zeige.»

«Arm wie Kirchenmäuse» seien diese Menschen gewesen, sagt die damals fünfzehnjährige Maria Spirig, die direkt neben dem Flüchtlingslager wohnte. In ihrer Familie habe man sie nicht Juden genannt, sondern Emigranten, «das tönte wenigstens etwas humaner». Alle Nächte seien neue gekommen, von Konzentrationslagern und Verfolgung hätten sie berichtet, vorher habe man in Diepoldsau gar nicht recht gewusst, was ein Konzentrationslager sei. Meistens seien es junge Männer aus Wien gewesen, sagt Maria Spirig, und in alle Häuser seien sie geschlüpft, wo junge Leute wohnten. Man habe ihnen jedoch nicht viel bieten können, ein Glas Milch vielleicht oder einen Apfel. Wenn die Emigranten zu Besuch gekommen seien, habe ihr Vater sie und ihre Schwestern zwar schnell in ein anderes Zimmer geschickt, denn – meine Güte! – man sei ja ein junges Mädchen gewesen: «Ab in die Stube und Feierabend!», habe es da geheissen, «jawohl!». Aber passiert sei nie etwas. Aus Dankbarkeit hätten die Emigranten gelegentlich das ganze Dorf zu kulturellen Darbietungen ins Lager eingeladen, zu Theateraufführungen und Konzerten. Einmal hätten sie «Lumpazivagabundus» gespielt – «wahnsinnig schön!». Später habe man diese aufregende Zeit irgendwie fast vergessen, es sei alles wieder normal geworden und «eine heile Welt».

Die Flüchtlinge seien ihr reifer oder gebildeter erschienen als die Einheimischen, man habe die städtische Herkunft sofort bemerkt, sagt eine andere Frau, die in Diepoldsau aufwuchs. Es seien oft Freundschaften entstanden, die ein Leben lang dauerten, sagt eine dritte Frau, und manche Leute hätten deshalb noch heute Verbindung nach Amerika oder Israel.

Etwas Fremdes habe natürlich «gezogen», sagen zum Beispiel Louise Gasser und Trina Kuster aus Diepoldsau. Manchmal seien die jungen Leute aus dem Dorf mit dem Velo ums Lager herumgefahren, und die jungen Frauen hätten dann halt ein bisschen mit den Flüchtlingen geschäkert, aber weiter seien sie nie gegangen: «Also dass jetzt eine zum Beispiel ein lediges Kind von einem Emigranten bekam oder so» – nur in einem einzigen Fall sei das wirklich geschehen. Antisemitische Bemerkungen habe man selten gehört. Höchstens dass jemand den Juden vorgeworfen habe, sie hätten ja seinerzeit auch den Herrgott gekreuzigt: «Ehr hond o üsen Herrgott gchrüziget.» – Die Judenmädchen, sagt der Diepoldsauer Friedel H., seien oft «bombenschön» gewesen. Doch die hätten nun überhaupt nicht mit sich anbändeln lassen.

Aus einem Brief von Felix Bauer, damals fünfundzwanzigjähriger Grafiker und Musiker, Schüler des Wiener Komponisten Alban Berg, heute pensionierter College-Professor in Due West, South Carolina:

«Die Bevölkerung von Diepoldsau hat uns bemitleidet, aber uns sehr freundlich behandelt. Hier müssen Sie (...) meinen Fall verstehen. Ich habe eine für sie interessante Bildung zu bieten gehabt (...), und so wurde ich gefragt, alle möglichen und unmöglichen Dinge für sie zu machen. Ich war glücklich, beschäftigt zu sein. Natürlich alles ohne einen Rappen!! Ich produzierte für die Schule ein Wandgemälde der Tellgeschichte, zeichnete für einen Ingenieur an der anderen Seite des Ortes (ich vergass seinen Namen) Tausende Bilder für einen Trickfilm, machte ich weiss nicht wie viele Aquarelle von toten Babies für römisch-katholische Familien. Ich spielte ein altes Harmonium für eine Hebamme und ihren Mann (dafür akzeptierte ich ein Sonntagsessen), ich schrieb die Musik für irgendeine Operette, die wir im Lager aufführten. Ein junger katholischer Priest zeigte mir die Orgel und liess mich darauf üben (...). Einen Winter rollten alle Burschen des Lagers Schnee für mich zusammen, und ich hackte und schnitt daraus (mit Küchenmessern) einen gefallenen Soldaten; 3 Meter hoch. Nach 14 Tagen taute es, und er schmolz.»

Natürlich habe man ihnen «nicht einzeln hinterherlaufen können», um sie zu kontrollieren, sagt Landjäger Kamm: Jede Arbeit und sogar der Kontakt zur Zivilbevölkerung wären den Lagerinsassen eigentlich verboten gewesen. Es gab jedoch keinen Zaun ums Lager, die Flüchtlinge durften sich tagsüber fast frei bewegen im Dorf.

Man habe sich eben nicht erwischen lassen dürfen, sagt der damals siebzehnjährige Harry Weinreb aus Wien, der von Landjäger Kamm einmal dabei ertappt worden war, wie er den Bauern beim Erbsenpflücken half – der Lagerleiter holte ihn sofort vom Feld und brachte ihn zur Abschiebung an die Grenze, aber aus irgend einem Grund wurde er dann doch nicht abgeschoben. Und was die Bevölkerung betrifft, meint Harry Weinreb: In Diepoldsau habe es eine gewisse Gegnerschaft zwischen Katholiken und Protestanten gegeben, die Juden seien den Diepoldsauern wohl nicht unsympathischer gewesen als die Angehörigen der jeweils anderen christlichen Konfession.

EDMUND FLEISCH WOHNT in Altach, einem Dorf neben Hohenems. 1938 war er achtundzwanzig Jahre alt, arbeitsloser Sticker und ein professioneller Schmuggler. Bis zum deutschen Einmarsch schmuggelte er Kaffee und Zucker von der Schweiz nach Österreich, dabei arbeitete er mit einigen Diepoldsauern zusammen, unter anderem mit dem Gemüsehändler Willi Hutter.

Geschmuggelt haben zu manchen Zeiten «fast alle» am Rhein,

die Schmuggelgeschichten gehören auch in Diepoldsau zum festen Bestandteil der mündlichen Überlieferung. Während des Ersten Weltkrieges, in der Blütezeit des Schmuggelns, wurden vor allem Gummiartikel, Baumwollgarne und Tabakwaren «döretoa» (hinübergetan), wie sie das nannten, und alte Leute erzählen zum Beispiel mit leuchtenden Augen, dass ihre Mütter spezielle Röcke nähten, unter denen sie Zigarren verstecken konnten – oder dass sie als Kinder regelmässig zum Beten angehalten wurden: «Lieber Gott, mach, dass der Vater nicht mehr schmuggeln muss!» Der Alte Rhein liess sich leicht zu Fuss überqueren, er war mit Gebüsch bewachsen; jene Bäuerinnen und Bauern, die ihr Land hinter der Grenze liegen hatten, kamen auch am Strassenzollamt nahezu unkontrolliert durch, bis zum österreichischen Anschluss an Deutschland jedenfalls.

Edmund Fleisch ist als Schmuggler anscheinend nicht wohlhabend geworden, er wohnt noch heute auffallend bescheiden, obwohl er im Gelände damals «gut bekannt» war, wie er sagt, und obwohl es Gerüchte gibt, dass jene Schmuggler, die sich nach dem Anschluss auf die richtigen neuen Güter verlegten, phantastische Gewinne eingestrichen hätten. Ein derartiges Gut, heisst es, sei die Silbermark gewesen. Der Metallwert der Reichsmark sei kurz vor dem Zweiten Weltkrieg in der Schweiz erheblich höher veranschlagt worden als ihr Papierwert. Sackweise hätten junge Männer die Silbermark durch den Fluss in die Schweiz geschleppt bei einem Profit, wird behauptet, von ungefähr 13 Prozent – doch wenn man sich etwas näher erkundigt, will niemand selber dabeigewesen sein. Besonders raffinierte und tollkühne Silbermark-Schmuggler, so geht die Legende dann weiter, hätten zusätzlich Juden mitgenommen, um den Ertrag zu steigern und die deutschen Zöllner zu täuschen, welche die Juden ja unbedingt loswerden wollten.

Edmund Fleisch hat Jüdinnen und Juden geschmuggelt; auf dem gleichen Gang noch etwas anderes mitzunehmen, sagt er, wäre viel zu riskant gewesen. Das Gelände sei nämlich nicht ganz so einfach, wie man vielleicht glaube, die passierbaren Stellen seien schmal und heikel, manche seiner Schützlinge habe er hinübertragen müssen. Im Kaffee- und Zucker-Schmuggel herrschte laut Edmund Fleisch nach dem deutschen Einmarsch Flaute, auch der Transfer von Juden habe nur «eine Saison» gedauert, vom Sommer bis zum Winter 1938; dann fand Edmund Fleisch eine Stelle als Eisendreher bei den Maybach-Werken in Friedrichshafen. Wegen dem Geld allein, sagt Fleisch, habe sich das mit den Juden nicht besonders gelohnt, die hätten ja selber nichts gehabt, dreissig Franken pro Person – «o Jesses!» – sei eine stark übertriebene Summe, soviel habe er bestimmt nie gekriegt. Häufig habe er sich der Leute aus Mitleid angenommen, und wenn sie ihm ein paar Franken gegeben hätten, sei das natürlich «eine grosse Wohltat» für ihn gewesen. Vielfach habe er die Flüchtlinge auch in Tirol abgeholt oder in Ulm, dann hätten sie selbstverständlich die Fahrtkosten zahlen müssen. Edmund Fleisch hat meistens im Auftrag der St. Gallerin Recha Sternbuch geschmuggelt. Die Sternbuchs waren eine fromme oder auch orthodoxe jüdische Industriellenfamilie, die systematisch Leute in die Schweiz zu retten versuchte. Wenn die Flüchtlinge in Diepoldsau waren, versteckte sie Fleischs Partner Willi Hutter auf einem Kleinlaster und brachte sie direkt nach St. Gallen.

JAKOB SPIRIG WOHNT in Diepoldsau. 1938 war er neunzehn Jahre alt. Für einen geschmuggelten Juden hat er in der Regel zehn bis fünfzehn Mark erhalten, manchmal weniger, sagt er: «Die Leute hatten ja nichts. Das waren Arbeiter und Arbeitslose wie wir auch.» Spirig schmuggelte selten in fremdem Auftrag, er tat es sozusagen selbständig. Er ging mit einem Kollegen hinüber nach Hohenems, ins Restaurant «Hoher Freschen» neben dem Bahnhof, wo die Flüchtlinge aus Wien ankamen. Dann nahm er einige mit und führte sie in der Nähe des Zollamts Schmitter durch den Fluss, der an dieser Stelle etwa zwanzig Zentimeter tief war. Meistens hätten sie sich beim deutschen Zoll sogar noch abgemeldet, sagt Jakob Spirig, und falls die Juden Geld oder Wertsachen dabeigehabt hätten, habe er ihnen das vorher weggenommen, damit es nicht den Deutschen in die Hände fiel, und hinter der Grenze habe er es ihnen wieder gegeben. Am Schweizer Zollamt sei man etwa mit der folgenden Methode vorbeigekommen: Zu einer vereinbarten Uhrzeit habe jemand dem Zöllner telefoniert, der sei ins Haus gegangen, um den Hörer abzunehmen, und inzwischen sei man ungesehen und ungehört durchs Wasser gerannt mit den Flüchtlingen. Ausserdem habe man auch die Ablösungszeiten und Touren der Grenzwache studieren und überhaupt auf alle möglichen Umstände achtgeben müssen. In der Schweiz habe er den Flüchtlingen jeweils gezeigt, wo sich das Lager befand, aber direkt hingebracht habe er sie natürlich nicht. Vielleicht hundert oder hundertfünfzig Juden habe er im ganzen hereingenommen, sagt Jakob Spirig. Der Emigrantenschmuggel sei in Diepoldsau bis zum Kriegsausbruch betrieben worden; 1941 während dem Aktivdienst habe er es nochmals versucht, aber dieses letzte Mal habe man ihn leider verhaftet und vor ein Militärgericht gestellt. Drei Monate sei er in der Kiste gehockt.

UND JETZT, sagt Landjäger Kamm, «fing eben diese Geschichte an, bei Grüninger und bei mir, dass wir viele gerettet haben». Wenn die Flüchtlinge nämlich im Lager eingetroffen seien, dreckig und nass, weinend und bittend, habe er je nach Gutdünken den Polizeihauptmann Paul Grüninger angerufen oder auch direkt den Regierungsrat Valentin Keel. «Dann ist der Grüninger nach Diepoldsau gekommen, in schweren Fällen sind Keel und Grüninger gemeinsam gekommen.» Er habe ihnen die betreffenden Leute vorgeführt, im Gasthof «Sonne» seien die beiden meistens gesessen, und der Regierungsrat sei angesichts des Elends sofort in Tränen ausgebrochen. Er sei schon etwas alt gewesen, der Valentin Keel, und er habe wirklich geweint, wenn er die Flüchtlinge gesehen habe. Auch dem Polizeikommandanten seien dann jeweils die Tränen in den Augen gestanden, eine richtige Heulerei sei das manchmal geworden im Restaurant «Sonne» in Diepoldsau.

Da könne der Regierungsrat doch nachher nicht behaupten, er habe von der Sache nichts gewusst.

5.

Bis ins Dorf hinein hörte man die Schreie einer Gruppe von Menschen. «Es waren sechs jüdische Vertriebene», die in der Nacht vom 23. auf den 24. August 1938 «den Weg von Deutschland auf schweizerischen Boden suchten, von unserer schweizerischen Grenzwache aber gefasst und wieder nach Deutschland zurückgeschoben wurden», wie die St. Galler «Volksstimme» am 26. August berichtete. Am 29. August meldete die «Volksstimme», in der vergangenen Nacht habe man in Diepoldsau von der deutschen Seite her sogar Schüsse gehört. «Die Häufigkeit der Schüsse mahnte zum Aufsehen», doch ihre Ursache wisse man nicht.

Auch die «Neue Zürcher Zeitung» hat in den Tagen nach der Grenzsperre charakteristische Szenen aus Diepoldsau veröffentlicht, etwa diese: «Den Unterkörper entblösst, die Schuhe und Beinkleider unter dem Arm», so seien zwei Flüchtlinge durch das Wasser des alten Rheinlaufes gewatet. «Hohläugig, mit weit vorstehenden Backenknochen, todmüde und hungrig, liessen sie sich bei den Grenzwächtern nieder. Ganze vierzehn Mark hatten sie zusammen, die beiden in den dreissiger Jahren stehenden Männer. Ein Wachtmeister holte ihnen Wurst und Brot. Sie flehten darum, in der Schweiz bleiben zu dürfen; mittel- und schriftenlos wie sie waren. Acht Tage hätten sie im Gefängnis in Feldkirch zubringen müssen und seien dann von uniformierten Männern abgeführt worden. Mit vorgehaltenem Revolver habe man ihnen die Stelle gewiesen, wo sie die Grenze überschreiten könnten, und habe ihnen gedroht, ja nicht mehr zurückzukommen. Rund eine Stunde ruhten sie sich aus», notierte die NZZ am 21. August 1938, «dann mussten sie zurück.»

Wachtmeister Leonhard Grässli vom Zollamt Diepoldsau schildert in seinen Memoiren unter anderem die Ausschaffung einer jungen Frau, deren Verwandte schon früher in die Schweiz geflohen waren und sie an der Grenze erwarteten. Diese Frau, erinnert sich Grässli, sei dann auf schweizerisches Verlangen von einem deutschen Beamten in Diepoldsau abgeholt worden:

> «Am Arm packend zieht er sie über die Grenze, schreiend wehrt sie sich, doch der deutsche Zöllner ist stärker! Hinter dem deutschen Zollamt winkt sie ihren glücklicheren Verwandten langsam zurückgehend immer wieder zu.»

Seine eigene Frau, erzählt Wachtmeister Grässli, habe den Vorfall von der Terrasse ihrer Wohnung aus beobachtet und dabei «den auf dem Zollplatz anwesenden Schweizersoldaten, Offizieren und Polizisten» sowie «dem herzlosen deutschen Zöllner» von oben herab «wenig schmeichelhafte» Ausdrücke zugerufen.

Die Tochter des Wachtmeisters, die damals fünfzehnjährige Nina Grässli, schrieb in einem Schulaufsatz im Herbst 1938:

> «Eines Tages brachte der Polizist zwei Juden aufs Zollamt. Einer setzte sich sofort auf die Stiege, sein Aussehen war bleich und mager. Man sah sofort, dass dieser Mann schwer gelitten hatte, dazu steckte noch eine Krankheit in ihm. 'Zum vierten Male sind wir in der Schweiz, und jedesmal werden wir hinaus geschickt. Zu sechst sind wir hereingekommen, und uns zwei Brüder hat das Schicksal getroffen, dass wir wieder am gleichen Fleck sind wie vor zwei Tagen. Aber wir probierens noch einmal.' Dies erzählte er mit weinender Stimme, indem er nervös mit den Händen zitterte. Ja, mich hat es auch gewürgt auf dem Balkon oben, als ich dies hörte. Dass eine kultivierte Welt solche Zustände haben kann, ist unbegreiflich.»

Der frühere Landjäger Hermann Fehr, im August 1938 für kurze Zeit in Diepoldsau eingesetzt, sagt heute, er habe noch immer ein schlechtes Gewissen, weil er selber «derartige Leute» zurückschickte.

Der ehemalige Grenzwächter Wilhelm Kutter, 1938 im liechtensteinischen Ruggell stationiert, hingegen meint: Dafür sei man ja schliesslich Beamter gewesen, dafür habe man ja auch seinen Lohn erhalten, damit man die Befehle befolgte. Als der St. Galler Polizeihauptmann Paul Grüninger im Frühjahr 1939 entlassen wurde, hätten ihn die Zöllner nicht sehr bedauert, sagt Wilhelm Kutter: «Wir armen Grenzwächter mussten die Juden zurückschicken, und Grüninger liess sie bei Diepoldsau wieder herein.»

In Wien eröffnete die deutsche SS am 22. August 1938 eine «Zentralstelle für jüdische Auswanderung». Sie wurde von Untersturmführer Adolf Eichmann geleitet und bearbeitete pro Tag bis zu tausend Ausreiseanträge. Innerhalb von achtzehn Monaten verliessen um die 150 000 Menschen die sogenannte Ostmark; man nahm ihnen alle Ersparnisse weg, sofern sie welche hatten, liess ihnen den Gegenwert von höchstens dreissig Mark als «Zehrgeld» und stellte ihnen eine knappe Ausreisefrist. Wer zurückkam, oder wer ohne Erlaubnis ging und wem die Flucht misslang, musste unmittelbar mit Gefängnis und Konzentrationslager rechnen.

Zum Beispiel der Maschinenschlosser Josef Bauer aus Fohnsdorf in der Steiermark, ein achtunddreissigjähriger Spanienkämpfer. Er überquert am 25. August die Schweizer Grenze bei Widnau, gelangt zu Fuss nach St. Gallen, stösst dort zufällig im «Volkshaus» auf den appenzellischen Spanienkämpfer Werner Nef, der gerade einen Vortrag über die Internationalen Brigaden gehalten hat und in der Wirtschaft mit dem sozialdemokratischen, jüdischen Rechtsanwalt Samuel Teitler, dem Gewerkschaftssekretär Robert Gsell, dem Lehrer Schlegel, dem Elektriker Huldi sowie mit dem Maurer und Handelsvertreter Willi Waespi zusammensitzt. Sie wollen Josef Bauer weiterhelfen. Willi Waespi erklärt sich bereit, den Emigranten auf seinem Motorrad nach Zürich zu bringen. Unterwegs geraten die beiden in eine Polizeikontrolle. – Einen Tag nach der Abschiebung durch die St. Galler Kantonspolizei wird Josef Bauer am 4. September 1938 ins Gefangenenhaus Bregenz eingeliefert: «wegen Passvergehens».

Oder die siebenunddreissigjährige Wiener Verkäuferin Selma Fleischner, ihr fünfzehnjähriger Sohn Gerhard Fleischner und die siebenundzwanzigjährige Ettel Engelstein, Schriftsetzersgattin, welche alle drei am 15. Oktober «wegen versuchter unbefugter Ausreise nach der Schweiz» ins Bregenzer Gefängnis eingesperrt worden sind. Dort verliert sich ihre Spur.

DER ERSTE bekannte Fall, bei dem Paul Grüninger nach der Grenzsperre vom 19. August die eidgenössischen Bestimmungen umging und eine Abschiebung persönlich verhinderte, ist jener von Frieda Prossner. Heute heisst sie Frieda Rosenberg und wohnt in der Nähe von New York. Am 24. August 1938 erschien sie im Flüchtlingslager Diepoldsau; vorher hatte sie fünf Tage und Nächte im Gehölz auf der österreichischen Seite des Rheins zugebracht. Zwei Tage nach ihrem Eintreffen, schreibt Frieda Rosenberg in einem Brief, sei Hauptmann Grüninger ins Lager gekommen und habe ihren Aufenthalt genehmigt.

Allerdings dürften solche Bewilligungen in der zweiten Augusthälfte nicht gerade häufig gewesen sein; es waren wohl Ausnahmen, das geht auch aus dem Vorstandsprotokoll der Israelitischen Gemeinde St. Gallen vom 31. August 1938 hervor:

«Trotz der Grenzsperre wurden in würdigen Fällen einige Emigranten noch nachher von der Polizei toleriert. Andererseits wurden uns zweimal zwei Leute von unserem Bureau weg wieder an die Grenze zurückgestellt, weil sie entweder nach der Grenzsperre eingereist sind, oder aber dass ihre Papiere irgendwie nicht den Tatsachen entsprachen.»

Es scheint, als ob sich der Hauptmann zunächst bemüht hätte, den Bundesratsbeschluss möglichst korrekt anzuwenden. Am 29. August reklamierte Grüninger auf dem Polizeiposten Buchs, nach Ermittlungen der Zürcher Kantonspolizei seien bei der liechtensteinischen Ortschaft Schaanwald «in den letzten Tagen wiederholt Überläufer (Juden und politisch belastete) ohne jegliche Kontrolle» durchgekommen, zweifellos seien dort «verschiedene Helfer am Werke», und er wies den Posten an, «dieser Angelegenheit» die «volle Aufmerksamkeit zu schenken».

Doch am 12. und 14. September zogen die beiden Grenzschutzkompanien, welche der Bund zur Verstärkung von Zoll und Polizei geschickt hatte, aus dem Rheintal ab – angeblich auf Betreiben Hauptmann Grüningers, wie später in den Gerichtsakten stehen wird: Grüninger habe dem Eidgenössischen Justiz- und Polizeidepartement nämlich versichert, er übernehme nun «jede Garantie dafür», dass die Grenze «dicht genug» bleibe. Paul Grüninger selber wird in einem ersten Verhör kurz vor seiner Suspendierung allerdings erklären, der Einsatz dieser Truppen bei Diepoldsau sei ursprünglich auf seine eigene Veranlassung hin geschehen, die militärische und polizeiliche Abriegelung der Grenze habe die illegalen Einreisen jedoch kaum stoppen können, und überhaupt habe er stets nach den Vorgaben von Regierungsrat Valentin Keel gehandelt:

«Eine effektive Schliessung der Grenze war bei der beidseitig des Rheines betriebenen Emigrantenschlepperei praktisch nahezu unmöglich. Ich machte den Departementschef von Anfang an auf diese Verhältnisse aufmerksam, wie er auch anfänglich selbst mehrfach Gelegenheit nahm, sich diese Flüchtlinge anzusehen und einzelne Fälle zu prüfen. Der Departementschef stand auf dem Standpunkt, dass es unmöglich sei, diese Leute wieder zurückzuschaffen. Einen anderen Standpunkt hätte man vernünftigerweise gar nicht einnehmen können, wenn man die Not und das Elend dieser Leute sah und sich vergegenwärtigte, welches Schicksal ihrer harrte, wenn sie wieder zurückgeschafft werden mussten.»

Die Rückweisungen seien ausserdem «für die mit dieser Aufgabe betrauten Organe» eine «sehr schwere Sache» gewesen. Die Emigranten hätten sich verzweifelt dagegen gewehrt, und die Bevölkerung habe Anteil genommen. – Im «Einverständnis mit dem Departementschef» sei man daher nach der «folgenden Praxis» vorgegangen, wird Grüninger im Verhör ausführen:

> «Der Aufenthalt wurde namentlich solchen Flüchtlingen gestattet, die: 1. bereits Schritte für die Weiterreise unternommen hatten, oder: 2. bereits Angehörige hier hatten, oder: 3. bei welchen bereits feststand, dass die Flüchtlingshilfe für sie aufkommen werde, und deshalb für den Staat keine Last entstehe.»

Zwar gab es auch später immer wieder Abschiebungen, doch falls Grüningers Erklärung stimmt, dann war er vom politisch verantwortlichen Regierungsrat nun sozusagen beauftragt, die eidgenössischen Vorschriften ganz nach eigenem Ermessen anzuwenden – oder sie einfach zu ignorieren: Kaum ein Flüchtling erfüllte nicht mindestens die letzte der drei genannten Bedingungen. Die Israelitische Flüchtlingshilfe hatte sich verpflichtet, grundsätzlich alle Jüdinnen und Juden zu übernehmen. Und wenn jemand nach deutscher Rassedefinition zwar jüdischer Herkunft, beispielsweise aber katholischen Glaubens war, sprang die Caritas oder ein anderes Hilfswerk ein; für sozialistische und kommunistische, nichtjüdische Emigrantinnen und Emigranten sorgten die entsprechenden schweizerischen Parteiorganisationen. Der Staat zahlte zu diesem Zeitpunkt ohnehin fast nichts.

Charles Tenenbaum aus Wien, der mit seiner Frau Jetty Tenenbaum im Juli gekommen war, schreibt heute aus New York:

> «Meine Eltern waren an der Schweizer Grenze, meine Frau ist zum Herr Grüninger damals gegangen, und er hat ihr versprochen, wenn sie über die Grenze kommen, wird er sie nicht zurückstellen, und so war es. May he rest in peace.»

Wie sich ein Bewilligungsverfahren im Lager Diepoldsau für die Flüchtlinge etwa abgespielt hat, wissen wir von Otto Ascher, seinerzeit ein vierzehnjähriger Wiener Schüler. Er traf kurz nach Weihnachten 1938 mit seiner Mutter und seinem Bruder in Diepoldsau ein, der Vater war schon im November eingereist und im Kanton St. Gallen interniert. Einige Tage nach ihrer Ankunft, sagt Otto Ascher, habe es geheissen, jetzt komme ein Hauptmann und entscheide über sie. Die Mutter habe ihn als Kind zu Grüninger vorgeschickt, er habe dem Hauptmann dann «halt so ein Sprücherl» aufgesagt: «Wir warten stündlich auf ein Affidavit aus der USA» (auf eine Bürgschaftsbescheinigung fürs Visum) und «solchen Schmus» habe er erzählt. Gewiss habe Grüninger diese Behauptung durchschaut, «bestimmt hat er sich seine Sache dabei gedacht», sagt Otto Ascher; und dennoch habe er sie dableiben lassen.

Normalerweise wurden die Flüchtlinge zuerst nach St. Gallen gebracht, bevor man sie dem Hauptmann präsentierte: in den Räumen der Israelitischen Flüchtlingshilfe oder in seinem Kommando-Büro. Viele schafften die vierzig Kilometer in die Stadt hinauf auch selber, mit der Hilfe von Schleppern, von jüdischen Aktivisten und Aktivistinnen oder mit Glück, und meldeten sich dort direkt bei den richtigen Instanzen.

JUDEN IN ST. GALLEN – in den kantonalen Polizeiakten findet sich die Abschrift eines anonymen Flugzettels mit diesem Titel. Da heisst es also im Sommer 1938: Der «deutsche Jude» Kleinberger, der «polnische Saujud» Teitler, der «ganz gefährliche Jud» Sternbuch, das «gefährliche Subjekt» Dreifuss, der «Obersauhund» Wyler, die «artfremden Elemente» Wind, Wohlgenannt, Burgauer und so weiter, sie alle stünden auf der «Schwarzen Liste», weil sie «das Schweizervolk auspressen», «unsere Töchter missbrauchen» oder «unsere guten dummen Christen vergiften, vergewaltigen und anstecken» etc.

Es waren gerade fünfundsiebzig Jahre her, seit sich in St. Gallen eine jüdische Gemeinde erstmals hatte niederlassen dürfen. Der vermutlich letzte Pogrom hatte im Juni 1883 stattgefunden, wobei mehrere tausend Christinnen und Christen zusammenströmten, um das Warenhaus eines Louis Bamberger zu verwüsten, der gleichzeitig als Publizist sozialistische Lehren verbreitete. Nur durch den Aufmarsch eines Rekrutenbataillons konnte die Bevölkerung von weiteren Plünderungen abgehalten werden. Auch noch in den zwanziger Jahren hatte eine rechtsextreme «Christenwehr» in St. Gallen antisemitische Kampagnen entfacht, diesmal richteten sie sich vor allem gegen jüdische Lokalpolitiker, denen die freisinnige Partei mittlerweile einen Sitz im Stadtrat zugestand.

Ende der dreissiger Jahre lebten ungefähr sechshundertfünfzig jüdische Einwohnerinnen und Einwohner in der Stadt, sie teilten sich in zwei Gemeinden auf, die eine galt als liberal, die andere war in religiöser Hinsicht konservativ, zusammen machten sie rund ein Prozent der Bevölkerung aus. Die 1863 gegründete liberale Gemeinde mit ihrer Synagoge an der Frongartenstrasse war wesentlich grösser als die 1919 gegründete orthodoxe Gemeinde an der Kapellenstrasse, und die wohlhabenden jüdischen Textilfabrikanten gehörten meistens zu den Liberalen.

In der frömmeren und ärmeren Gemeinde, sagt zum Beispiel Daniel Stern, ein gebürtiger St. Galler, der 1946 nach Palästina auswanderte, habe dafür «mehr jüdisches Bewusstsein» geherrscht; die Leute seien oft «anders gekleidet» gewesen, hätten über eine «bewegtere Gestik» verfügt, und grösstenteils stammten sie aus Osteuropa, während die Mitglieder der liberalen Gemeinde in der Regel westeuropäischer oder schweizerischer Herkunft waren und daher im St. Galler Strassenbild nicht auffielen. Die westlichen Juden, sagt Daniel Stern, hätten sich wegen der östlichen Juden manchmal geschämt. Einige liberale Juden hätten sich ihrer latent judenfeindlichen Umgebung derart unkritisch angepasst, dass sie anfingen, die Ostjuden zu hassen. Ständig hätten sie um ihren gesellschaftlichen Status gebangt, dies umso mehr, als dann zusätzlich noch die jüdischen Fremdlinge aus Österreich eintrafen.

Darüber, wie verbreitet der Antisemitismus in St. Gallen Ende der dreissiger Jahre tatsächlich war, sind sich die Betroffenen heute nicht einig. «Wir hatten keinen Antisemitismus», sagt einer, der selber auf der «Schwarzen Liste» stand; andere unterscheiden zwischen «alltäglichen Vorurteilen» und einer «inszenierten Hetze», hinter der nicht zuletzt geschäftliche Interessen steckten – etwa wenn die beiden Textilfabrikanten Arnold Mettler-Specker und Max Stoffel frontistische Bestrebungen gegen jüdische Konkurrenten mitfinanzierten, oder wenn der reiche Lumpenhändler Mario Karrer, Obmann der «Nationalen Front» und später der «Nationalen Opposition», Pamphlete gegen das «jüdisch-freimaurerische Monopol» im Altstoffgewerbe veröffentlichte.

Marguerite Dreyfuss, deren Mann im Vorstand der liberalen Israelitischen Gemeinde sass, kann sich an «kleine Schikaniererien» erinnern: Dass sie einmal vom Trottoir heruntergeschubst oder angerempelt wurde beim Gang durch die Stadt. In der Töchterschule Talhof, sagt die St. Gallerin Lea Blumenfeld, sei ihr und ihrer Schwester «das Leben schwer gemacht» worden, weshalb sie die Schule abgebrochen und eine Lehre begonnen habe; doch erst 1940 sei das passiert, nachdem ihre Familie aus Furcht vor einem deutschen Einmarsch für einige Wochen in die Westschweiz geflohen und wieder zurückgekehrt war.

Margrit Bernhaut, die als Protestantin gegen massiven behördlichen Widerstand einen jüdischen Emigranten heiratete, erzählt, dass niemand aus ihrer ganzen Verwandtschaft zur Hochzeit kam und dass sie nachher keine Wohnung fanden. Zur Trauung mussten die beiden in den Kanton Baselland reisen; jüdischen Flüchtlingen war das Heiraten von der St. Galler Regierung im Frühsommer 1938 mittels eines Tricks verboten worden: man verweigerte ihnen das juristische «Domizil», zivilstandsamtlich waren Flüchtlinge keine Einwohner des Kantons. Jüdische Flüchtlinge sollten sich nicht etablieren und nicht vermehren; Familien waren noch viel schwerer in andere Länder wegzubringen als Einzelpersonen.

Am 26. August 1938 schreibt Hauptmann Grüninger an die Israelitische Flüchtlingshilfe St. Gallen:

«Das zahlreiche Auftreten der israelitischen Flüchtlinge in der Stadt St. Gallen hat der Öffentlichkeit bereits Anlass zur Kritik gegeben. Um weitern Unannehmlichkeiten vorzubeugen, verfügen wir, dass ca. 200 der sich hier in der näheren Umgebung der Stadt aufhaltenden Emigranten umgehend in das Flüchtlingslager Diepoldsau überführt werden, wodurch eine bessere, auch in Ihrem Interesse gelegene Beaufsichtigung und Beschäftigungsmöglichkeit geschaffen wird.»

Er hat diese Verordnung dann doch nicht vollzogen.

Ausser in Diepoldsau organisierte die Israelitische Flüchtlingshilfe Lager und Unterkünfte im Hotel «Casino» in der Stadt, im Hotel «Krone» in Wald-Schönengrund, in Gossau und Mörschwil und auf der Schäflisegg bei Teufen; Ehepaare wurden in Pensionen und Privathäusern einquartiert; ferner errichtete die Industriellenfamilie Sternbuch, die zum traditionellsten Flügel zählte und eine dritte kleine Synagoge in St. Gallen betrieb, eine Unterkunft an der Waldaustrasse, welche den strengsten Glaubenssätzen genügte. Die Flüchtlinge wurden zu Almosenempfängern auf unbestimmte Zeit gemacht, denn sie standen ja unter Erwerbsverbot; nicht einmal ihre Aufenthaltsorte durften sie ohne behördliche Erlaubnis verlassen. Die Unterstützungsarbeit der Flüchtlingshilfe wurde weitgehend von einheimischen Freiwilligen geleistet; der Aufwand muss enorm gewesen sein, die Spendengelder aus den USA flossen vorerst spärlich. Einzelne Mitglieder jüdischer Gemeinden in der Schweiz, sagt der St. Galler Industrielle Ernst Kleinberger, einer jener Freiwilligen, hätten damals bis zu fünfzigtausend Franken Jahresbeitrag bezahlt. Saly Mayer, der Präsident des Schweizerischen Israelitischen Gemeindebundes, der ebenfalls in St. Gallen lebte, habe 1938 einmal zehn der reichsten Schweizer Gemeindemitglieder in sein Büro gebeten, ihnen einen Vortrag gehalten und auf solche Weise die unvorstellbare Summe von 400 000 Franken gesammelt. Das sollte man heute aber besser niemandem erzählen, meint Ernst Kleinberger, sonst gebe es bloss wieder böses Blut, und es heisse:

Die Juden seien alle so reich. In einer Zeit, in der Hitler von Erfolg zu Erfolg eilte, sassen diese Schweizer Juden «auf einem Pulverfass»; nie hätten sie gewusst, wann sie selber drankämen.

Trotzdem erwähnen die meisten ehemaligen Emigrantinnen und Emigranten, dass sie von der Israelitischen Flüchtlingshilfe St. Gallen nicht besonders freundlich behandelt worden seien. Ein distanzierter Bürokrat habe sie dort betreut, einer, der sie wohl am liebsten wieder losgeworden wäre und sie stets habe spüren lassen, wie unerwünscht sie in der Schweiz eigentlich seien. Der Funktionär hiess Sidney Dreifuss, für die Leitung der Flüchtlingshilfe hatte er sogar seinen Beruf aufgegeben. Im Fall Grüninger entging er später nur mühsam einer Strafverfolgung als Komplize.

ERNEST PRODOLLIET ist 1905 als Kind waadtländischer Eltern geboren und 1984 in Amriswil gestorben, zwei Jahre nachdem ihn die Jerusalemer Stiftung Yad Vashem mit hohen Ehren ausgezeichnet hatte. Ernest Prodolliet war ein gelernter Kaufmann und ein rangniedriger Schweizer Diplomat. Wenn wir den Personalakten des Eidgenössischen Politischen Departements (EPD, heute Eidgenössisches Departement für auswärtige Angelegenheiten) glauben dürfen, war er zwar einigermassen ehrgeizig, aber weiter als bis zum Konsul brachte er es nie. Und gelegentlich überschritt er seine Kompetenzen. Deshalb ist er in Israel auch ausgezeichnet worden.

Mit Paul Grüninger war Ernest Prodolliet persönlich bekannt, denn im April 1938 schickte das EPD den jungen Diplomaten als «Commis principal» oder Verwaltungsbeamten in die Schweizerische Konsularagentur Bregenz. Dort war er neun Monate lang zuständig für den Passdienst. Er hatte Visa zu erteilen – beziehungsweise zu verweigern, und er fuhr häufig nach St. Gallen.

Auch mit Heinrich Rothmund, dem Chef der Polizeiabteilung im EJPD, war Prodolliet gut bekannt, denn im Sommer 1938 beauftragte ihn Rothmund mit einem Experiment: Der Commis principal mit dem Diplomatenpass reiste am 17. August 1938 bei Diepoldsau versuchsweise schwarz ins eigene Land ein. Aufgrund seiner «Feststellungen und Untersuchungen» bei diesem Grenzübertritt soll sich Rothmund in dem Entschluss, die Grenze sperren zu lassen, bestärkt gefühlt haben, obschon ihm, nach den Akten des EJPD, Ernest Prodolliet andererseits eindringlich versicherte, die von den Flüchtlingen beschriebenen «ausgesuchten Greueltaten» der Deutschen und Österreicher seien «keine Hassmärchen», sondern entsprächen «leider Gottes durchaus den Tatsachen».

Mitte Dezember 1938 wurde Ernest Prodolliet aus Bregenz abberufen, man eröffnete ein Disziplinarverfahren gegen ihn. Folgende Vergehen des Diplomaten werden in der Personalakte aufgeführt:

Am 26. September 1938 lud er den jüdischen Flüchtling Josef Udelsmann in sein Auto und chauffierte ihn über den Strassenzoll bei Au in die Schweiz. Da die Grenzpolizei Prodolliet kannte, wurde der Begleiter nicht zurückgewiesen. Am gleichen Tag reiste der jüdische Arzt Dr. Tauber ohne Visum bei St. Margrethen in die Schweiz ein, nachdem Prodolliet die Passkontrolle über seine Ankunft informiert und darum gebeten hatte, ihn durchzulassen. Am 1. Oktober folgte die Frau von Dr. Tauber auf gleiche Weise. Am 16. November stellte Prodolliet der sechsundvierzigjährigen Mindel Schottenfeld eine schriftliche Erlaubnis aus, «ihren im Emigrantenlager in Diepoldsau angeblich krank darniederliegenden Sohn Julius Schottenfeld, zusammen mit ihrem zweiten Söhnchen Leo» während vierundzwanzig Stunden zu besuchen. Sie kehrte nicht ins Deutsche Reich zurück. Mit einem ähnlichen Schreiben schickte Prodolliet noch andere Leute nach Diepoldsau, etwa eine Frau Rektor mit zwei unmündigen Kindern, und in einigen Fällen ist der Trick gelungen.

Am 23. November schliesslich, drei Monate nach seiner behördlich befohlenen schwarzen Einreise, wurde Ernest Prodolliet, «Kanzler der Schweizer. Konsularagentur in Bregenz», beim Versuch, die Grenze bei Diepoldsau nochmals illegal zu überschreiten, nachts an der Mauer des Strandbades Schmitter von einem eidgenössischen Grenzwächter festgenommen. Er gab zu Protokoll, er habe den Flüchtling Max Wortsmann, der vor der Verhaftung gestanden sei, in die Schweiz bringen wollen. Zuerst wollte er dem Flüchtling die geeignete Stelle zum Grenzübertritt nur zeigen, doch dieser Wortsmann, sagte Ernest Prodolliet, sei nervlich so am Ende gewesen, dass er sich plötzlich entschlossen habe, mit ihm zu gehen:

«Bei einem Wegstein versteckte ich mein Geld, um gegebenenfalls nicht in den Verdacht zu kommen, Devisen zu schmuggeln. Ich gab ihm den Auftrag, mir in 10–15 Schritten Abstand zu folgen, damit er sich in Sicherheit bringen könnte, falls etwas passieren sollte. (…) Als wir gegen den Rheindamm kamen, bemerkte ich einen Schatten; ich warnte Wortsmann, der einige Schritte zurückwich. Dann wurden wir angeschossen, zuerst von vorn, dann von hinten. Ich duckte mich. Von Wortsmann sah ich dann nichts mehr. Es gelang mir, mich trotz Alarm der deutschen Grenzorgane versteckt zu halten und innert einigen Stunden an die Schweizergrenze vorzuarbeiten. Es muss nach meiner Ansicht etwas nach 23 Uhr gewesen sein, als ich die Mauer des Strandbades übersprang.»

Der Flüchtling war während der Schiesserei der Deutschen verschwunden, er schaffte es später auf andere Art in die Schweiz.

Die weiteren Taten von Ernest Prodolliet in seiner Bregenzer Zeit sind kaum erforscht. Vom Grazer Emigranten Karl Schiffer, dem wahrscheinlich Prodolliet Ende Juli 1938 unbefugterweise ein Visum ausstellte, wissen wir, dass die Konsulatsagentur Bregenz schon vor der Grenzsperre als letzte Anlaufstelle für fliehende Kommunistinnen und Kommunisten bekannt war. Die Zürcherin Gusty Bornstein-Fink, welche 1938/39 selber illegale Einreisen und andere verbotene Dinge organisierte, berichtet ausserdem: Ernest Prodolliet habe damals auf Drängen der St. Gallerin Recha Sternbuch rund dreihundert Flüchtlingen Schweizer Rückreise-Visa ausgestellt. Diese Visa hätten die Flüchtlinge für die Durchreise nach Italien gebraucht, sie seien damit an die Adria gefahren und hätten dort ein Schiff nach Palästina bestiegen. Prodolliet habe im Auftrag der Familie Sternbuch ausserdem an der Grenze im Rheintal mehrmals Schleichwege ausgekundschaftet, behauptet Frau Bornstein. Im Prodolliet-Dossier des Politischen Departements steht der bemerkenswerte Satz: «Unsere Agentur ist nicht dazu da, dass es den Juden gut geht.»

Ernest Prodolliet ist vielleicht der unkonventionellste, aber nicht ganz der einzige Schweizer Diplomat, der 1938 die Berner Bestimmungen verletzte. Am 23. November 1938 schrieb Heinrich Rothmund von der Eidgenössischen Polizeiabteilung an die Abteilung für Auswärtiges im EPD, die drei norditalienischen Schweizer Konsulate Triest, Venedig und Mailand hätten mehr als 2800 Visa für österreichische Emigrantinnen und Emigranten ausgestellt, und er bat um Sanktionen gegen die «fehlbaren Beamten oder Angestellten». Am 30. November wehrte sich der Schweizer Konsul F. Imhof aus Venedig gegen die Forderungen Rothmunds mit einem wütenden Brief, in dem er für die Praxis seines Konsulates «die volle Verantwortung» übernahm und festhielt, er habe sich doch nur von «Humanitätsgründen leiten» lassen, «um den erwähnten Leuten, die nirgends mehr Obdach finden sollten, wenigstens ein solches in unserer asylbereiten Heimat für kurze Zeit zu gewähren». Das Problem «der armen gehetzten Emigranten aus Österreich» habe sich nämlich ganz anders ausgewirkt, als «in den Instruktionen von der Eidg. Fremdenpolizei vorgesehen», schrieb Imhof:

«Dabei erwähne ich, dass die 500 nach der Schweiz hereingelassenen Emigranten nur einen Bruchteil der Gesuchsteller darstellen, denen ich glaubte, das Visum erteilen zu dürfen, und dies weil dieselben mir nach Prüfung derer Verhältnisse und Anliegen die Gewähr zu geben schienen, unserem Lande nicht zur Last zu fallen.»

Bedauerlicherweise habe er allerdings erleben müssen, dass ihn manche jüdischen Flüchtlinge – «denen dieses Laster wie keinem Christen ganz besonders eigen» sei – bei ihren Vorsprachen belogen hätten, doch:

> «Um sich überhaupt ein Urteil über die Verhältnisse gestatten zu wollen, die sich diesen Sommer bei diesem Konsulate mit den österr. Emigranten abgespielt haben, muss man selbst hier anwesend gewesen sein. Alle Tage harrten zwischen 40 und 60 Leute vor der Konsulatkanzlei, die bis zuunterst an die Treppen angefüllt war, um empfangen & in ihren Bitten angehört zu werden. Dabei stand die Bureautemperatur täglich auf 30 bis 33 Grad Wärme, da Venedig dies Jahr einen ganz besonders heissen Sommer aufzuweisen hatte. Welche Szenen der Verzweiflung sich da immer abgespielt haben und ganz besonders, wenn der eine oder andere mit seinem Einreisegesuche abgewiesen werden sollte, kann ich hier nicht beschreiben, da zuweit führend, bin aber überzeugt davon, dass diese Leute auch den härtesten Menschen unserer Fremdenpolizei gerührt und erweicht hätten.»

Konsul Imhof ist für die Rettung von fünfhundert Gesuchstellern anscheinend nie bestraft worden, eventuell hat ihn der antisemitische Schlenker in seinem Brief ein bisschen glaubwürdiger gemacht in Bern. Dem Mailänder Generalkonsul Karl de Bavier entzog das EJPD wenig später die Berechtigung, überhaupt noch Visa zu erteilen.

Doch in der Tat sollen sogar Heinrich Rothmund und seine Untergebenen, diese «härtesten Menschen», von denen Imhof schreibt, bei bestimmten Fällen weich geworden sein, wenn sie dem Elend nämlich konkret genug in die Augen sehen mussten von ihren Schreibtischen aus: Man sei eben zur Eidgenössischen Fremdenpolizei mit Vorteil persönlich hingegangen und nach Möglichkeit habe man die Emigranten direkt mitgebracht, sagt heute die Rechtsanwältin Margrit Rodel-Haller aus Zürich, die häufig Flüchtlinge als Mandanten vertrat. Sie habe einige dieser Beamten noch vom Studium her gekannt, und sie sei immer hingegangen. Andere Anwälte hätten erfolglos schriftliche Eingaben gemacht, doch wenn man mit den Flüchtlingen direkt ins Büro dieser Herren gekommen sei, dann habe das EJPD nachher oft anders entschieden.

Ernest Prodolliet, der Commis principal in Bregenz, wurde 1938 nach Abschluss des Disziplinarverfahrens, in dessen Verlauf auch sein Lebenswandel, seine Neigung zu kleinen Aufschneidereien, sein Verhältnis zu Frauen sowie seine allgemein «ziemlich weitgehende Weichherzigkeit» in «Gemütssachen» ihre Berücksichtigung fanden, mit einem scharfen mündlichen Verweis gerügt. Das Politische Departement versetzte ihn nach Amsterdam. Dort machte er, den Akten von Yad Vashem zufolge, 1942 wieder von sich reden, als er während der Deportation der holländischen Juden anscheinend grosszügig Schweizer Papiere verteilte. Sein Bregenzer Vorgesetzter Carl Bitz, der im November 1938 um Prodolliets Abberufung gebeten hatte, erregte bereits im Januar 1939 seinerseits das Misstrauen der Fremdenpolizisten, weil er nach deren Massstäben jetzt ebenfalls einige Visa zuviel ausstellte.

In einem Verhör, welches das Eidgenössische Polizeidepartement Anfang Dezember 1938 mit Ernest Prodolliet führte, hat er zur Rechtfertigung seiner Schleppertätigkeit auf die Haltung des St. Galler Polizeikommandanten verwiesen. Auch der Versuch, Max Wortsmann in die Schweiz zu bringen, sei in Absprache mit Paul Grüninger und einem Mitglied der jüdischen Gemeinde St. Gallens geschehen.

6.

Dies ist die Geschichte von Leo Hacker, wie sie sein Bruder Moritz erzählt: Leo war der siebte von neun Söhnen des Salomon und der Adele Hacker aus Kobersdorf im Burgenland. Salomon Hacker war Metzger und Viehhändler, er ging über die Dörfer und kaufte den Bauern Ochsen und Kühe ab. Manchmal gelang ihm dabei ein gutes, manchmal ein weniger gutes Geschäft. Die Söhne wurden erwachsen und lernten alle ein Handwerk. Der Reihe nach zogen sie weg, um sich Arbeit in Wien zu suchen. Josef war Metzger, Jakob war Metzger, Emil war Bäcker, Samuel war Kürschner, Max war Schneider, Moritz war Schuhmacher, und Leo war ebenfalls Metzger. Nur die zwei jüngsten Söhne, Erich und Erwin, lebten noch bei den Eltern, als 1938 die Judenverfolgung begann. – Zuerst floh Josef Hacker in die Schweiz, er war der älteste und nahm etwas Geld mit. Danach flohen Emil, Samuel und Max, Leo und Moritz in die Schweiz. Josef bezahlte vermutlich die Schlepper, und vier der Brüder trafen sich im Flüchtlingslager Diepoldsau wieder. Einzig Jakob Hacker, der Zweitälteste, wollte auf gar keinen Fall fliehen, obwohl er bereits eine Fahrkarte besass. «In Diepoldsau», sagte Jakob zu Moritz, «da schlafen sie ja auf Strohsäcken»; später erschossen ihn die Nazis. – Moritz kam im November über den Rhein, die Israelitische Flüchtlingshilfe St. Gallen versteckte ihn einige Wochen in Degersheim, bis Hauptmann Grüninger eine Amnestie für versteckte Emigranten versprach. Daraufhin wurde auch Moritz in Diepoldsau interniert. Anfang Dezember 1938 erreichten schliesslich die Eltern die Grenze. Mit ihren zwei jüngsten Söhnen hat man sie dreimal zurückgewiesen; in Hohenems sassen sie fest. – Doch dann, eines Tages, erzählt Moritz Hacker, ging Leo vom Diepoldsauer Lager kurzerhand hinüber nach Vorarlberg und brachte seine Angehörigen erneut an den Zoll. Den Schweizer Grenzwächtern erklärte Leo Hacker, Hauptmann Grüninger habe die Einreise jetzt genehmigt, und auf Verlangen unterzeichnete Leo ein entsprechendes Protokoll. Der Zoll liess die Familie passieren. Aber Leo hatte nicht die Wahrheit gesagt. Etwa zwei Wochen später, berichtet Moritz Hacker, fuhr im Lager ein schwarzes Auto vor, ein paar Polizisten fesselten Leo und begleiteten ihn über die Brücke nach Deutschland. «Heil Hitler», sagte ein Schweizer Beamter, «hier bringe ich einen, der lügt!» Der Rest der Familie durfte bleiben.

Dies ist die Geschichte von Leo Hacker, wie sie Friedel H. aus Diepoldsau erzählt: Emil Hacker, der Bäcker, arbeitete in der benachbarten Konditorei Angehrn und produzierte für das Flüchtlingslager ein Brot, welches im Volksmund das Judenbrot hiess. Oft sassen die Söhne der Familie H. mit den Söhnen der Familie Hacker zusammen. Die Schweizer lehrten die Österreicher das Jassen, während sie umgekehrt das Schachspiel lernten. – Dann, eines Tages, erzählt Friedel H., nachdem die Grenze schon längst gesperrt war, wollten die Hackers ihre Eltern retten. Friedel H. besass ein kleines Transportgeschäft mit einem Lastwagen. Als Leo Hacker ihn fragte, ob er vielleicht die Eltern für ihn hole, musste Friedel H. jedoch ablehnen. Er tat so etwas nie, prinzipiell machte er das nicht, weil es verboten war. Höchstens konnte er dem Leo am Alten Rhein eine geeignete Stelle zeigen, und Leo holte die Eltern allein. Kurze Zeit später, berichtet Friedel H., wurde Leo Hacker als Schlepper verhaftet, die Polizei übergab ihn bei St. Margrethen den Deutschen. In seinen Pass schrieben die Behörden den Eintrag: «Jude! Wegen unwürdigem Betragen aus der Schweiz ausgewiesen!»

Dies ist die Geschichte von Leo Hacker, wie sie Jakob Spirig erzählt, ein ehemaliger Schlepper aus Diepoldsau: Leo gehörte zu jenen Emigranten, die Jakob Spirig zusammen mit seinem Partner in die Schweiz geschmuggelt hatte. Doch im Lager stellte Leo Hacker offenbar irgendeine Dummheit an, jedenfalls schickte man ihn plötzlich wieder nach Österreich. – Dass Leo wegen der Rettung seiner Familie ausgeschafft wurde, meint Jakob Spirig, sei eigentlich nicht gut möglich. Er selber habe nämlich Samuel und Adele Hacker mit ihren beiden Kindern Erich und Erwin in die Schweiz geführt. Er holte sie insgesamt dreimal; die ersten zwei Mal wurden sie abgefangen, der dritte Versuch war erfolgreich. Nach Ansicht des Schleppers Jakob Spirig hatte der St. Galler Polizeihauptmann Grüninger vom dritten Versuch schon im voraus Kenntnis.

Jakob Spirigs Version: Als Leo Hacker damals abgeschoben wurde, ging dieser schnell in ein Vorarlberger Restaurant und telefonierte Spirigs Partner, der seinerseits Spirig informierte. Aus Erbarmen schmuggelte Jakob Spirig den Leo sofort nach Diepoldsau zurück. Leo versteckte sich einige Zeit in der Schweiz. Mit dem nächsten Transport floh er weiter nach Palästina.

Friedel H.s Version: Als Leo Hacker abgeschoben wurde, bangten seine Brüder lange um ihn. Es verging fast ein Jahr, bis unverhofft jemand Schneebälle an Friedel H.s Schlafzimmerfenster warf, mitten in einer Winternacht. Draussen stand Leo, sein Rücken und der Bauch waren voller Striemen. Die Familie H. nahm ihn auf, sie badete ihn, und Friedel H. chauffierte ihn gratis und unentgeltlich, wie er sagt, im Lastwagen zur Israelitischen Flüchtlingshilfe nach St. Gallen. Monate später schickte Leo eine Nachricht aus Palästina.

Moritz Hackers Version: Als Leo abgeschoben wurde, liessen ihn die Deutschen zuerst in einer Pension übernachten, am folgenden Morgen sollte er sich bei der Gestapo melden. Doch schon am nächsten oder übernächsten Tag, erinnert sich Moritz Hacker, sah er Leo wieder in Diepoldsau, weil ihn zwei Schweizer Freunde zurückgeholt hatten. Leo lebte versteckt in der Schweiz, bis er mit einem illegalen Transport nach Palästina entkam.

Und dies ist die Geschichte von Leo Hacker, wie sie der St. Galler Regierungsrat Valentin Keel am 28. Januar 1939 erzählte – in einem Schreiben an Heinrich Rothmund, den Chef der Eidgenössischen Fremdenpolizei:

«Wir haben 4 im Lager befindliche Emigranten wieder über die Grenze zurückgestellt, darunter auch Leo Hacker, der in den uns übermittelten Akten der Zollbehörde als Zeuge zugestandenermassen falsche Angaben gemacht hat und Herrn Hauptmann Grüninger zu Unrecht als Mithelfer zu illegaler Einreise seiner Verwandten bezeichnete. Für dieses falsche Zeugnis hat er nun schwer zu büssen, denn er hat einen Herz zerreissenden Brief ins Lager geschickt und um Wiederaufnahme gebeten, da ihn die Gestapo elend traktiert hat.»

Leo Hacker kann heute keine Auskunft mehr geben, er starb 1984 als Krankenwagenfahrer in Israel. Er schuftete Tag und Nacht und baute ein schönes Häuschen, dann fiel er tot um, kurz vor der Pensionierung.

DEZEMBER 1938. Die Einreise der Familie Hacker in den Kanton St. Gallen, wie immer sie letztlich zustande kam, wird von der Oberzolldirektion ans Eidgenössische Justiz- und Polizeidepartement gemeldet. Aufgrund der Gesetze hätte Valentin Keel die Eltern Hacker natürlich ebenfalls abschieben müssen. Ohnehin gibt es für den Regierungsrat jetzt einigen Anlass, in Briefen den harten Mann zu spielen und wenigstens die strenge Bestrafung des Sohnes Hacker hervorzustreichen. Denn das EJPD vernimmt in diesen Tagen noch von einem anderen, weitaus skandalöseren Vorfall im Rheintal.

Der Monatsbericht Dezember des Grenzwachtkommandos III vermerkt vorerst lapidar:

«Es konnte festgestellt werden, dass bei Versuchen jüdischer Emigranten, auf illegalem Wege nach der Schweiz zu gelangen, auch Organe der St. Gallischen Kantonspolizei Hilfsdienste leisteten.»

In Wirklichkeit ist mittlerweile jener Schlepper-Ring aufgeflogen, der schon seit März 1938 zahlreiche politische Emigranten über die Grenze brachte und dem die zwei Landjäger Christian Dutler und Karl Zweifel angehören. Sie sind sozialdemokratische Genossen von Valentin Keel; sie haben im Auftrag der Partei und ihres Schweizer Zentralsekretärs gehandelt. Einer der Helfer war zum Beispiel Hans Mathys, Obmann des Literaturvertriebs der Sozialdemokratischen Partei in Zürich.

Er könne sich erinnern, sagt Hans Mathys, heute pensionierter Direktor der Oberaargau-Jura-Bahnen in Langenthal, dass er in der Weihnachtszeit 1938 mit dem Parteisekretär Werner Stocker nach St. Margrethen gefahren sei, nachdem sich wieder einmal illegale Flüchtlinge angekündigt hätten. St. Margrethen liegt direkt an der Grenze, wahrscheinlich stiegen Stocker und Mathys im Restaurant «Mineralbad» ab, das vom Taxifahrer Alfred Schachtler betrieben wurde. Schachtler war der Schweizerischen Bundespolizei schon vor dem deutschen Einmarsch in Österreich aufgefallen, weil er Spanienkämpfer über die Grenze transportierte. An jenem Vorweihnachtstag im Dezember 1938 war Schachtler mit Landjäger Zweifel unterwegs, um die avisierten Flüchtlinge in Bregenz abzuholen.

Sie hätten im Stübli des Restaurants auf die Leute gewartet, sagt Hans Mathys, und einen Halbliter getrunken dabei; im Stübli sei ein Klavier gestanden. Während sie warteten, habe sich Werner Stocker, «ein sehr menschlicher, vielleicht fast zu hilfsbereiter Mann», der später Bundesrichter geworden ist, hingesetzt und ein bisschen Klavier gespielt. Plötzlich sei auf dem Tisch ein Weinglas zersprungen. «Plötzlich machte es *tängg*», sagt Hans Mathys, «und das Glas bekam einen Sprung.» Werner Stocker habe umgehend mit dem Klavierspielen aufgehört, er habe gemeint: «Da ist etwas nicht in Ordnung, komm, wir hauen ab.» Mehr oder weniger sei das nur «so eine Ahnung» von Stocker gewesen, sagt Hans Mathys, das Weinglas sei eben zersprungen, ohne speziellen Grund. Sie seien also sofort nach Zürich gereist, und dort hätten sie dann durch Frau Stocker erfahren, was an der Grenze geschehen war.

«Betrifft: Festnahme eines Schweizer Polizeibeamten in Bregenz.» Ein Brief aus dem Büro von Heinrich Himmler, Reichsführer SS und Chef der deutschen Polizei, ans deutsche Auswärtige Amt – Berlin, den 24. Dezember 1938:

«Das Grenzpolizeikommissariat Bregenz hat mit Fern-
schreiben vom 21. 12. 1938 folgendes hierher mitgeteilt: 'Im
Laufe des gestrigen Abends wurde mir vertraulich bekannt,
dass sich vor einem Café in Bregenz ein Kraftwagen aus
St. Gallen (...) befindet. Da der Kraftwagen in letzter Zeit in
Bregenz häufig zu sehen war, bestand der dringende Verdacht, dass sich der Kraftwagenlenker mit dem Schmuggel
von Juden in die Schweiz befasst. Ich habe daraufhin sämtliche Grenzstellen im Bereich des Grenzpolizeikommissariats angewiesen, die Wageninsassen zu kontrollieren. Gegen
20 Uhr wollte der Wagen beim Grenzübergang Gaisau die
deutsch-schweizerische Grenze passieren. Durch Beamte
des durch das Zollamt Gaisau fernmündlich verständigten
Grenzpolizeikommissariats wurden die Wageninsassen kontrolliert. Hierbei konnte festgestellt werden, dass sich in
dem Wagen neben dem Kraftwagenführer, der schweiz.
Staatsangehörigkeit ist, zwei Jüdinnen und der Landjäger
der Kantonalpolizei St. Gallen (Schweiz) *Karl Zweifel* (...),
der beim Schweizer Grenzpolizeiposten Buchs tätig ist,
befanden. Sämtliche Wageninsassen wurden vorläufig festgenommen und der Kraftwagen sichergestellt. Bei den bisherigen Vernehmungen gab *Zweifel* zu, auf Veranlassung des
Rechtsanwalts Dr. Stocker, Zürich, nach Bregenz gefahren
zu sein, um die Jüdinnen in die Schweiz zu schmuggeln.
Dr. Stocker habe ihm 'den Ersatz der Spesen' zugesagt. Von
einer Belohnung sei nicht gesprochen worden. In Buchs
(Schweiz) habe er für die beiden Jüdinnen Grenzscheine auf
falschen Namen ausgestellt und die beiden Reisepässe auf
der Fahrt zur Grenze kurz vor dem Grenzübergang Gaisau
hinter einen Gartenzaun gesteckt. Von den 140.– RM, die
die Jüdinnen dem Kraftwagenlenker zum Verbringen über
die Grenze gaben, habe er nichts gewusst.»

Zurück in Zürich mobilisierte Werner Stocker den zweiten Polizisten seiner Organisation, Landjäger Christian Dutler. Bis zum Sommer 1938 hatte Dutler in St. Margrethen auf der Passkontrolle gearbeitet, in Bregenz kannte er sich aus. Angeblich wegen disziplinarischer Verfehlungen war er Mitte Juli ins Landesinnere nach Pfäfers versetzt worden. Ob die disziplinarischen Probleme Christian Dutlers, wie es die Akten andeuten, eher mit seinem Alkoholkonsum zu tun hatten oder ob ihm eventuell auch die von der Partei verursachte häufige Abwesenheit vorgeworfen wurde, wie es heute sein Sohn vermutet – im Dezember 1938 war Dutler jedenfalls gekündigt. Auf Ende Jahr wurde er arbeitslos. «Er war mit Leib und Seele Polizist», sagt Christian Dutler junior, «später war er verbittert» und trat in den vierziger Jahren «aus Rache» der kommunistischen Partei der Arbeit (PdA) bei.

In seiner Einsendung an die Zürcher Zeitschrift «Guggu» schrieb der entlassene Landjäger Dutler im Mai 1939:

«Am Freitag vor Weihnachten erfuhr ich dann plötzlich, dass mein Dienstkollege mit Herrn Schachtler, Gastwirt z. 'Mineralbad' in St. Margrethen, in Bregenz inhaftiert sei. Ich begab mich sofort nach St. Margrethen, um von dort aus nach Bregenz zu gehen, um die Freilassung der beiden zu erwirken. Wie ich nun vernahm, waren die beiden schon bereits 4 Tage dort in Haft und hatte sich das kant. Polizeikommando in St. Gallen um die Freilassung der beiden bemüht, aber ohne Erfolg. Ich ging nun hinüber und erkundigte mich auf dem Büro der Grenzpolizei. Man sagte mir, dass die beiden zwei Personen ohne genügende Papiere hätten aus Deutschland nach der Schweiz verbringen wollen, welche zudem noch 140 Mark in Papier bei sich gehabt hätten, deshalb seien sie inhaftiert worden. Ich bemühte mich nun energisch um die Freigabe der beiden und konnte schliesslich am andern Tage, durch Leistung einer Kaution von Fr. 500.– für Herrn Schachtler, die beiden aus dem Gefängnis bringen. Ich ging dann alleine wieder nach der Schweiz und wurde dort von der Schweiz. Grenzwacht angehalten und nachher von meinem Dienstkollegen Korporal Dürrmüller verhaftet, welcher wohl keine politischen Flüchtlinge, aber Juden und Jüdinnen in die Schweiz eingelassen hat.»

Aus den Akten der Kantonspolizei St. Gallen, 24. Dezember 1938:

«Herrn Landammann V. Keel,
Vorsteher des Polizeidepartement, St. Gallen.
Wir haben festgestellt, dass sich Landjäger Zweifel Karl, geb. 1904 (...), der Fälschung schuldig machte, indem er Passierscheine auf falsche Namen ausstellte. Ebenfalls steht fest, dass er gemeinsam mit dem bereits auf Ende Dezember 1938 entlassenen Landjäger Dutler Christian, geb. 1905 (...), sich bestechen liess. Die beiden haben gegen Entgelt Emigrantentransporte begünstigt. (...)
Polizeikommando des Kantons St. Gallen.
Grüninger, Hptm.»

Das Gerücht von der Bestechlichkeit der beiden Landjäger hält sich unter alten Polizisten und alten Sozialisten übrigens noch heute, aber bewiesen hat man es nie. Dutler und Zweifel blieben sieben Wochen im Gefängnis. Es gab Hausdurchsuchungen bei Christian Dutler in Pfäfers und bei Werner Stocker in Zürich. Während der Verhöre beriefen sich die Landjäger beharrlich auf ihren Parteiauftrag, und immer wieder erklärten sie: Regierungsrat Valentin Keel habe von der illegalen Arbeit gewusst, er sei damit einverstanden gewesen. Tatsächlich entdeckte die Zürcher Kantonspolizei bei Werner Stocker einige Korrespondenzen mit dem Regierungsrat, etwa diesen Brief:
«Lieber Genosse Stocker!
Ich habe für die Einreise der Genossin Bertha Schulz aus Wien gesorgt & gegen alle sonstigen Verfügungen und Vorschriften die sofortige Weiterreise nach Zürich ermöglicht.

Solche 'Blitz'aufträge sind für mich sehr unangenehm, oder
sie können sehr unangenehm werden.(...)
Mit bestem Gruss
Val. Keel»

In den Verhören verwiesen die beiden Landjäger ferner auf Hauptmann Grüninger und dessen grosszügige Aufnahmepraxis für jüdische Flüchtlinge. Mitte Januar 1939 bezeichnete Bezirksammann
Leo Senn in Buchs, welcher die Strafuntersuchungen gegen «Dutler, Zweifel, Stocker & Consorten» vorerst führte, den Regierungsrat und den Polizeihauptmann als «Eventualangeschuldigte».

Susi Mehl war sechzehnjährig, als sie am 28. Oktober 1938 über
die Grenze kam, dank der Hilfe ihres Bruders Bernhard Mehl, der
vor der Grenzsperre eingereist war. Bernhard Mehl wohnte mit
seiner Frau in einer von der Flüchtlingshilfe bezahlten St. Galler
Pension. Die Schlepper, die er für seine Schwester organisierte,
verlangten zwischen zehn und zwanzig Franken pro Person; wahrscheinlich handelte es sich um den Diepoldsauer Gemüsehändler
Willi Hutter und um dessen Kollegen Edmund Fleisch aus Altach
bei Hohenems. Edmund Fleisch brachte Susi Mehl zum Rhein,
Willi Hutter brachte sie vom Rhein ins Dorf, ein Taxi brachte sie
nach St. Gallen. Der 28. Oktober war ein Freitag, und am Montag
morgen meldete sich Susi Mehl beim Polizeikommando. Paul Grüninger bewilligte ihren Aufenthalt, er sagte allerdings, dies sei nun
wirklich die letzte Ausnahme, die er mache.

Im November 1938 trafen die Eltern von Susi und Bernhard
Mehl in Hohenems ein; beim Versuch, mit Schleppern über den Al-
ten Rhein zu gelangen, wurden sie zweimal erwischt. Hauptmann
Grüninger lehnte eine Einreiseerlaubnis ab. «Schauen Sie, ich ris-
kiere meine Existenz, ich kann nicht mehr!» erklärte Grüninger.
Und Bernhard Mehl sagt heute, man habe damals gespürt, dass
Grüninger unter grossem Druck stand. Es sei offensichtlich gewe-

sen, dass er den Entscheid bedauerte, erzählt Susi Mehl, das gütige, traurige Gesicht dieses Hauptmanns werde sie nie vergessen. Grüninger sei ein Polizist gewesen, in dessen Nähe man nicht zu zittern brauchte, «väterlich» im Umgang und «sehr léger». Vielleicht hätte sie ihre Eltern, die später in Auschwitz vergast worden sind, sogar noch retten können, sagt Susi Mehl, wenn sie etwas mehr gebettelt hätte. «Doch wie wir gemerkt haben, es geht schon um seinen Kragen, da haben wir es aufgegeben.»

Der Kaufmann Moritz Weisz, seine Frau Mathilde, die Schwägerin Hadassa Angelus, deren vierzehnjährige Tochter Hanni Goldmann und fünf weitere Angehörige überquerten den Rhein kurz vor dem Feiertag Jom Kippur im Herbst 1938. Sie waren weitläufig mit der St. Galler Familie Sternbuch verwandt und stammten aus der Ortschaft Deutschkreuz an der ungarischen Grenze. 1938 mussten sie zwangsweise nach Wien umziehen, weil man Deutschkreuz «judenrein» machte. In Wien wurde Moritz Weisz von den Nazis abgeholt und im Hotel «Metropol» blutig geschlagen. Er sollte sich verpflichten, innerhalb von 48 Stunden Österreich zu verlassen. Er konnte es aber nicht versprechen, einen Transfer nach Palästina hatte er zwar schon bezahlt, doch das Schiff, auf dem er reisen sollte, erwies sich als hoffnungslos überfüllt. So versuchte es die Familie Weisz-Angelus in Hohenems. Der Schlepper sei «ein stinkendes Bierfass» namens Johann gewesen, sagt Moritz Weisz, und habe sie unterwegs im Stich gelassen. Sie krochen pärchenweise durch ein Maisfeld, um nicht alle miteinander erwischt zu werden. Auf der Schweizer Seite wartete ein zweiter Schlepper, den die Sternbuchs in Marsch gesetzt hatten und den sie glücklich erreichten. In St. Gallen wurden sie von Recha Sternbuch versteckt. Die Wohnung der Recha Sternbuch sei ein Massenlager für Flüchtlinge gewesen, sagt Hanni Goldmann. Die Sternbuchs verhandelten dann mit der Flüchtlingshilfe, die Israelitische Flüchtlingshilfe verhandelte mit dem Hauptmann, der wieder eine Ausnahme bewilligte. Die Flüchtlingshilfe brachte Moritz Weisz und seine Familie in Mörschwil unter.

Der achtzehnjährige David Gromb sprang Mitte November in

Konstanz über den Grenzzaun. Er reiste nach Zürich, dort schickte ihn ein Anwalt nach St. Gallen, ebenfalls zur Familie Sternbuch. «Grüninger war gut mit den Sternbuchs», sagt David Gromb, und die Recha Sternbuch habe so viel für die Flüchtlinge getan; zum Teil habe sie die Leute auch persönlich hereingeholt. Allein ihre private Telefonrechnung habe in jener Zeit oft mehr als tausend Franken monatlich betragen. Grüninger akzeptierte Gromb.

DAVID SELIG SCHEER ist sechsundsiebzig Jahre alt geworden, obwohl er ein bisschen viel getrunken und sich undiszipliniert benommen hat, was sehr gefährlich sein konnte als Emigrant. «Ich sehe ihn noch heute vor mir», schreibt der ehemalige Flüchtling Kurt Bettelheim über David Scheer, «wie er ohne Vorderzähne und fast zerlumpt ins Lager kam.» Er sei von einer proletarischen Art gewesen, die man in Wien zwar gewöhnt war, in der Schweiz aber nur selten gesehen habe. Scheer stammte aus Polen, er wuchs in einem Wiener Waisenhaus auf und wurde Bauarbeiter. Mindestens dreimal hat man David Scheer 1938 bei Diepoldsau ausgeschafft, nach anderen Quellen mindestens zwölfmal. Die Zeit, die ihm zwischen illegaler Einreise und Abschiebung jeweils blieb, benützte er zum Kartenspiel im Lager. Den Polizisten soll er zutiefst zuwider, der Israelitischen Flüchtlingshilfe unsympathisch gewesen sein, weshalb sie sich nie für ihn einsetzten: «Wenn die Israelitische Flüchtlingshilfe nicht wollte, dann wollte der Kanton auch nicht», sagt einer der Zeugen, die David Scheer kannten.

Am 23. oder 24. Dezember 1938 kam Scheer ein viertes oder ein dreizehntes Mal nach Diepoldsau, doch diesmal musste man ihn behalten. Kurt Bettelheim schreibt:

«Fast an der Grenze gab es ein Restaurant 'Alpenblick', mit dessen Besitzer wir Lagerinsassen besten Kontakt hatten. Dort ist Scheer in der Weihnachtsnacht angelaufen, und der Wirt hat die Kultusgemeinde St. Gallen angerufen und den

Leuten dort gesagt: 'Wenn Ihr nicht dafür sorgt, dass dieser Mann in der Schweiz bleiben kann, dann werde ich dafür sorgen, dass auch diejenigen nicht mehr kommen können, auf welche Ihr grossen Wert legt!' Anscheinend wusste dieser Wirt irgendwelche Dinge, die uns anderen nicht bekannt waren, möglicherweise handelte es sich um Aktionen der Kultusgemeinde mit Hauptmann Grüninger. (...) Tatsache ist, dass Scheer nach dieser Intervention des Wirtes bei uns im Lager Diepoldsau bleiben konnte, stets vom Misstrauen der Landjäger und Kantonspolizisten verfolgt.»

Ein halbes Jahr später, im Sommer 1939, wollte ihn die Eidgenössische Fremdenpolizei schon wieder abschieben. Zur Begründung dieser Massnahme heisst es in einem St. Galler Regierungsratsprotokoll:

«Trotz wiederholter Verwarnung kam er mehrmals schwer betrunken ins Lager und hat damit die Ordnung aufs Gröblichste verletzt.»

Der Lagerleiter Ernst Kamm und der in Diepoldsau stationierte Landjäger Jakob Staub sollten das Nötige in die Wege leiten. Kurt Bettelheim schreibt:

«Und eines Tages des Jahres 39 befand sich Scheer allein im Schlafsaal, als sich die beiden obgenannten ihm näherten, um überfallsartig an ihn Handschellen anzulegen und ihn in die Station des Landjägers zu transportieren.»

Frieda Rosenberg aus Flushing, New York, schreibt:
«In Diepoldsau hatten wir einen Hungerstreik. Ein Mann namens Scheer wurde zurückgestellt.»

Kurt Teller aus Los Angeles schreibt:

94

«Wir hatten sogar einmal einen Hungerstreik. Soweit ich mich erinnern kann, war die Ursache die Zurückstellung einiger Lagerinsassen wegen geringer Vergehen nach Deutschland, was natürlich einem Todesurteil gleich kam.»

Es ist aber möglich, dass der Hungerstreik im Lager von Diepoldsau nicht allein wegen David Selig Scheer stattfand, sondern dass er auch mit dem langsam aufkommenden Lagerkoller zu tun hatte oder mit der erzwungenen Beschäftigungslosigkeit, während die Bauern des Dorfes hart auf ihren Feldern arbeiteten und allmählich anfingen, über die herumspazierenden «faulen Juden» zu schimpfen; oder mit der Nähe zur Grenze, an der man im Kriegsfall sofort von den Deutschen überrannt worden wäre; oder wegen der Schikanen des fremdenpolizeilichen Nachfolgers von Paul Grüninger, der nach dem Selbstmordversuch eines Lagerinsassen stundenlang die Privatsachen der Flüchtlinge durchwühlen, ihre Briefschaften lesen und peinliche Verhöre veranstalten liess; oder wegen der oft hochnäsigen Behandlung durch einzelne Funktionäre der Israelitischen Flüchtlingshilfe, etwa durch den Leiter Sidney Dreifuss, welcher dem siebzehnjährigen Flüchtling Harry Weinreb zum Beispiel erklärte, wenn sein Vater in Dachau sei, dann habe er es ja gut, dann habe er wenigstens ein Dach über dem Kopf.

Als das Flüchtlingslager in Diepoldsau also geschlossen in Hungerstreik trat und die Ausschaffung David Selig Scheers damit verhinderte, einige Zeit nach der Entlassung des Polizeihauptmanns, erschien der Präsident des Schweizerischen Israelitischen Gemeindebundes, der St. Galler Industrielle Saly Mayer, und hatte, wie Kurt Bettelheim bezeugt, ebenfalls einen Dachau-Spruch parat: «Meine Herren, ich kann Ihnen mitteilen, dass in Dachau noch einige Plätze frei sind.»

WAS ENDE DER dreissiger Jahre in den deutschen Konzentrationslagern geschah, erfuhr man im Kanton St. Gallen ziemlich genau.
Die Polizei hörte es von den Flüchtlingen direkt, und die Bevölkerung konnte es ebenfalls wissen, denn es stand sogar in der Zeitung. Zum Beispiel veröffentlichte die St. Galler «Volksstimme»
am 15. Februar 1939 einen detaillierten Augenzeugenbericht aus
Dachau und schilderte einige der dort üblichen Misshandlungen,
bei denen «verschiedene» KZ-Häftlinge jeweils «auf der Strecke
blieben». Seit August 1938 schrieben die «Volksstimme»-Redakto-
ren ausserdem fast täglich über Rückweisungen an der Schweizer
Grenze. Sie verglichen die aktuellen Asyl-Vorschriften etwa mit
den weitaus grosszügigeren Verhältnissen im 17. Jahrhundert, als
einzelne protestantische Kantone bis zu einem Fünftel ihrer Staats-
ausgaben für verfolgte Hugenotten aufgebracht hätten, oder sie sahen in der Grenzsperre ein Zeichen dafür, «wie abgehärtet gegen
Unmenschlichkeit» der «kommende Krieg» die Schweizerinnen
und Schweizer antreffen werde: «Was wird da schon verbrochen
werden müssen», fragte das Blatt am 22. August 1938, «damit sich
unser Gewissen rühren wird?» Mehrmals schlug die sozialdemokratische «Volksstimme» vor, man könnte doch einfach die in der
Schweiz ansässigen nazitreuen Deutschen nach Hause schicken
und an ihrer Stelle Jüdinnen und Juden aufnehmen.

Die anderen Zeitungen St. Gallens verhielten sich sehr viel
gleichgültiger, wenn es um Flüchtlinge ging. Gegenüber den Macht-
habern in Deutschland bezog allerdings auch das freisinnige «St. Galler Tagblatt» meistens eindeutige Positionen, und selbst die katholisch-konservative «Ostschweiz», deren Chefredaktor Carl Doka
gelegentlich für rechte Diktaturen schwärmte – noch im April 1933
hatte Doka erklärt, das Programm der NSDAP zur Abschaffung
der Demokratie verletze «keinen Glaubenssatz und kein Moralge-
bot der Kirche» –, war inzwischen auf Distanz zum Hitler-Regime

gegangen. Im Frühsommer 1938 jedenfalls meldete der deutsche Konsul an seine Gesandtschaft nach Bern, wegen der lokalen Presse sei «in den Augen des Ostschweizers» das Dritte Reich «ein Schreckgespenst» geworden und gelte in St. Gallen schlichtweg als «verabscheuungswürdig».

Es sei «kaum zu fassen», rapportierte Konsul Hermann Kirchhoff am 2. Juni 1938, «mit welcher Entstellung, ja völligen Umkehrung des Tatsächlichen in den Zeitungen und Zeitschriften der Ostschweiz über das neue Deutschland geschrieben» werde. Eine einzige Nummer der in seinem Amtsbezirk herausgegebenen «Thurgauer Arbeiterzeitung» oder der «Volksstimme» genüge schon «zur Kennzeichnung eines unbeschränkten Austobens von Lügen, Gemeinheiten, Beleidigungen und Verleumdungen». Die bürgerliche Presse komme für die «Richtigstellung» solcher Artikel «nicht in Frage», denn «irgendeiner für Deutschland günstigen Zeile» räume auch sie keinen Platz ein.

Kurz nach seinem Dienstantritt im vergangenen Frühjahr, schrieb der deutsche Konsul, habe er deshalb «die Gelegenheit wahrgenommen» und sich bei mehreren schweizerischen Behördenvertretern über die Zeitungen beschwert. Er sei ausnahmslos auf «das lebhafteste Bedauern» gestossen, behauptete Kirchhoff, man habe ihn zwar darauf hingewiesen, dass in der Schweiz eben Pressefreiheit herrsche und dass man nichts unternehmen könne. Doch der St. Galler Stadtammann Konrad Nägeli habe nun trotzdem versprochen, die Redaktionen in einer «Pressebesprechung» zurechtzuweisen, und vom Chef des kantonalen Justizdepartements, Regierungsrat Emil Grünenfelder, sei ihm nach einem «längeren Gespräch über Christentum und Nationalsozialismus» obendrein die «volle Unterstützung der Kantonsregierung» gegen die «verwerfliche Pressehetze» zugesagt worden. «Eine ungewöhnlich liebenswürdige und verständnisvolle Aufnahme», rapportierte der Konsul weiter, habe er schliesslich bei Carl Kappeler gefunden, dem Kommandanten der St. Galler Stadtpolizei. Von Kappelers «Charakterfestigkeit» zeuge, dass er ganz «offen für das neue Deutschland» eintrete.

Dieser städtische Polizei-Inspektor Kappeler musste wenig später als notorischer Nazi vorzeitig in Pension gehen. Seinen Amtskollegen Paul Grüninger, den kantonalen Polizeikommandanten, besuchte Hermann Kirchhoff übrigens nicht, oder er hat dazu nichts notiert.

BEI DER KANTONSPOLIZEI wurden zu jener Zeit zahlreiche Emigranten und Emigrantinnen von einem Beamten sorgfältig über ihre Erlebnisse in Deutschland befragt. Die Berichte sind protokolliert; sie liegen noch heute in den Flüchtlingsdossiers des Staatsarchivs St. Gallen, die damals «Juden-Akten» hiessen.

So kam am 18. September 1938 der Grazer Sackhändler Leo Jagoda in die Schweiz, er war aus dem KZ entlassen worden. Jagoda erzählte:

«Am 19. Juni 1938 wurde ich ohne jede vorherige Anzeige verhaftet und eingesperrt. Man verbrachte mich am 25. gleichen Monats nach Dachau in das Konzentrationslager. Am Vortag wurden wir, bereits 64 an der Zahl, worunter 13 Juden, nach Wien verfrachtet. Am Westbahnhof in Wien angekommen standen schon eine Anzahl junger SS-Leute bereit und haben dort alle jüdischen Bekenntnisses bereits Schläge bekommen. Man achtete weder auf Alter noch Stand oder körperliche Beschaffenheit, alle kamen dran. Beim Abtransport nach Dachau (…) standen wiederum eine Reihe SS-Männer in Bereitschaft und jeder schlug, so viel und so gut er es erreichen konnte, uns Juden ins Gesicht oder wo er gerade hintraf. Auf dem Wege nach Wien hatte man noch in Linz angehalten und einige Juden eingeladen. Von Wien aus waren wir 600 Mann, meistens Juden (…), in einem kleinen Coupé waren wir 10 Mann zusammen gepfercht, jeder hatte nur soviel Platz, dass er aufrecht sitzen und die Hände auf die Knie legen konnte. Alle mussten wir ins Licht sehen. Das

Fenster war verhängt, und auf der Eingangsseite hatte sich ein SS-Mann mit dem Gewehr postiert. Wer sich regte, bekam Schläge, wollte einer die Augen schliessen, dann schlug man ihm einen Ochsenziemer (Hagenschwanz) ins Gesicht. Auch Kolbenstösse wurden ausgeteilt, aber das Schlimmste war das ständige ins Licht blicken müssen. Dass dem einen oder andern der Revolver vor die Brust gesetzt wurde, möchte ich nur nebenbei erwähnen. Einem herzkranken Juden, der zusammen zu sacken schien, wurde ein Kessel Wasser angeworfen. Im übrigen war jede Ventilationsmöglichkeit derart abgeschlossen worden, dass wir direkt in einem Schwitzkasten waren. Die Fahrt dauerte von Abends 18 Uhr bis 9 Uhr früh. Wir wussten nicht, wohin es ging, es war ja jede Sehmöglichkeit unterbunden worden. Auf der Fahrt hat man von uns jeden einzelnen Mann in ein besonderes Abteil gebracht. Dort musste er sagen, er sei ein Saujud, wer sich nicht fügte, erhielt Schläge, bis er es sagte; wer es sagte kriegte ebenfalls Ohrfeigen. Wer sich als Halbjude bekannte, bekam noch mehr. Aber 25 Schläge bekam jeder. (…)»

Der St. Galler Beamte, der dieses Protokoll aufnahm, hiess Martin Spirig, und ein Antifaschist war er ursprünglich nicht. Korporal Spirig, zuständig für die politische Abteilung bei der Kantonspolizei und 1939 zum Wachtmeister befördert, war sehr katholisch. Er verabscheute die von General Franco zerstörte Spanische Republik zutiefst und hielt die von Adolf Hitler gestürzte Diktatur in Österreich für eine Demokratie. Einige ältere St. Galler bewahren Martin Spirig heute noch im Gedächtnis, weil er ihnen ständig nachspionierte. Der Kommunist Albert S. sagt über Spirig, er sei «en heele Sauchog» gewesen, ein aalglatter Typ. Er habe sich bei den Leuten immer eingeschmeichelt, um sie zum Reden zu bringen. – Damals fuhr der Sackhändler Leo Jagoda aus Graz in seiner Darstellung fort:

«Vor Dachau hat man uns auswagoniert. Wir kamen in einen Viehwagen und die Fahrt ging weiter. Wie viel Leute in diesem grossen, zweifellos extra hiezu konstruierten Wagen Platz hatten, weiss ich nicht, es waren viele hunderte von Männern und zwar derart zusammen gepresst, dass man fast erstickte. Auch hier war jede Luftzufuhr so gut es eben ging abgesperrt. Ich habe noch nachzutragen, dass ich in der Kabine nebenan hörte wie die Leute geschlagen und misshandelt wurden. Mehrmals habe ich deutlich vernommen, wie man Männer mit Gewalt sitzen und aufstehen machte, bis sie zusammen sanken. Dann habe ich gehört, dass man Befehl gab, sie zum Fenster hinaus zu werfen. Einmal wurde sogar davon gesprochen, man solle ihn erschiessen. Einen Schuss hörte ich allerdings nicht. In Dachau angekommen musste jeder aus dem Wagen springen, wer umfiel erhielt Fusstritte oder Schläge. Hier erfolgte dann die Aufstellung in Reihe und Glied. Erst kurz nach 13 Uhr erhielten wir, nach Verlauf von zwei Tagen, die erste Verpflegung. Die meisten Männer konnten vor Erschöpfung nicht mehr essen, das von uns mitgeführte Brot durften wir nicht geniessen, und um Wasser mussten wir erst bitten. Trotz der unerträglichen Hitze hatten wir keinen Tropfen Wasser gekriegt. Wir wurden nun rasiert und photographiert. Im Ankleidungsraum wurden Sträflingskleider gefasst, und wer dabei wegen zu kleinen oder zu grossen Stücken reklamierte, bekam wiederum Schläge. (...) Vor dem Untersuch, der im Freien vor sich ging, musste sich jeder nackt ausziehen. Der Arzt hat wohl bei jedem blutunterlaufene Stellen beobachtet, aber niemanden hat er gefragt, woher dieselben herrühren. Jeden fand man als tauglich. (...)»

Korporal Spirig, der Protokollant, predigte seinen Mitarbeitern gerne den Grundsatz «Schriibe tuet bliibe» («Schreiben tut bleiben»). Er diente der politischen Abteilung von 1935 bis 1950 und starb 1978 mit dreiundneunzig Jahren, nachdem er Memoiren im Umfang von mehr als 650 Schreibmaschinenseiten verfasst hatte. Sein Leben war geprägt von einer frühen Röntgenverbrennung am linken Fuss, welche ihm täglich unerträgliche Schmerzen verursachte, und vom ständigen Wissen um die staatsschützerische Unbedarftheit seiner wechselnden Vorgesetzten. Als Hauptmann Grüninger entlassen wurde, störte das Martin Spirig wenig, obwohl seine Flüchtlings-Protokolle, die er dem Hauptmann vorlegte, dessen Verhalten zweifellos beeinflusst hatten. Manche Polizisten hielten den Korporal und späteren Wachtmeister für einen Wichtigtuer. In seinen unveröffentlichten Memoiren räumt Spirig der Begegnung mit jüdischen Flüchtlingen kaum eine halbe Seite ein.

Am 18. September 1938 liess er Leo Jagoda zu Ende erzählen:

«Montag, den 27. Juni mussten wir um 03.00 Uhr aufstehen, und um 06.00 ging es an die Arbeit, die darin bestand, grosse und schwere Steine von einer Lagerecke in die andere zu tragen. Manche sind bei dieser Überanstrengung umgefallen und liegen geblieben. Mehrere holten sich dort den Tod. Ein Herzschlag hat dem Leiden ein frühzeitiges Ende bereitet. In den ersten zwei Tagen haben sich sozusagen alle Leute kaputt gemacht, alle waren mehr oder weniger am Ende ihrer Kräfte angelangt. Nach Verlauf von 14 Tagen wurde ich magenkrank. Da man uns sagte, man dürfe sich nur melden, wenn man schwer krank sei, litt ich mich, bis es nicht mehr ging. Ich wurde, weil man mir wochenlang nur Rizinusöl gab, in einer Nacht ohnmächtig im Abort gefunden. Man musste mich am andern Tag zum Appell tragen, ich war unfähig mich auf den Beinen zu halten. Der Arzt verordnete dann eine dreitägige Ruhe, ich musste anschliessend wieder zur Arbeit, ich hielt es aber nur einen Tag aus, ich sackte neuerdings zusammen. Der SS-Mann (Blockführer) sagte mir: Krepier! Ich raffte mich daher nochmals auf, unterlag aber neuerdings. (...) – In meinen wenigen Wochen, die ich in Dachau zubringen musste, habe ich genug gesehen. Einmal war Fliegeralarm, alle mussten wir zurück rennen ins Blockhaus. Passiert ist nichts. Später erfuhren wir aber, dass ein Wiener, man sprach von einem gewissen 'Bosel', erschossen worden sei. Wie und auf welche Weise, das erfuhren wir nicht. Ein andermal sah ich, wie ein Neuankömmling angewiesen wurde, in einen Bach zu springen, als er dem Befehl nachkam, wurde er erschossen, natürlich mit der Vorgabe, er habe fliehen wollen. Als eines Tages 8 Leute aus dem Reich eingeliefert wurden, waren wenige Tage nachher nur noch 4 am Leben. (...) – Beim Eintritt hat uns der Sturmführer gleich die Vorschriften vorgelesen. Dabei ist auch der Passus abgelesen worden: 'Selbstmord ist gestattet, aber er muss tot sein, sonst wird der Mann bestraft'. (...)»

Dachau beherberge jetzt ungefähr 7000 Männer; er vertrete die Meinung, «dass dort täglich Menschen mit dem Tode abgehen», sagte der siebenundfünfzigjährige illegale Flüchtling Leo Jagoda, dem auch nach seiner Freilassung aus dem KZ das Schweizer Visum verweigert worden war.

Es scheint, dass die St. Galler Polizei ihm glaubte.

HAUPTMANN PAUL GRÜNINGER tolerierte nicht nur verbotene Grenzübertritte und verhinderte damit Abschiebungen nach Deutschland. Gleich in den ersten Tagen der Grenzsperre begann er, einzelne Einreisen persönlich in die Wege zu leiten, zuerst mit erlaubten Methoden.

Am 2. September 1938 schrieb Grüninger ans schweizerische Generalkonsulat in Wien:

«Herr Konsul,
Wie Sie der beiliegenden Bestätigung zu entnehmen belie-

ben, würden die Eltern des im Emigrantenlager Diepoldsau befindlichen Dr. Ire Schwarz (...) auf Kosten der Israelitischen Kultusgemeinde St. Gallen Aufnahme finden. – Da unter den obwaltenden Umständen der Schweiz keine Kosten erwachsen werden, haben wir nichts dagegen einzuwenden, wenn dem Ehepaar Sumer Schwarz-Freundlich das Einreisevisum dortseits erteilt wird. Wir ersuchen Sie höflich, die Ihnen gutscheinende Verfügung zu treffen, und versichern Sie, sehr geehrter Herr Generalkonsul, unserer vorzüglichen Hochachtung.»

Das Wiener Konsulat lehnte das Ansinnen des Hauptmanns am 6. September ab; eine Kopie der Antwort ging an die Eidgenössische Fremdenpolizei. Sumer Schwarz-Freundlich und seine Frau Chane flohen dennoch in die Schweiz. In ihren St. Galler Akten steht «Einreiseerlaubnis: keine», und es wird ein merkwürdiges Datum vermerkt: der 16. August 1938 – als wären die beiden schon vor der Grenzsperre vom 19. August angekommen, lange bevor Paul Grüninger überhaupt nach Wien geschrieben hatte.

Am 1. Oktober 1938 erscheint an der Grenze der Flüchtling Karl Adolf Werner aus Wien. Für ihn hat sich ein nicht näher bezeichneter Herr Müller-Mostert beim Polizeikommandanten eingesetzt. Karl Werner erhält von Müller-Mostert den Hinweis, sich zu einer bestimmten Uhrzeit am Grenzposten in St. Margrethen einzufinden; dort lässt man ihn durch, und er fährt nach St. Gallen zum Hauptmann. – In einem späteren Verhör berichtet Karl Werner:

«Hr. Hauptmann Grüninger rief Hr. Dreifuss von der Israelitischen Flüchtlingshilfe telephonisch auf und ersuchte ihn, sofort bei ihm vorbeizukommen, was dann auch geschah. Anlässlich der Besprechung, die nun folgte, erklärte Hr. Polizeihptm. Grüninger, das Datum meiner Einreise werde auf den August vorgeschoben, man werde mir nachher das genaue Datum noch bekanntgeben. (…) Hr. Hptm. Grüninger hat mir auch erklärt (…), ich dürfe unter gar keinen Umständen jemandem von diesen falschen Angaben (…) irgendeine Mitteilung machen. Damals war mir der Grund, warum das Einreisedatum auf den August vorgeschoben werden musste, noch nicht klar, ich habe erst später erfahren, welche Bewandtnis es damit hatte.»

Neben dem Datum wird bei Karl Werner auch der Einreiseort geändert. In den Unterlagen der Flüchtlingshilfe tritt er damit an die freie Stelle eines anderen Emigranten, der rechtzeitig vor der Grenzsperre eintraf und inzwischen weitergereist ist. Falls man ihn fragen sollte, wo er sich seit August aufgehalten habe, wird Karl Werner von Grüninger instruiert, dann müsse er unbedingt sagen, er sei im Flüchtlingslager Diepoldsau gewesen. – Wie viele derartige Datumsverschiebungen der Hauptmann anregte oder befahl, wird sich nie herausfinden lassen. 21 Fälle hielt das Gericht am Ende für erwiesen.

Lotte Bloch, damals zweiundzwanzigjährig, hat eine mit Grüningers Wissen falsch datierte Einreise-Bescheinigung bis heute aufbewahrt. Lotte Bloch verliess die Stadt Wien ungefähr am 9. September 1938. Sie hatte ein Telegramm ihres Schweizer Onkels bekommen, ein Visum für sie liege an der Grenze parat. Gleichzeitig wurde sie angewiesen, einen bestimmten Zug zu benützen und das Telegramm den Passkontrolleuren in Buchs vorzulegen. Der Schweizer Onkel hiess Silvain Braunschweig, er wohnte in Uzwil und gehörte der Israelitischen Gemeinde St. Gallen an; er war bei der Israelitischen Flüchtlingshilfe tätig und hatte die Sache mit Grüninger abgesprochen. In Wirklichkeit lag nämlich gar kein Visum am Zoll; das Telegramm sollte für die St. Galler Grenzpolizisten bloss ein Erkennungszeichen sein, sagt Lotte Bloch, die heute Lotte Osswald heisst. In Feldkirch, kurz vor der Grenze, wurde sie allerdings von deutschen Beamten aus dem Zug geführt, die Deutschen glaubten die Visumsgeschichte nicht und hielten sie zurück;

der Übertritt misslang. Doch am nächsten Tag holte sie Silvain Braunschweig mit dem Auto ab. Am Schweizer Zoll in St. Margrethen
musste er keine Papiere zeigen. – Der provisorische Ausweis, den
Lotte Bloch Mitte September 1938 von der Israelitischen Flüchtlingshilfe erhielt, trägt als Datum den 18. August. Die Flüchtlingshilfe warnte sie ausdrücklich, das Asyl gelte nur im Kanton St. Gallen, in Bern sei sie nicht registriert.

Neu war, dass jetzt auch die deutsche Polizei die illegalen
Fluchten durchs Rheintal wieder behinderte. Immer öfter wurden
Leute wie Lotte Bloch, weil sie kein Visum besassen, bereits auf
dem Weg zur Grenze von der Gestapo oder von der SS eingefangen
und zurückgeschickt. Die Deutschen taten das auf Wunsch des Eidgenössischen Justiz- und Polizeidepartements. Die Schweiz hatte in
Berlin gedroht, man werde die Visumspflicht, die bisher ja nur ehemalige Österreicherinnen und Österreicher betraf, auf alle Bürger
des Reichs ausdehnen, wenn der Flüchtlingsstrom nicht aufhöre.
Grüninger selber hatte im Auftrag des EJPD in Bregenz wegen der
Zuschiebung von Flüchtlingen reklamiert. Seit Mitte August gaben
die Nazis in Wien andererseits deutsche Pässe aus, so dass die Österreicher und Österreicherinnen von den Schweizer Beamten nicht
mehr unbedingt identifiziert werden konnten, und am 30. August
1938 beschloss der Bundesrat, das Pass-Abkommen mit Deutschland vorsorglich zu kündigen. Am 7. September ordnete das EJPD
an, künftig müssten auch Deutsche an den Grenzübergängen aufgehalten werden, wenn sie «Juden oder sehr wahrscheinlich Juden»
seien. Die Rückweisungen seien dem Bund mitzuteilen, «da die
entsprechenden Angaben für die weiteren Verhandlungen mit
Deutschland benötigt» würden.

Um welche Art von Verhandlungen es dabei ging, ist bekannt:
Anfang Oktober 1938 führten die Nazi-Behörden auf Betreiben der
Schweiz den «Juden-Stempel» ein. Sie taten dies einige Tage nach der
Münchner Konferenz und nach dem Einmarsch ins tschechoslowaki-
sche Sudetengebiet. Deutschland war mächtiger denn je. Seine Beam-
ten stimmten dem «Juden-Stempel» zu, obwohl es damit fast unmög-

lich wurde, Jüdinnen und Juden in andere Länder zu vertreiben. Vielleicht kam diese deutsche Konzession an die eidgenössische Flüchtlingspolitik aber weniger aus der Befürchtung, die kleine Schweiz mache ihre Drohung sonst wahr und führe wirklich die allgemeine Visumspflicht ein, als aus der Sorge, die übrigen europäischen Staaten könnten diesem Beispiel der Schweiz unmittelbar folgen.

Die Pässe deutscher Jüdinnen und Juden wurden eingezogen und mit einem «J» gekennzeichnet. Nur die Inhaber solcher Pässe waren von jetzt an visumspflichtig in der Schweiz. Nicht-jüdische Deutsche konnten nach wie vor ohne Beschränkung einreisen. Umgekehrt akzeptierte der Schweizer Bundesrat vertraglich, dass jüdische Schweizerinnen und Schweizer in Deutschland künftig ebenfalls visumspflichtig werden konnten, falls Deutschland das irgendwann für sinnvoll halten sollte. Möglicherweise hätte man ihnen dann einen eidgenössischen Juden-Stempel in ihre Schweizerpässe gedrückt, doch die Deutschen verlangten es nie.

Im Dritten Reich nahmen die Verfolgungen unterdessen immer drastischere Formen an. Ende Oktober 1938 wurden rund 18 000 Jüdinnen und Juden polnischer Staatsangehörigkeit an die Grenze ihres Herkunftslandes abgeschoben. Dort liess man sie zum grossen Teil nicht herein, denn die polnische Regierung war ihrerseits gerade damit beschäftigt, den polnisch-jüdischen Bürgern im Ausland die Nationalität abzuerkennen. Gegen 8000 Deportierte lebten ein halbes Jahr lang in Lagern zwischen Deutschland und Polen. Ein Student in Frankreich, der siebzehnjährige Herschel Grynszpan, dessen Familie aus Hannover zu den Abgeschobenen zählte, ging am 7. November 1938 auf die Pariser Gesandtschaft des Reichs, wo er aus Protest einen Legationssekretär erschoss. Die Ermordung dieses Diplomaten benützte das deutsche Regime dann bekanntlich als Anlass für den bisher grössten Judenpogrom, die sogenannte Reichskristallnacht.

Aus einem weiteren Protokoll von Korporal Martin Spirig in

St. Gallen: Es «erscheint ungerufen» Mauri Neufeld, «geboren 4. Dezember 1904 in Nürnberg, deutscher Staatsangehöriger, ledig, mosaisch», Oberkantor bei der jüdischen Kultusgemeinde in Mönchengladbach, und erklärt «nach der üblichen Ermahnung zur Wahrheit»:

«In der Nacht vom 9./10. November 1938 erwachte ich durch ein Geräusch. Es ist 04.35 Minuten, ich eile zum Fenster, ich wohnte gegenüber der Synagoge, und sehe wie zwei Leute (Männer) in SA-Uniform über das Gitter, welches den Synagogenhof umgab, sprangen. Sie versuchten mit Eisenstäben die Türfüllungen zu durchschlagen und in das Innere der Synagoge zu gelangen. (...) Ich öffnete mein Fenster und schrie hinüber, ob die Leute denn verrückt seien, einfach so ohne weiteres die Synagoge zu demolieren. (...) In der Zwischenzeit trafen noch weitere zwei Mann in Uniform ein. Rasch kleidete ich mich notdürftig an, und konnte dadurch nicht sehen, wie viele Leute weiterhin in die Synagoge kamen. Als ich wieder ans Fenster kam, sah ich, wie im Klassenraum der Schule, die in der Synagoge untergebracht ist, Feuer gelegt wurde. Nach ganz kurzer Zeit brannte ein Schulraum und innerhalb der Synagoge flackerten ebenfalls Feuerscheine auf. In der ganzen Strasse getraute sich niemand der Anwohner, Licht zu machen oder aus dem Fenster zu sehen. Die Leute standen hinter den Gardinen. – Ungefähr um 05.10 Uhr erschien die Feuerwehr. Ich eilte aus dem Hause und meldete mich bei dem Schupobeamten mit der Angabe, ich sei der geistliche Beamte der Gemeinde und ich bitte um Zutritt. (...) Der Polizeibeamte gab mir Bescheid, dass niemand Zutritt hätte, auf mein weiteres Bitten hin sagte er mir jedoch, ich solle mich an den Oberbranddirektor wenden. Auf seine Anweisung hin ging ich der Schlauchleitung nach und kam durch den Hintereingang in die Synagoge. Der Oberbranddirektor frug nach meinem Begehren, und als ich ihm erklärte, ich sei der Geistliche der Gemeinde und möchte das Alte Testament retten, gestattete er mir sehr höflich, das auszuführen.»

Im Innern der Synagoge sei es stockdunkel gewesen, berichtet Mauri Neufeld, alles war voller Rauch, aber der Brand war fast ganz gelöscht. Die Feuerwehrleute arbeiteten mit Taschenlampen, weil angeblich das elektrische Licht nicht funktionierte. Mauri Neufeld erzählt Korporal Spirig:

«Ich ging zur Lichtschalteranlage und jetzt erstrahlte die Synagoge in ihrem hellsten Lichterglanz. Nun begab ich mich zur heiligen Lade und sah, dass der Vorhang vor derselben heruntergerissen war und drei Thorarollen fehlten. Ich war eben im Begriff, eine von den übrig gebliebenen Thorarollen herauszunehmen, da stürzten sich zwei Männer auf mich mit dem Ruf 'Mensch, bist Du denn verrückt, hier Licht zu machen!', und 'Was willst Du denn da?'. Ich antwortete, die Feuerwehr hätte mich gerufen, um Licht zu machen. Man drängte mich etwas auf die Seite, und nun sah ich, dass im ganzen nur 8 Mann, ausser der Feuerwehr, in der Synagoge waren. Vier waren SA-Männer, die übrigen Leute in Zivil mit Abzeichen. Einer hatte einen Eisenstab. An diesen wandte sich ein anderer mit der Bemerkung 'schlag ihn nieder!', worauf der Dritte sagte, 'zuerst das Licht aus!'. Mit dem Eisenstab schlug der erste gegen die Lichtleitung, und im Nu war es dunkel, wodurch ich entwischen konnte. Auf dem Wege hörte ich noch den Ruf: 'Wenn die Feuerwehr weiter löscht, so durchschneiden wir die Schläuche!'»

Einige hundert Synagogen verbrannten in dieser Nacht, die jüdischen Wohnungen, die jüdischen Geschäfte, die jüdischen Friedhöfe waren verwüstet. Etwa 30 000 Personen wurden in Konzentrationslager gesteckt, etwa hundert auf der Strasse totgeschlagen,

Tausende wurden misshandelt und vergewaltigt. – Am 12. November verboten die Nazis den jüdischen Deutschen die Teilnahme an kulturellen Veranstaltungen und erlegten ihnen eine Sondersteuer auf, am 15. November untersagten sie ihnen den Besuch öffentlicher Schulen. Alle Versicherungsleistungen für die Sachschäden der «Kristallnacht» wurden beschlagnahmt. Die noch nicht «arisierten» Bereiche der Wirtschaft sollten nun schleunigst enteignet, die Juden aus der Gesellschaft vollends ausgeschlossen werden.

In der St. Galler «Volksstimme» vom 24. November 1938 stand:

«Vor der Ermordung aller Juden in Deutschland? – Der 'Neuen Zürcher Zeitung' wird am 23. November aus Berlin berichtet: Das 'Schwarze Korps' kündigt heute in einem Leitartikel eine Kette von neuen antisemitischen Massnahmen an und als letztes Glied die Ermordung sämtlicher Juden in Deutschland, sofern das Ausland nicht ihren Abtransport und ihre Neuansiedlung übernimmt. – Es wäre völlig verfehlt, diese Drohung als einen blossen Schreckschuss oder ein nicht ernst gemeintes Manöver aufzufassen. Im Laufe der letzten Jahre sind sämtliche Vorschläge des 'Schwarzen Korps' zur Behandlung der Judenfrage, mochten sie im Moment der Veröffentlichung noch so phantastisch erscheinen, Punkt für Punkt verwirklicht worden. (...) In einem weiteren Artikel empfiehlt das 'Schwarze Korps' als vorläufige Massnahme die Kennzeichnung der Juden mit einem gelben Fleck, wie es in Italien im 14. und 15. Jahrhundert und in Deutschland im 16. Jahrhundert gehandhabt worden sei. (...) Ausser den 600 000 bis 700 000 Juden, die Deutschland abgeben will, wird die Zahl, die aus Polen auszuwandern hätte, mit drei Millionen beziffert, für Rumänien auf 700 000 bis 800 000, für die Tschechoslowakei und Ungarn auf je 400 000.»

Die Vereinbarung über den «Juden-Stempel», die selbst Heinrich

Rothmund, der Chef der Eidgenössischen Fremdenpolizei, dem Bundesrat nicht ganz ohne politische Bedenken zur Annahme empfohlen hatte – die Vereinbarung war also pünktlich gekommen. Oder wie der gleiche Rothmund im Januar 1939 wieder einmal schrieb:

> «Wir haben nicht seit zwanzig Jahren mit dem Mittel der Fremdenpolizei gegen die Zunahme der Überfremdung und ganz besonders gegen die Verjudung der Schweiz gekämpft, um uns heute die Emigranten aufzwingen zu lassen.»

Mitte November und Anfang Dezember setzte eine neue Fluchtwelle ein. Die eidgenössischen Instanzen befahlen eine «erneute verschärfte Einreisekontrolle»; für einige Tage mussten bei Diepoldsau wieder zusätzliche Polizisten an die Grenze stehen.

Nach dem Krieg hiess es dann, man habe die systematische Ermordung der europäischen Juden keineswegs voraussahen können.

HAUPTMANN PAUL GRÜNINGER verfasste nicht nur Bittbriefe und liess nicht bloss Daten falschen. Marguerite Dreyfuss aus St. Gallen zum Beispiel berichtet, dass ihr verstorbener Mann sich bei Grüninger einmal nach Einreisemöglichkeiten für seine deutsche Verwandtschaft erkundigt habe, und da habe ihm der Hauptmann ein Schriftstück ausgehändigt, mit dem die Verwandten ohne Schwierigkeiten über die Grenze gelangten.

Hellmut R. aus Wien, der knapp vor Weihnachten 1938 als Dreizehnjähriger nach Diepoldsau floh und von Grüninger nicht zurückgeschickt wurde, erzählt in einem Brief:

> «Nach einigen Tagen meines Lageraufenthaltes schrieb ich auf Anraten mehrerer Lagerinsassen an Hauptmann Grüninger einen Brief, dass ich ein Kind taubstummer Eltern bin, die vergebens mit mir mehrmals versucht hatten, in die

Schweiz zu kommen, und unmittelbar nach meiner geglückten Flucht wieder nach Wien zurückgekehrt sind. Ich bat ihn (...), alles Menschliche zu tun, um meine Eltern zu retten. Er antwortete mir innerhalb kürzester Zeit, dass er nicht in der Lage sei, ihnen ein Visum zu beschaffen.»

Doch der Hauptmann hatte sich einen Trick für das taubstumme Ehepaar ausgedacht. – Hellmut R. berichtet:

> «Er sandte mir aber eine 'amtliche' Vorladung zwecks einer 'Einvernahme' zu seiner Dienststelle nach St. Gallen. – Mit ihrem letzten Geld kauften meine Eltern die Bahnkarten und konnten ungehindert mit diesem amtlichen Papier aus Österreich aus- und in die Schweiz einreisen. Der Polizeikommandant sorgte sich sofort, dass ich mit meinen Eltern zusammenkam, und erteilte ihnen die Aufenthaltsbewilligung.»

Nicht Vorladungen, sondern Einladungen schickte der Hauptmann jetzt sogar nach Dachau. Eine Entlassung aus dem KZ war für Jüdinnen und Juden mit einer Einreisegenehmigung in einen anderen Staat am ehesten zu erreichen, und kurz vor seiner Absetzung wird Grüninger sagen:

> «Ich gebe ohne weiteres zu, dass (...) in einigen Fällen solche Schreiben, die in erster Linie den Zweck hatten, Inhaftierte zu befreien, erlassen wurden.»

Und der Hauptmann schrieb nicht nur Einladungen, Vorladungen oder Bittbriefe, er fälschte nicht bloss Einreisedaten: Im Oktober 1938 sprach der Vorarlberger Kaufmann Franz Josef Flatz auf dem Büro des Polizeikommandanten vor. Flatz war kein Jude; er war Anhänger des gestürzten austrofaschistischen Regimes und gleichzeitig Sympathisant der Habsburger Monarchie. In Deutschland war Flatz schon vor dem österreichischen Anschluss wegen eines

Devisenvergehens zur Verhaftung ausgeschrieben, im September 1938 wurde er festgenommen. Von einem fahrenden Schnellzug, der ihn angeblich nach Dachau transportieren sollte, konnte er abspringen, den Alten Rhein überquerte er bei St. Margrethen. – Grüninger händigte Franz Josef Flatz am 5. Dezember eine Bescheinigung aus, er sei im Kanton St. Gallen als «politischer Flüchtling» gemeldet, obwohl die zuständige Bundesanwaltschaft über seine Anwesenheit nicht einmal informiert war. Als die deutschen Behörden sich in St. Gallen nach dem gesuchten Franz Josef Flatz erkundigten, log der Hauptmann am 23. Dezember, dieser halte sich nicht in St. Gallen auf. Paul Grüninger war mit Korporal Spirig der Überzeugung, das Devisenvergehen sei als Fahndungsgrund lediglich vorgetäuscht.

Noch ein weiterer Schwindel des Hauptmanns, der später auffliegen wird: Am 24. November 1938 bestätigte er dem Emigranten Markus Löffel in einem amtlichen Ausweis, er wohne im Kanton St. Gallen, obwohl Löffel seit Juli 1938 in Zürich lebte. Zur Abgabe solcher Ausweise, die es Flüchtlingen ermöglichten, die Schweiz zu verlassen und wieder zurückzukehren, wäre nur die Eidgenössische Polizeiabteilung berechtigt. Löffel war Zionist und organisierte illegale Flüchtlings-Transporte nach Palästina; dazu musste er ins Ausland reisen können. – Vor dem Untersuchungsrichter wird Grüninger dann gestehen, dass er «einige» derartige Identitätsausweise abgab.

WAS IN ST. GALLEN passierte, sprach sich langsam herum. Berth Rothstein, der heute in Schweden lebt und 1938 aus dem Burgenland nach Italien geflohen war, bezeugt in einem 1988 veröffentlichten Buch, dass die spezielle Einstellung Hauptmann Grüningers bis nach Mailand bekannt gewesen sei. Rothstein arbeitete dort für ein jüdisches Komitee, und er schreibt:

«Gleich bei meinem Antritt, bei der Anstellung auf dem Hilfskomitee in Mailand, wurde ich informiert, dass ich den

Kantonspolizeichef Paul Grüninger in St. Gallen anrufen könnte, wenn gewisse Hilfe gebraucht würde, um Leute aus Österreich direkt in die Schweiz zu bringen.»

Im November 1938 rettete Grüninger den Bruder von Rothstein, der aus einem Gefängnis entkommen war und Österreich sofort verlassen musste. Berth Rothstein erinnert sich:

> «Ich nahm telephonischen Kontakt auf mit Paul Grüninger (…) und bekam den Auftrag, dass er bis nach Feldkirch in Vorarlberg in ein Hotel gehen sollte, um dort zu bleiben, bis ein Mann dorthin kommt und ihm mitteilt, welchen Weg er zu Fuss mit Frau und Kindern gehen muss. Das geschah auch dann bei Nacht, und sie gingen zu Fuss bis nach Appenzell. In Appenzell wurden sie von einer Schweizer Familie aufgenommen und über zwei Monate versteckt gehalten.»

Noch in anderen Fällen half der Hauptmann dem Mailänder Komitee, das letzte Mal Ende Januar 1939.

Landjäger Ernst Kamm, Lagerleiter in Diepoldsau, hat schliesslich diese Geschichte zu erzählen: Einige Male, sagt Ernst Kamm, habe ihn Grüninger im Dienstwagen mitgenommen, sie seien nach Lindau gefahren und hätten dort vor einem Restaurant Leute eingeladen, um sie bei Hohenems in die Schweiz zu bringen. Er habe gezittert damals, sagt Ernst Kamm, das Leben habe er riskiert, denn diese Leute hätten Geld dabei gehabt, und Grüninger habe ihm befohlen, er müsse das Geld in seinen eigenen Taschen verstecken vor dem Zoll.

Also wäre der Polizeikommandant jetzt auch ein Schlepper und Devisenschmuggler geworden. In einem Fernsehfilm von Felice A. Vitali, der 1971, ein Jahr vor dem Tod des Hauptmanns aufgrund von Gesprächen mit ihm gedreht wurde, heisst es:

> «Paul Grüninger hat 1938 die Flüchtlinge nicht nur im Rettungsboot aufgenommen, er hat sie auch beschützt. Er wuss-

te, dass die Deutschen ihnen vor der Abschiebung in die Schweiz ihre Wertsachen abnahmen, dass die Juden noch kurz vor dem Grenzübertritt bis auf einen Betrag von 30 Mark ausgeplündert wurden. Und darum vereinbarte er mit einem Vorarlberger Gastwirt, dass die Flüchtlinge ihre Wertsachen in einem Geheimdepot hinterlegen sollten, bis sie ein diplomatischer Kurier in die Schweiz weiterbrachte.»

Der diplomatische Kurier könnte zum Beispiel Ernest Prodolliet gewesen sein, jener Kanzler der Schweizerischen Konsulatsagentur in Bregenz, der im November 1938 dabei ertappt wurde, wie er mit einem Flüchtling schwarz über die Grenze ging, und der schon im Juni das Reisegeld des Kommunisten Karl Schiffer in die Schweiz hatte schmuggeln lassen.

Der Passbeamte, der Lotte Bloch hereinlassen sollte, könnte zum Beispiel Karl Zweifel gewesen sein, jener Grenzpolizist aus Buchs, der an Weihnachten 1938 in Bregenz verhaftet wurde, weil er im Auftrag der Sozialdemokratischen Partei zwei Jüdinnen in die Schweiz holen wollte. «Ein ganzer Ring war involviert», sagt Lotte Bloch, sie wisse das von ihrem Onkel Silvain Braunschweig.

Paul Grüninger sammelte für die Flüchtlinge ausserdem Spenden und verletzte dabei womöglich das Amtsgeheimnis. Am 5. September 1938 schrieb er an eine Margaretha Schwarzenbach in Küsnacht, Zürich:

«Sehr geehrte Frau Schwarzenbach,
Ich bestätige hiedurch nochmals bestens dankend Ihre Liebesgabe zu Gunsten der jüdischen Emigranten und bitte Sie, den herzlichen Dank auch Ihren Begleiterinnen Frau Guggenheim und Frau Professor Clarc zu übermitteln. Sodann erhalten Sie in der Beilage einige protokollarische Einvernahmen und Niederschriften jüdischer Flüchtlinge nebst einigen Zeitungsberichten, aus denen die unmenschliche Behandlung durch deutsche Behördenmitglieder und die Einstellung gutgesinn-

ter Schweizerbürger klar hervorgeht. Nach Gebrauch der Akten gewärtige ich dieselben wieder an meine Adresse zurück. (…)»

Beigelegt waren «14 protokollarische Einvernahmen» der politischen Abteilung, «3 Niederschriften» und «2 Zeitungs-Ausschnitte».

Im Lager Diepoldsau richteten die Emigrantinnen und Emigranten dem siebenundvierzigjährigen Polizeikommandanten am 27. Oktober 1938 eine Geburtstagsfeier aus. Die Israelitische Flüchtlingshilfe gratulierte mit dem Wunsch, «dass es Ihnen, geschätzter Herr Hauptmann, noch ungezählte Jahre vergönnt sei, im Kreise Ihrer Familie und Freunde zu wirken».

Sie gaben einen bunten Abend mit dem Titel «Wiener Heurigenmusik».

8.

Es war am 18. Dezember 1938, sechs Wochen nach den Pogromen der «Reichskristallnacht», als sich das Zentralkomitee des Schweizerischen Israelitischen Gemeindebundes mit Vertretern der jüdischen Flüchtlingshilfe zu einer wichtigen Sitzung zusammensetzte. Der Gemeindebund hatte bis in die dreissiger Jahre keine grosse politische Bedeutung in der Schweiz, er repräsentierte eine Minderheit von kaum einem halben Prozent der Bevölkerung, und in früheren Zeiten, so erinnert sich heute der Zürcher Rechtsanwalt Veit Wyler, führte das Zentralkomitee oder Comité Central des Israelitischen Gemeindebundes hauptsächlich zwei Themen auf der Tagesordnung: den Kampf für die Aufhebung des Schächtverbots und die Einrichtung eines Friedhofes im Tuberkulose-Kurort Davos. Bis zum Beginn der deutschen Judenverfolgungen exponierte sich das Zentralkomitee selten, seine tragenden Persönlichkeiten waren meistens sehr biedere Geschäftsleute, deren alteingesessene Familien in den rund sechzig Jahren seit der politischen und wirtschaftlichen Emanzipation ein gewisses bürgerliches Ansehen errungen hatten und zur jüdischen Oberschicht zählten. Ab 1936 wurde der Schweizerische Israelitische Gemeindebund (SIG) vom früheren freisinnigen St. Galler Gemeinderat und Stickerei-Fabrikanten Saly Mayer präsidiert. Der angegliederten Fürsorgeeinrichtung, dem Verband Schweizerischer Israelitischer Armenpflegen (VSIA), stand ab 1933 der frühere Seidenhändler Silvain S. Guggenheim aus Zürich vor.

Bis zu seiner Pensionierung sei er ein glücklicher Mensch gewesen, schrieb Silvain Guggenheim in einer biographischen Notiz 1939, erst nach der Übernahme des Ehrenamtes als VSIA-Präsident sei er unglücklich geworden. Saly Mayer andererseits, der SIG-Präsident, ereiferte sich noch im Frühjahr 1942 bei einer Gemeindebund-Versammlung gegen die verbreitete Behauptung, auch die Schweizer Juden müssten sich von ihrer Regierung «als Bürger und

Menschen zweiten Ranges» behandelt fühlen; der SIG-Präsident erklärte, für sich selber habe er diese Erfahrung nie gemacht. 1943 gab Saly Mayer sein Amt zurück, weil man ihm einen eigenmächtigen Kurs und allzu viele Kompromisse mit der Politik des Eidgenössischen Justiz- und Polizeidepartements vorwarf.

«Mach nu nünt gege d' Behörde!», habe Saly Mayer ihn damals häufig gemahnt, erzählt der Anwalt Veit Wyler, der 1936 international berühmt wurde, weil er im Auftrag des SIG als einer der Verteidiger von David Frankfurter in Chur auftrat, welcher den Landesleiter der NSDAP, Wilhelm Gustloff, erschossen hatte. – Saly Mayer sei der Überzeugung gewesen, sagt Wyler, man müsse stets massvolle Forderungen stellen, nicht zu viele auf einmal, dann bekomme man bei den schweizerischen Behörden allmählich «einen guten Namen». Wenn der gute Name schliesslich erarbeitet sei, erhalte man hie und da auch ein Zugeständnis. Der Gemeindebund habe in einer Epoche ohne Beispiel, «in einer präzedenzlosen Zeit», keine besseren politischen Formen gekannt als die mittelalterliche jüdische Taktik des Bittstellens, sagt Wyler. Dadurch habe sein Freund Saly Mayer ihn und andere zionistisch geschulte junge Leute zwangsläufig in die Opposition getrieben.

Denn die schweizerischen Jüdinnen und Juden wurden vom EJPD ja nicht bloss jahrelang genötigt, sämtliche Unterhaltskosten für die jüdischen Flüchtlinge zu bezahlen, Ende 1938 drohte Heinrich Rothmund dem SIG-Präsidenten überdies, wenn das EJPD einmal «mit den fremden Emigranten fertig» sei, dann würden als nächstes «die schweizerischen Juden drankommen». Bei anderer Gelegenheit, erinnert sich Veit Wyler, bezeichnete Rothmund den Verhandlungspartner Mayer gar mit dem Nazi-Ausdruck «Juden-Ältester», und Mayer, der es hörte, protestierte nicht.

Für alles, was die jüdische Emigration anging, machte man in Bern die israelitischen Organisationen haftbar. Im Dezember 1938 unterstützten rund dreitausend erwerbstätige Mitglieder der jüdischen Gemeinden ebenso viele mittellose Emigrantinnen und Emigranten. Der Etat der Israelitischen Fürsorge hatte sich seit März

1938 um das Fünfundzwanzigfache erhöht, die monatlichen Ausgaben waren von durchschnittlich 10 000 Franken im Vorjahr auf 300 000 Franken geklettert. Eine Finanzierung der Flüchtlingshilfe, so hiess es nun an der Sitzung des Zentralkomitees vom 18. Dezember 1938, sei trotz amerikanischer Spendengelder (die zirka einem Drittel der Aufwendungen entsprachen) langfristig nicht mehr zu garantieren. Die «Grenze der Leistungsfähigkeit des Judentums» schien erreicht. Das Zentralkomitee traf sich also mit der Flüchtlingshilfe, um über Möglichkeiten zu beraten, wie einem weiteren Anstieg der Verpflichtungen durch geeignete Massnahmen zu begegnen wäre.

Es sei unmöglich, sagte der Präsident Saly Mayer an diesem 18. Dezember, «die Hand dazu zu bieten, dass weiterhin ganze Gruppen illegaler Flüchtlinge in die Schweiz eingelassen» würden. Silvain S. Guggenheim erklärte, «ein unkontrolliertes Eindringen Unbekannter» könne man «nicht länger über sich ergehen lassen».

«Immer wieder», klagte Saly Mayer aus St. Gallen, versuchten «gewisse Behörden» ihren Entscheid «über den Einlass von Flüchtlingen davon abhängig» zu machen, dass die jüdischen Organisationen die Kosten übernähmen. Solche Behörden spielten «die Humanen» und liessen die Hilfswerke nachher mit der Verantwortung allein. Die Lage sei unhaltbar geworden, fand auch ein Vertreter der Israelitischen Cultusgemeinde Zürich. Und insgesamt war sich das Gremium schnell einig, dass eine «Katastrophe» bevorstand, über die man die Behörden rechtzeitig informieren müsse. In den Schweizer Amtsstuben und in der Bevölkerung herrsche nämlich die falsche Ansicht, «den Juden sei alles möglich».

Dabei fürchtete sich das Zentralkomitee fast noch mehr vor dem Volk als vor dem EJPD. Man hielt es offenbar für sicher, dass eine erneute Zunahme der Flüchtlingszahlen oder ein Aufbegehren jüdischer Kreise gegen die rassistische Kostenverteilung eine antisemitische Kampagne provozieren würde. Saly Mayer jedenfalls vertrat diese Position. Die Bevölkerung, sagte Mayer, sehe «auf die Gesamtzahl der Flüchtlinge», vergleiche sie mit der Zahl der einheimischen Juden und mit der Grösse des Landes: «Daraus ergeben sich für uns schwere Bedenken.»

Gleichzeitig dürfe es «nicht Sache der Juden» sein, steht im Protokoll vom 18. Dezember, eine stärkere Absperrung der Grenze zu verlangen. Man entschied sich daher lediglich für die «Absendung eines einlässlichen Berichtes», aus dem die zuständigen Behörden dann «selbst ihre Schlüsse ziehen» sollten und mit dem sich der SIG von jeder Verantwortung für illegale Einreisen «abgrenzen» könne. Das Comité Central protokollierte ferner, «dass von unserer Seite aus nichts geschehen darf, um noch mehr Unbemittelte einzulassen». Einzig bei Angehörigen schweizerischer Familien sowie bei «um das Judentum verdienten Persönlichkeiten» wollte man sich auch künftig dafür einsetzen, dass sie entgegen den Verordnungen des Bundesrates nicht zu den Nazis zurückgeschafft würden.

Tatsächlich sind aber regelmässige Verstösse gegen die eidgenössische Grenzsperre für den Dezember 1938 nur gerade aus zwei Kantonen überliefert, aus Basel-Stadt und aus St. Gallen.

Zwar hatte auch der sozialdemokratische Schaffhauser Polizeidirektor Ernst Bührer die Rückweisungen abgelehnt; er hatte noch am 21. August eine jüdische Flüchtlingsgruppe trotz heftiger Proteste des EJPD akzeptiert, doch danach beugte sich Bührer dem Berner Druck. Im September 1938 kam er auf einer Bergtour ums Leben. Zur letzten von Bührer geretteten Gruppe gehörte die Familie des Wiener Handelsvertreters Friedrich Liebling; nach dem Krieg gründete dieser Liebling eine psychologische Schule in Zürich, die sehr florierte. Lieblings Anhängerinnen und Anhänger machen heute durch rechtsgerichtete, minderheitenfeindliche Forderungen zur Gesellschaftspolitik und durch Prozesse gegen ihre Kritiker oder Kritikerinnen von sich reden. Die Schaffhauser Situation 1938 ist aus diesem Grund vom Historiker Mario König im Zusammenhang mit Recherchen für das 1991 veröffentlichte Buch

«Lieblingsgeschichten» von Eugen Sorg ansatzweise erforscht worden. Allerdings soll der Schaffhauser Stadtpräsident Walther Bringolf, ein Parteikollege Bührers, noch lange nach dessen Tod illegale Grenzübertritte begünstigt und dabei keine Spuren in den Akten hinterlassen haben, wie einstige Parteifunktionäre versichern.

In Basel-Stadt gab es seit den Novemberpogromen etwa für jene Flüchtlinge wieder eine Chance, die es schafften, den Polizeiposten im Lohnhof zu erreichen. Dann mussten sie dem sozialdemokratischen Regierungsrat Fritz Brechbühl vorgeführt werden, der sie häufig aufnahm. Im Frühjahr 1939 widersetzte sich schliesslich die gesamte baselstädtische Regierung einer Reihe von Abschiebungswünschen des EJPD. Sie konnte sich damit durchsetzen; dies berichtet der Historiker Jean-Claude Wacker in seiner 1992 erschienenen Studie «Humaner als Bern».

Über die Basler Situation äussert sich das SIG-Protokoll im Dezember 1938 wie folgt:

«Hr. Alfr. Goetschel teilt mit, dass die Polizei auch in Basel wieder rigoroser geworden sei. Wir selbst können nichts bestimmen, die Behörden müssen entscheiden. Da zur Zeit nur Einzelfälle vorkommen, brauche der Gemeindebund nichts zu unternehmen und könne er sich auf die Behörden verlassen.»

Zu St. Gallen steht im SIG-Protokoll:

«Herr Sidney Dreifuss berichtet über die Verhältnisse im Kanton St. Gallen, wo die Polizei eher zu entgegenkommend war. So ist die Zahl der Flüchtlinge wieder erheblich gestiegen. Es kamen unerwünschte Elemente herein und alte Leute, deren Emigration fast unmöglich erscheint. Man ist in St. Gallen nicht der Meinung, dass die Grenze hermetisch zu schliessen sei, sondern möchte Verwandte, Kinder und um das Judentum verdiente Personen weiterhin aufnehmen. Die polizeiliche Sperre ist neuerdings verschärft worden.»

Sidney Dreifuss, der Leiter der Israelitischen Flüchtlingshilfe St. Gallen, welcher die lokale Polizeipraxis gegenüber «unerwünschten Elementen» und alten Leuten als «eher zu entgegenkommend» empfand, war an den hohen Flüchtlingszahlen natürlich direkt beteiligt. Seine Frau Jeanne Dreifuss, geborene Bicard, notierte Mitte November 1938 in einem Tagebuch für ihren dreijährigen Sohn Hans Jakob, das sie mehrere Monate nicht mehr nachgeführt hatte:

> «Anfangs August 1938 nämlich sah sich die Kultusgemeinde St. Gallen genötigt, hier ein Flüchtlings-Büro für die zahlreichen Wiener Emigranten aufzumachen, weil Zürich und Basel schon überlastet waren. Sigi wurde für die Bildung des Comités ausersehen und stürzte sich mit Feuereifer in diese grosse fürsorgerische Tätigkeit. Am 1. Tag kamen 5 Emigranten an, am 2. 12, am 3. 20, am 4. 50 und in diesem Tempo weiter, bis etwa am 20. 500 Leute hier beisammen waren. Eine ganz enorme Arbeit ist für die Herren zu leisten, die sich hier betätigen, und was speziell mein Sigi tut, das ist unbeschreiblich. Hanseli kann stolz sein auf seinen Sigi-Papi, wenn er später einmal versteht, was dieser geleistet hat. Durch sein tatkräftiges Handeln hat er vielen verzweifelten, unglücklichen Menschen wieder neuen Lebensmut gegeben.»

Hanseli heisst heute Jean Jacques Dreifuss und ist Medizinprofessor in Genf. Sein Vater Sidney starb 1956 verhältnismässig jung; die Mutter nannte ihn Sigi, weil er ursprünglich Siegfried hiess.

SIDNEY DREIFUSS, geboren 1899 als Sohn des Kaufmanns Hermann Dreifuss, welcher nach der verfassungsmässigen Gleichstellung jüdischer Männer in der Schweiz den Vornamen Moses Hirsch abgelegt hatte und vom Ghetto-Dorf Endingen im Kanton Aargau nach St. Gallen umgezogen war – dieser Sidney Dreifuss änderte seinen eigenen Vornamen wahrscheinlich unter dem Eindruck einer Deutschlandreise 1919. Er sei «un homme du sud» gewesen, sagt der Sohn, ein Südeuropäer von der Art her, zum Beispiel habe er sehr gut französisch, spanisch, katalanisch, italienisch, portugiesisch und englisch gesprochen und die hochdeutsche Sprache gehasst. Er habe das Deutschtum Richard Wagners abgelehnt, sagt die Tochter von Sidney Dreifuss, und den britischen Parlamentarismus habe der Vater geschätzt, deshalb die Namensänderung.

Sidney Dreifuss besuchte die Handelsschule in Neuchâtel, er arbeitete in Mailand und Barcelona, fuhr 1928/29 ein Jahr durch Lateinamerika auf Kundensuche für Ostschweizer Stickereien, handelte später an der Teufenerstrasse 10 in St. Gallen als Textilagent mit Rohbaumwolle und wurde am 1. August 1938 vollamtlicher Leiter der Israelitischen Flüchtlingshilfe. Er war insofern religiös, als er zu hohen Feiertagen in die Synagoge ging, am Freitagabend zündete Jeanne Dreifuss die Sabbat-Kerzen an; koscher gegessen wurde zuhause nicht. Politisch sei der Vater freisinnig gewesen, sagt der Sohn, ein Wirtschaftsliberaler, aber ohne Parteibuch. Und was den Zionismus betraf: «sehr moderat» – ein Philatelist nämlich mit grosser Vorliebe für schweizerische und israelische Briefmarken.

«Ein sehr glücklicher Schweizer Bürger», sagt Ruth Dreifuss, die Tochter, jedoch «kein begeisterter Händler» und geschäftlich nicht besonders erfolgreich, eher «unterer Mittelstand». Stolz war er, dass er als Jude ins Militär einrücken durfte, obwohl er es dort wegen Kurzsichtigkeit bloss bis zum Hilfsdienst brachte. Ein «offener Mann» sei er gewesen, ein «kontaktfreudiger Bonvivant», sagt Jean Jacques Dreifuss, der Sohn, und ein begeisterter Leser der Satirezeitschrift «Nebelspalter», die «gegen rote und braune Fäuste» kämpfte. Auch über die steifen Förmlichkeiten in der Ostschweiz habe der Vater sich gerne lustig gemacht, zum Beispiel wenn die Frau eines Polizeiwachtmeisters mit «Frau Wachtmeister» angesprochen werden wollte. Körperlich wird Sidney Dreifuss von den Flüchtlingen als auffallend klein beschrieben, immer trug er eine Tabakspfeife im Mund.

«Ich liesse kein krummes Wort auf Sigi Dreifuss kommen», sagt Ernst Kleinberger aus St. Gallen, damals Industrieller und bei der Flüchtlingshilfe tätig. Dreifuss sei «sehr einfühlsam» gewesen, ein Mann, der «sich aufopferte, sich krank machte und aufhängte» für die Emigranten. Ein fröhlicher, ganz bescheidener «Naturmensch». Am glücklichsten war er in seinem winzigen Ferienhaus «Paradiesli» bei Teufen, «wo es nicht einmal fliessendes Wasser», aber einen Garten und eine Obstpresse gab.

Wenn ehemalige Flüchtlinge heute erzählten, Sidney Dreifuss sei kühl, arrogant oder feindselig mit ihnen umgesprungen und in Wahrheit ein «jüdischer Antisemit» gewesen, dann könne das doch schon deshalb nicht ganz stimmen, weil er immer wieder Emigranten in dieses Ferienhaus eingeladen habe, meint Jean Jacques Dreifuss. Etwa den Dr. Karliner, den Dr. Stern, den Herrn Goldmann mit Frau, wie aus dem Tagebuch der Mutter hervorgehe. Wahrscheinlich sei es jedoch belastend für ihn gewesen, sich in dieser Situation gleichzeitig mit der offiziellen Schweiz und mit den fliehenden Juden zu identifizieren. Denkbar wäre auch, dass er sich in seiner Deutschfeindlichkeit geweigert hätte, zu den Emigranten hochdeutsch zu sprechen.

Wenn der ehemalige Flüchtling Harry Weinreb heute erzähle, Sidney Dreifuss habe ihm damals gesagt, sein Vater in Dachau habe es ja gut und «ein Dach über dem Kopf», dann könne man das Entsetzen und die berechtigte Wut dieses Flüchtlings zwar verstehen, aber man müsse auch die Situation in der Flüchtlingshilfe begreifen, meint Ernst Kleinberger. Die Emigranten hätten Dreifuss ständig bestürmt, hätten ihn überfordert, hätten heute dieses und morgen jenes behauptet, hätten zu Notlügen gegriffen, um durchzukommen. Solche Arbeit sei schnell «ans Lebendige gegangen», es seien auch «unterschiedliche Typen» von Flüchtlingen angekommen, sagt Kleinberger. – Und was hätte ein relativ bedeutungsloser Funktionär wie Sidney Dreifuss denn «für einen Menschen in Dachau tun können»? Also sei er vielleicht manchmal explodiert.

Das Bild, das einige ehemalige Flüchtlinge von ihrem Vater heute zeichnen, entspreche überhaupt nicht ihrem eigenen Bild, sagt Ruth Dreifuss. Ein Choleriker sei er ebenfalls nicht gewesen.

Eine «feste Erinnerung» bewahren beide Kinder des Sidney Dreifuss: Wie der Vater abends wegging und häufig für mehrere Tage verschwand und dass man sich dabei Sorgen um ihn machen musste; dass er in die Gegend von Landquart fuhr, in die Berge des Rätikons, dass er sich dort mit Schleppern traf, dass er Emigranten holte und dass diese Dinge eigentlich erst nach Grüningers Absetzung geschehen sein konnten. Noch lange seien Dankesbriefe von Flüchtlingen eingetroffen, einmal ein merkwürdiges Geschenk aus Israel, ein Briefbeschwerer mit dem Symbol der zionistischen Terroristen-Gruppe Stern. In den St. Galler Flüchtlingsakten findet sich andererseits ein Brief vom 14. August 1939, mit dem Sidney Dreifuss einen kleinen Gelegenheits-Schlepper und Passverkäufer aus Diepoldsau bei der Polizei anzeigte.

Sie könne aufgrund der Akten nicht beurteilen, wie weit sich der Vater damals aus dem Fall Grüninger unlauter herausgezogen habe, vielleicht um künftige illegale Aktivitäten zu schützen, sagt Ruth Dreifuss, die 1993 als zweite Frau in die Schweizer Regierung und als erste Jüdin zur Bundesrätin gewählt worden ist. 1942, als sie zwei Jahre alt war, zog die Familie nach Bern, 1945 nach Genf. Als ihr Vater starb, war sie sechzehn.

Er habe den Dreifuss später einmal zufällig in Genf gesehen, sagt der ehemalige Flüchtling Harry Weinreb, dessen Vater aus Dachau nie zurückkehrte, wie er aus einem Tram auf die Strasse heruntergestiegen sei, und er habe den Dreifuss seiner Frau gezeigt und ihr gesagt, es wäre ihm lieber gewesen, er wäre heruntergestürzt.

IM NOVEMBER und Dezember 1938, das berichten mehrere Emigranten, tagte in den Büros der St. Galler Flüchtlingshilfe an der Teufenerstrasse 10 jeweils eine Art Kommission. Vor dieser Kommission, in der neben Sidney Dreifuss und weiteren Funktionären der Flüchtlingshilfe auch Polizeikommandant Paul Grüninger sass, mussten die ankommenden Flüchtlinge ihre Geschichte erzählen, danach wurde über sie entschieden.

Erich B. zum Beispiel, der am 29. November als vierzehnjähriger Schüler nach St. Gallen floh, durfte bleiben; als er aber um die Erlaubnis bat, mit seinem Bruder in Zürich zu leben, habe die ganze Kommission gelacht, sagt Erich B. – in Zürich wäre er zu diesem Zeitpunkt wohl sofort ausgeschafft worden. Erich B. erinnert sich, dass auch in St. Gallen eine Gruppe von Flüchtlingen, die einen Tag nach ihm eintraf, zurückgeschickt wurde.

Willi Goldenberg, ein zweiundzwanzigjähriger Wiener Architekturstudent ohne Angehörige in der Schweiz, stand etwa am 5. Dezember vor der St. Galler Kommission. Er habe nachweisen müssen, sagt Willi Goldenberg, dass er eine Weiterreise in die USA anstrebe, dadurch habe er die Aufenthaltsbewilligung erlangt. Aber jene Flüchtlinge, die keine USA-Kontakte vorzeigen konnten, hätten an diesem Tag genauso bleiben dürfen.

Ernst Kleinberger von der Flüchtlingshilfe sagt: Oft sei sogar Regierungsrat Valentin Keel in der Teufenerstrasse 10 gesessen. Der Polizeivorstand habe den Hauptmann und die Mitarbeiter der Flüchtlingshilfe beschworen, sie sollten doch «etwas finden», irgendeine Begründung, mit der man die Leute behalten könne. Valentin Keel seien «die Tränen heruntergelaufen», wenn er die Geschichten der Flüchtlinge gehört habe.

Georg Weder, ab Mitte Oktober 1938 als Polizeiaspirant auf dem Zentralposten im St. Galler Klosterhof stationiert, sagt heute: Auch dort habe «ein ständiges Geläuf» geherrscht, fast auf den Knien seien die Juden angekrochen und in den ersten Stock hinauf gestiegen, wo Paul Grüninger sein Büro hatte, direkt gegenüber von Valentin Keel. Der ehemalige Landjäger Emil Rüthemann bestätigt: Der Hauptmann sei von den Flüchtlingen «belagert worden».

Gemäss einer späteren Aufstellung von Sidney Dreifuss sind allein zwischen Mitte November 1938 und Ende Dezember 360 Menschen illegal in den Kanton St. Gallen eingereist und nicht abgeschoben worden. Die Zahl dürfte untertrieben sein, denn man setzte ja gelegentlich falsche Einreisedaten in die Akten.

An einem einzigen Tag, dem 31. Dezember 1938, kamen: Martha Müller-Cohn mit ihrem fünfjährigen Sohn Heinz über den offiziellen Zollübergang Diepoldsau; das Kind wurde von der Mutter angewiesen, am Zoll zu weinen. Auf der anderen Seite stand ein Landjäger, den der Vater Tobias Müller, ein Diepoldsauer Lagerinsasse, im voraus benachrichtigt hatte. Die Müllers durften herein. Um Mitternacht dieses Tages kam die zwanzigjährige Rosa Schkolnik über den gefrorenen Alten Rhein. Als sie im Eis einbrach und sich aus dem seichten Wasser herausarbeitete, begannen die Silvesterglocken zu läuten. Rosa Schkolnik wurde von einer Diepoldsauer Familie vor der Grenzwache versteckt; in St. Gallen sperrte man sie dann kurz ins Gefängnis und brachte sie nachher in einer Wohngemeinschaft für junge jüdische Flüchtlingsfrauen an der Harfenbergstrasse unter. Vermutlich ebenfalls in dieser Nacht kam die vierköpfige Familie P. aus Wien, die mit einem Zürcher Rabbiner verwandt war. Die P.s, so erinnert sich die damals vierzehnjährige Tochter der Familie heute, wurden von Hauptmann Grüninger persönlich am Zollposten in St. Margrethen empfangen, und «eine schwarz gekleidete Frau» brachte sie im Auto nach St. Gallen; einer anderen Quelle zufolge fuhr in der gleichen Nacht die orthodoxe St. Gallerin Recha Sternbuch nach St. Margrethen zum Zoll, um eine Flüchtlingsfamilie zu übernehmen. «Kopf hoch, Mädchen, du bist jetzt in der Schweiz», habe Grüninger sie getröstet, als sie angesichts seiner Uniform und seiner Stiefel angefangen habe zu weinen, sagt die Tochter der P.s.

Die lückenhaften Akten der St. Galler Fremdenpolizei verzeichnen für den 31. Dezember 1938 ausserdem die illegalen Einreisen des Wiener Buchhändlers Otto Kretz, seiner Frau Irma Kretz, geborene Klein, sowie einer dreiköpfigen Familie Haupt-Gottesmann bei Buchs.

DER EINLÄSSLICHE Bericht, den das Zentralkomitee des Schweizerischen Israelitischen Gemeindebundes Ende 1938 an die eidgenössischen Behörden senden wollte, um sich von der Verantwortung «abzugrenzen», lässt sich fünfzig Jahre später nicht mehr finden. Anscheinend ist er weder in den Aktensammlungen des EJPD noch im Archiv des SIG aufbewahrt; das SIG-Archiv wurde allerdings 1940 aus Angst vor einem deutschen Einmarsch teilweise vernichtet. Es gibt aber einen Zeugen, der sich für die Existenz dieses Berichtes verbürgt: Herman Landau wohnt heute in Toronto und arbeitete in den vierziger Jahren als Direktor des Hilfsvereins für jüdische Flüchtlinge HIJEFS in Montreux. Er sah den Bericht im Archiv seiner eigenen Organisation; wie das Schreiben dorthin gelangte, ist unklar. Laut Herman Landau handelte es sich um einen Brief von Saly Mayer ans EJPD, und enthalten war eine Denunziation der St. Galler Asylpraxis. Später sei dieser Brief auch aus den Akten des HIJEFS verschwunden, schrieb Landau 1984 in einem Leserbrief ans Zürcher «Tages-Anzeiger-Magazin», das in einem Artikel des Journalisten Lancelot C. Sandor zum ersten Mal den Verdacht publiziert hatte, Paul Grüninger sei vom SIG-Präsidenten Saly Mayer verraten worden.

Der HIJEFS, bei dem Herman Landau arbeitete, wurde Ende 1941 von Recha Sternbuch und ihrem Mann Isaac gegründet. Die beiden übersiedelten zu Beginn der vierziger Jahre aus St. Gallen in die Westschweiz; sie vertraten auch das sogenannte Rabbiner-Komitee, die «Union of Orthodox Rabbis of The United States of America and Canada», und sie standen in fundamentalistischer Opposition zur Spitze des Israelitischen Gemeindebundes. Im November 1945 teilte Isaac Sternbuch anlässlich eines Streites um die Unterbringung jüdischer Kinder in christlichen Familien dem Verband Schweizerischer Israelitischer Armenpflegen, der sich mittlerweile in Verband Schweizerischer Jüdischer Flüchtlingshilfen (VSJF) umbenannt hatte, drohend mit:

«Wir besitzen auch Dossiers vom Jahre 1938 über eigenartige Berichte des VSJF nach Bern mit Ziffern der illegal einreisenden Flüchtlinge in St. Gallen, mit der Folge, dass im

Januar 1939 die Ostgrenze für Juden aus Österreich und Deutschland (zu dieser Zeit, als man noch viele retten konnte!) hermetisch geschlossen (...) wurde.»

Auch diese Dossiers sind heute anscheinend unauffindbar. Der kürzlich verstorbene Antisemitismus-Dokumentarist und politische Schriftsteller Max Schmid etwa hat «wie verrückt» nach solchen Korrespondenzen gesucht, bis er am Ende den Eindruck gewann, die jüdischen Organisationen hätten Paul Grüninger womöglich telefonisch denunziert.

Sicher ist, dass Heinrich Rothmund und die eidgenössische Fremdenpolizei nicht allein von jüdischer Seite über die ungesetzlichen Zustände in St. Gallen unterrichtet wurden – sie waren gar nicht darauf angewiesen. Dem EJPD lag schon im Dezember die Aussage des Bregenzer Konsularbeamten Ernest Prodolliet vor, in St. Gallen würden die Einreisevorschriften besonders locker gehandhabt. Die angeblich unrichtige Aussage des Flüchtlings Leo Hacker gegenüber eidgenössischen Grenzwachtbeamten, Hauptmann Grüninger habe ihm die Einreise seiner Eltern gestattet, lag ebenfalls vor, zusammen mit einer Beschwerde der Oberzolldirektion. Und selbst wenn dem EJPD bis dahin entgangen sein sollte, dass die St. Galler Polizisten Christian Dutler und Karl Zweifel seit dem 24. Dezember wegen Emigrantenschmuggels im Bezirksgefängnis Buchs einsassen und sich in Verhören auf ihren Hauptmann und den Regierungsrat als Mittäter beriefen, dann wäre man in Bern wohl spätestens durch einen Spitzelbericht der Schweizerischen Bundespolizei (Bupo) im Januar 1939 alarmiert worden. Aus den Akten der Bupo, 5. Januar 1939:

«Eine G. P. [Gewährsperson] der K. P. [Kontaktperson] berichtete mir, dass die Sekretäre der SP des Kantons Zürich und der Stadt Zürich und vermutlich auch Redaktoren des 'Volksrechtes', spez. aber Dr. Stocker im Einvernehmen mit Hptm. Grüninger vom kant. Pol. Kdo. St. Gallen einen regelrechten Schlepperdienst von politischen Flüchtlingen und Juden bei Buchs und St. Margrethen eingerichtet haben, der schon über ein Jahr bestehe. Hptm. Grüninger soll jeweils die Abstempelung und Kontrolle der Pässe dieser eingeschleppten Personen besorgen und hiefür von jüdisch-marxistischer Seite sehr gut finanziert werden. Es sollen auf diese Weise schon Hunderte von diesen Emigranten illegal in die Schweiz gekommen sein. Hptm. Grüninger soll sich derart in einem Abhängigkeitsverhältnis zur SPS befinden, dass er nicht mehr vorwärts und rückwärts gehen kann. (...)»

Am 6. oder 7. Januar 1939 hielt sich der sozialdemokratische St. Galler Polizeivorstand Valentin Keel in Bern auf. Er besuchte auch Heinrich Rothmund im EJPD, um zu den eingegangenen Reklamationen Stellung zu nehmen. Keel kehrte nach St. Gallen zurück und schrieb am 12. Januar seinem Hauptmann einen bemerkenswerten Brief ins Nachbarbüro:

«Durch mündliche und schriftliche Mitteilung habe ich die letzten Tage vom eidg. Justiz- und Polizeidepartement erfahren, dass die seit der Grenzsperre gegen ausländische Flüchtlinge für besondere Notfälle noch vorgesehenen Ausnahmebewilligungen eine Zahl erreicht haben, die mich sehr überrascht hat.»

Er habe bereits mündlich die Weisung erteilt, «keine Ausnahmen mehr zu bewilligen», schrieb Valentin Keel, «in dringenden Notfällen (Lebensgefahr)» entscheide das EJPD, und er sehe sich veranlasst,

«ein ganz genaues Verzeichnis über die im Kanton St. Gallen aufgenommenen jüdischen Flüchtlinge zu verlangen, damit ich dem eingangs erwähnten Departement die gewünschten Aufschlüsse geben kann».

Namentlich für 259 seit Oktober eingereiste Flüchtlinge, welche die Schweizerische Zentralstelle für Flüchtlingshilfe dem EJPD angezeigt hatte, forderte Heinrich Rothmund jetzt vom St. Galler Polizeidepartement, «dass detailliert festgestellt» werde, in welcher Weise «und unter welcher Verantwortung» sie ins Land gekommen seien.

Der Polizeivorstand stellte sich ahnungslos und gab den Auftrag an den Hauptmann weiter.

Der Hauptmann ging zunächst ins Parterre des Zentralpostens und behändigte dort die Fragebogen, die von der Israelitischen Flüchtlingshilfe bei der Ankunft jedes Flüchtlings im Doppel abgeliefert wurden. Diese Fragebogen trug Paul Grüninger zur Flüchtlingshilfe an die Teufenerstrasse zurück. Er bat den Leiter der Flüchtlingshilfe, die Fragebogen zu «bereinigen». Er habe Schwierigkeiten mit Bern, sagte Paul Grüninger zu Sidney Dreifuss.

Es dauerte zwei Wochen, bevor Hauptmann Grüninger auf den Brief von Valentin Keel antwortete. Nicht nur wegen der «Bereinigung» der Fragebogen ging das so lange, sondern noch aus einem anderen Grund: Der Polizeikommandant und sein Landjägerkorps zogen zwischendurch in den Krieg. Sie sollten ganz allein den deutschen Feind im Rheintal abwehren, der eben Anstalten traf, die Schweiz zu überrumpeln, wie es der St. Galler Regierung erschien.

9.

Der «Volksverräter» Eduard Grabher aus Lustenau in Vorarlberg war sechsunddreissig Jahre alt, als er 1940 starb. Er war verheiratet und hatte vier Kinder gezeugt. 1929 verlor er bei einem Motorradunfall das linke Bein, 1932 wurde er arbeitslos. Im Jahr vor seinem Tod durch Erschiessen bekam er eine monatliche Invalidenrente von 52 Reichsmark. Eduard Grabher hat einiges angestellt, um sich durchzubringen. Er hat sein Talent als Stickereizeichner ausserberuflich genutzt.

Nach dem Unfall begann er in Heimarbeit, Pläne für Waffen zu zeichnen: Selbstladegewehre, Maschinengewehre, Panzerabwehrwaffen, Handgranaten und Schnellfeuergeschütze. Das entsprach den Bedürfnissen der Zeit, und er hatte die notwendigen Fachkenntnisse bei den Alpenjägern im österreichischen Bundesheer erworben. Dennoch gelang es ihm nie, jemanden ernsthaft für seine Konstruktionen zu interessieren, trotz intensiver Bemühungen und obwohl er mit diversen Staaten, etwa mit Deutschland und der Schweiz, mit Lettland, Polen und mit der Sowjetunion in Verhandlungen trat. So verlegte sich Grabher bald auf andere Waren. Er machte ein paar Erfahrungen im internationalen Gold-Schieber-Geschäft, ohne grossen Erfolg allerdings, denn er kam an das Gold einfach nicht heran; immerhin gelang es ihm, bei einem Bekannten 5000 Schilling Kredit auf die erwartbaren Gewinne aufzunehmen. Schliesslich wandte sich Eduard Grabher an den deutschen und an den französischen Geheimdienst; zu diesem Zweck schickte er dem militärischen Ortskommando in Lindau sowie der französischen Gesandtschaft in Wien je einen Brief.

Den Deutschen bot Grabher brisante Informationen aus Frankreich und Österreich an, den Franzosen versprach er, Nachrichten über die deutsche Aufrüstung zu beschaffen. Eduard Grabher war jedoch kein richtiger Spion oder Agent, die notwendigen Dokumente stellte er selber her. Die Deutschen lockte er beispielsweise mit Kontakten zu einem erfundenen Franzosen und schickte nachher den echten Franzosen seine Briefwechsel mit den Deutschen zu, worauf er wiederum den Deutschen erstaunliche Korrespondenzen mit einem echten Franzosen zeigen konnte. Grabher stiess auf ein gewisses Interesse, umso mehr als er manche Briefe mit geschickter Hand frisierte und dadurch bedeutender machte. 1931 sprach er bei verschiedenen schweizerischen Waffenfirmen vor und erklärte, er möchte Gewehre für einen «fremden Staat» kaufen. Dies tat er derart vertrauenswürdig, dass ihm der Waffenhändler Widmer an der Rorschacherstrasse in St. Gallen eine Offerte unterbreitete. Auf Grund dieser Offerte sowie ergänzender Unterlagen aus eigener Fabrikation konnte Eduard Grabher dem französischen Geheimdienst beweisen, dass die deutsche Reichswehr im Begriff war, bei Widmer in St. Gallen viertausend Maschinengewehre zu kaufen. Von einem französischen Agenten erhielt er fünfhundert Franken.

Irgendwann glaubten ihm die Franzosen kein Wort mehr, sie waren von Anfang an misstrauisch gewesen. Auch die deutsche «Nachrichtenstelle Lindau-München» reagierte auf seine Anträge immer widerborstiger, Deutschland hatte ihm ohnehin noch nie etwas bezahlt. 1934 fälschte Eduard Grabher für die Sicherheitsdirektion Vorarlberg neun Dokumente, die einwandfrei belegten, dass die Deutschen demnächst in Österreich einmarschieren würden. Er gab sich viel Mühe, entwickelte die Aufmarschpläne in allen Details und verdiente dabei zweimal zwanzig Schilling, bis ihn Dr. Julius Längle, Regierungskommissar und später Polizeireferent bei der Bezirkshauptmannschaft Bregenz, des Betrugs überführte. Man verhaftete ihn. Das Landgericht Feldkirch bestrafte ihn mit fünf Monaten Kerker.

In der Schweiz fiel Eduard Grabher 1931 erstmals auf, als er sich über die Modalitäten des Kokain-Handels erkundigte. 1936 wurde er erstmals straffällig, weil er den Einlieferungsstempel auf einem Einzahlungsschein selber malte. Er konnte damit beweisen, dass er 67 800 Franken an die «Missionare vom kostb. Blute zu Schellenberg-Eschen (Liechtenstein)» einbezahlt hatte und also liquid war.

Ein Bekannter gab ihm prompt ein Darlehen über dreissig Schilling. Das Bezirksgericht Unterrheintal verurteilte Grabher in Abwesenheit zu einem Monat Gefängnis, dreissig Franken Busse und 67 Franken 90 Rappen Gebühren wegen «Fälschens einer Bundesakte».

EDUARD GRABHER beging auch sonst ein paar Delikte. Er war «ein mehrfach vorbestraftes Subjekt», als die Deutschen im März 1938 tatsächlich Österreich besetzten und ihn wegen der Behauptungen von 1934 zuerst in Untersuchungshaft, dann in unbefristete Verwahrung nahmen. Am 29. November 1938 entwich Eduard Grabher aus dem Gefangenenhaus Bregenz und versteckte sich bei seinem Freund Josef Spirig unweit der Schweizer Grenze in Hard. Josef Spirig, Bürger von Widnau, St. Gallen, Kammgarnspinner und Kraftfahrer, war ein Tüftler. Im September 1938 taucht Josef Spirig in den St. Galler Polizeiakten als Erfinder einer rauchlosen, geräuschlosen und mündungsfeuerlosen Schusswaffe auf, die er über die Grenze schmuggeln wollte, um sie vor den Nazis in Sicherheit zu bringen und sie dem Schweizer Industriellen Max Schmidheiny in Heerbrugg zu verkaufen. Im Oktober 1938 hatte Josef Spirig gerade einen neuartigen Brenner für Ölheizungen konstruiert, mit welchem unbehandeltes Rohöl verbrannt werden konnte; er stand deshalb in geschäftlicher Beziehung zu einem Dr. Hofstetter in Widnau, der sich für die Verwertung des Patents bewarb.

Am 13. Januar 1939 überschritt der Stickereizeichner Eduard Grabher die Schweizer Grenze etwa dreihundert Meter unterhalb der Rheinbrücke bei St. Margrethen. Er ging nach Widnau, wo er als Abgesandter des Erfinders Spirig aus Hard von Dr. Hofstetter freundlich empfangen wurde.

DR. HOFSTETTER war Arzt. Er nahm Eduard Grabher mit Erlaubnis des Polizeikommandos St. Gallen als politischen Flüchtling auf. In der Armee war Dr. Hofstetter Oberleutnant. Am 21. Januar 1939 teilte er dem Militärdepartement des Kantons St. Gallen mit, nach Kenntnis seines Gastes Eduard Grabher planten SA- und SS-Einheiten sowie das NS-Kraftfahrkorps NSKK einen Vorstoss über den Rhein in die Schweiz. Auf die Parole «Goebbels / Hitler», ausgestrahlt «mit Kurzwellensender auf Zahl 96/98», würden die Deutschen losschlagen und das Schweizer Grenzgebiet «bis auf eine Tiefe von ca. fünf Kilometern» besetzen.

Aus der Agenda von Hauptmann Grüninger:

«21. Januar 1939, Samstag – 22. Januar 1939, Sonntag
Nachtdienstmeldung betreffend Einmarsch deutscher Truppen in die Schweiz. Grenzalarm für das Polizeikorps gemäss Spezialbefehl.»

Notiz der Schweizerischen Depeschenagentur vom 23. Januar:

«Zu den zahlreichen Gerüchten der verschiedensten Art – die übrigens noch keine Bestätigung gefunden haben – erfahren wir von unterrichteter Seite, dass auf Grund von von der Grenze eintreffenden Nachrichten von den St. Galler Behörden vorsorglicherweise für eine Verstärkung des Grenzschutzes gesorgt wurde, indem ca. hundert Kantonspolizisten aufgeboten wurden.»

Aus der Agenda von Hauptmann Grüninger:

«23. Januar 1939, Montag
St. Margrethen, betreffend Grenzangelegenheiten, neue Meldungen, Unterredung mit Leutnant Künzler und Grenzwachthauptmann Gysi. $\frac{1}{2}$ Tag, W[agen] 3.»

Zwischen Rorschach und Buchs, sagt der einstige Polizeiaspirant Anton Schneider, hätten «die Polizeier» im Januar 1939 alle Rheinbrücken besetzt und auch im Hinterland die Kanalbrücken. Es habe geheissen, zwei deutsche Divisionen seien nach Vorarlberg verlegt worden, «die kämen jetzt herein».

Aus der Agenda von Hauptmann Grüninger:

«24. Januar 1939, Dienstag
Inspizierung der Grenzpolizeiposten Rheineck, St. Margrethen, Bruggerhorn, Au, Au-Oberfahr, Widnau, Diepoldsau mit Leutnant Künzler. W[agen] 3.»

Sechs Männer hätten zum Beispiel ganz allein St. Margrethen verteidigen sollen, sagt der frühere Landjäger Fritz Krucker. Regierungsrat Karl Kobelt, der nachmalige Bundesrat, habe auf den Polizeiposten St. Margrethen telefoniert, es träfen da dauernd solche Meldungen über einen bevorstehenden deutschen Einmarsch ein, ob man in St. Margrethen denn eigentlich schlafe. Das St. Galler Polizeikorps habe insgesamt vierzig Karabiner und vier Maschinengewehre besessen.

Mit den schweren Maschinengewehren, sagt der pensionierte Polizist Hermann Fehr, sei praktisch das ganze Polizeikorps an der Grenze gestanden. Der Einsatz sei aber weniger vom Hauptmann selber als von dessen Stellvertreter, Leutnant Paul Künzler, kommandiert worden, im Organisieren sei Künzler «eine Kanone» gewesen.

WÄHREND DIE St. Galler Landjäger am Rhein die Deutschen abwehrten, welche einfach nicht kommen wollten, während Hauptmann Grüninger und Leutnant Künzler mit dem Dienstwagen Nr. 3 durchs Rheintal patrouillierten, während die Polizeistationen weitherum verwaisten, wurde Eduard Grabher in St. Gallen von einem ausserordentlichen militärischen Untersuchungsrichter und mehreren Regierungsräten einvernommen. Das Eidgenössische Militärdepartement hatte sich nämlich geweigert, Grabhers Mitteilungen an Dr. Hofstetter ernst zu nehmen, die St. Galler Behörden blieben auf sich gestellt.

Im Verhör bestätigte Eduard Grabher seine Angaben und konkretisierte sie unter anderem durch den Hinweis, es sei von deutscher Seite der Befehl ergangen, «prominente Persönlichkeiten antinazistischer Einstellung und Offiziere» im Kanton St. Gallen «zu verhaften bezw. unschädlich zu machen». Widerstände seien mit Waffengewalt zu überwinden. Neben Grabher wurde ausserdem ein österreichischer Zeuge befragt, der Sekretär der «Vaterländischen Front» Vorarlbergs, Dr. Erwin Müller, der als politischer Emigrant in St. Gallen lebte. Müller war zwei Monate lang ein Zellengenosse von Grabher in Bregenz gewesen, er sagte nun aus, Grabhers Privatleben sei «nach der moralischen Seite» nicht ganz in Ordnung, «eine Links-Orientierung» sei auch nicht auszuschliessen. Bestimmt jedoch sei Grabher «absolut Nazigegner und keineswegs ein Agent-provocateur».

Nachdem ihm Dr. Hofstetter in Widnau für die Beschaffung von aussagekräftigen Dokumenten zweihundert Franken gegeben hatte, die er in benachbarten Restaurants verzechte, förderte Eduard Grabher weitere schockierende Fakten an den Tag: Er brachte etwa einen SA-Befehl zur «Ausspähung der Schw. Ostlinie von der Grenze bis 30 km Tiefe in schw. Gebiet» bei, er berichtete von diversen Truppenkonzentrationen, von der Ankunft schwerer Bomber und der Einlagerung von Senfgasbomben in Friedrichshafen oder von der heimlichen Vermessung der Schweizer Strassen durch verkleidete SS-Männer.

AM 26. JANUAR brach die St. Galler Polizei die Grenzbesetzung ab. Grabher wusste zwar noch im Februar und März zusätzliche Neuigkeiten, aber seine Situation wurde inzwischen etwas ungemütlich. Die Deutschen kamen ja immer noch nicht.

Am 6. Februar 1939 trat Eduard Grabher über einen Verwandten mit der Gestapo in Bregenz in Verbindung und liess dort ausrichten, er könne geheime Unterlagen über die Ursachen des St. Galler Polizeiaufgebots beschaffen. Am 25. Februar überliess er der Gestapo einen Teil der Informationen, die er vorher dem Kanton St. Gallen geliefert hatte, angeblich als Abschrift eines in der Schweiz aufgestöberten Berichts aus unbekannter deutscher Quelle. Die Mitteilungen ergänzte er durch ein Dokument, das eine «anti-nationale» Verschwörung in Österreich enthüllte, ohne Namen zu nennen, und für den 20. März einen Aufstand vorsah.

Am 22. März warf Dr. Hofstetter den sonderbaren Flüchtling aus dem Haus, am 24. März wurde Grabher verhaftet und musste zunächst die noch offene Gefängnisstrafe von 1936 abhocken.

Am 25. April gestand Eduard Grabher einem Inspektor der Bundespolizei, er habe alle seine Informationen frei erfunden, um den Schweizer Behörden zu imponieren. Er habe befürchtet, sonst werde er nach Vorarlberg zurückgeschoben und dort wieder von der Gestapo eingesperrt:

«Ich habe diese Angaben aus Angst vor der mir drohenden neuerlichen Einsperrung gemacht. Es war mir nicht im Geringsten daran gelegen, aus schlechten Motiven die schweizerischen Behörden mit meinen Plaudereien hereinzulegen. Ich stand eben noch unter dem Einflusse der Haft bei der Gestapo in Bregenz.»

Er habe Dr. Hofstetter «an der Nase herumgeführt», gab Eduard Grabher zu, «damit dieser mir das Asylrecht gewährt und ich von den hiesigen Behörden geduldet werden würde». Ein Rückzieher sei dann leider unmöglich geworden, sonst wäre ja «der ganze Schwindel aufgeflogen». Dass er nun nicht länger als Flüchtling in der Schweiz bleiben könne, sei ihm «ohne weiteres klar». Er bat darum, schwarz ausreisen zu dürfen.

Am 5. Mai beschloss der Schweizerische Bundesrat auf Antrag der Bundesanwaltschaft, Eduard Grabher auszuweisen, am gleichen Tag verbreitete die Bundeskanzlei eine Pressemitteilung, welche den Sachverhalt beschrieb und dabei den vollen Namen des Emigranten nannte. Das Bezirksgericht Unterrheintal verurteilte ihn am 5. Juni wegen fortgesetzten Betruges zu zehn Wochen Gefängnis.

Am 31. Juli 1939 überstellte ihn die Bundespolizei an die Gestapo in Bregenz.

EIN JAHR SPÄTER, am 8. August 1940, stand Eduard Grabher vor dem Volksgerichtshof in Berlin und erhielt eine lebenslängliche Zuchthausstrafe für seine Vergehen in der Schweiz. Das Gericht bedauerte, dass es aus juristischen Gründen nicht die Todesstrafe verhängen könne. Die Ermittlungen des deutschen Staatsanwaltes waren offensichtlich durch die Pressemitteilung der schweizerischen Bundeskanzlei ausgelöst worden, und erstaunlich gut kannte der deutsche Volksgerichtshof die Schweizer Akten.

Erschossen haben sie Eduard Grabher am 13. August 1940 «wegen Widerstandes».

BRIEFWECHSEL IN den Dossiers der Schweizerischen Bundesanwaltschaft, die auch Zeitungsberichte über Grabhers Erschiessung aufbewahrt. – Am 19. Juli 1948 trifft ein Schreiben aus Bregenz ein:

«An die Bundesregierung!
Mit einer grossen Bitte komme ich zu Ihnen. Ich bin die Frau des Eduard Grabher aus Lustenau, welcher im Jahre 1939–1940 aus der Schweiz ausgewiesen sein soll. Heute nach bald zehn Jahren kann ich endlich erfahren, warum mein Mann von den Hitlern hingerichtet wurde.
Laut Angaben des deutschen Volksgerichtshofes soll mein Mann als Schwindler aus der Schweiz ausgewiesen worden sein. Dann stand er vor den Schranken dieses noblen Gerichtshofes und wurde als Volksverräter und gemeiner Verbrecher erschossen. Muss ich diesen Beschuldigungen dieser brutalen Menschen, von denen nur Not und höchstes Elend über Millionen Menschen kam, die rücksichtslos tausenden Familienvätern das Leben genommen, die selbst die grössten

Verbrecher waren, Glauben schenken? Nein, nach all dem
Schweren, das von diesen Unmenschen über uns gekommen,
kann ich es nicht.

Darum komme ich in meiner grossen Bedrängnis zu Ihnen
und ersuche Sie höflichst um Aufklärung. Bitte sagen Sie
mir, was hat mein Mann getan in der Schweiz, dass man ihn
des Landes verweisen musste?

Nicht um mich geht es, aber um meine vier unmündigen Kinder, denen man den Vater genommen, welche nichts als Ent-
behrungen schlimmster Art erleiden mussten. Den bittersten
Kelch, den man einer Mutter reichen kann, hab ich bis zur
Neige leeren müssen. Für meine Kinder lebe ich, für sie arbeite
und arbeite ich, um den kargen Lebensunterhalt bestreiten zu
können. Ich bin krank im Herzen, da nagt und frisst die Ungewissheit. Und körperlich bin ich soweit herunter gekommen, dass man für mich keine Verwendung mehr hat. Ich war
fünfeinhalb Jahre bei der Bundesbahn als Schrankenwärterin
und nun ergibt sich nach bahnärztlicher Untersuchung, dass
ich die A-Tauglichkeit nicht mehr besitze. Nun stehe ich wieder dort, wo ich anfangen musste, und das ist schwer. Was anfangen? Seelisch und körperlich zu Grunde gerichtet?

Es handelt sich nun darum, ob ich mich an die Opferfürsor-
ge wenden darf. Ich möchte nicht um etwas bitten, was mir
vielleicht nicht zusteht, dann lieber weiter kämpfen, solange
noch ein Funken Kraft in mir ist.

Darum möchte ich Sie höflichst bitten, mir zu sagen, was
mein Mann getan hat.

Ich habe der Stimme meines Herzens gefolgt, und ich glaube fest daran, dass Sie mich den richtigen Weg geführt, wenn
ich Ihre Hilfe erbitte. Bitte lassen Sie mich nicht umsonst
warten und denken Sie daran, dass eine schwergeprüfte Mutter um Ihre Hilfe bittet.

Hochachtend

Grabher Ida, Bregenz»

Die Antwort aus Bern ist datiert vom 4. August 1948, eine Anrede
fehlt:

«Wir bestätigen den Empfang Ihres Schreibens vom 16. Juli
1948, womit Sie uns um Auskunft über die Gründe der Ausweisung Ihres verstorbenen Ehemannes aus der Schweiz ersuchen.
Wir gestatten uns, Ihnen mitzuteilen, dass es uns nicht möglich ist, ohne Kenntnis der weiteren Personalien Ihres Ehe-
gatten Ihre Anfrage zu beantworten. Wir bitten Sie deshalb,
uns seine genauen Personalien (Name, Vornamen, Geburts-
datum, Geburts- und Heimatort) bekanntzugeben.
Mit vorzüglicher Hochachtung
Der Chef der Polizeiabteilung i. A. sig. Bühler»

Aus Bregenz, am 14. August 1948:

«An den Chef der Polizeiabteilung!
Ihrem werten Schreiben darf ich entnehmen, dass Sie meine
Bitte um Auskunft, warum mein Mann aus der Schweiz ausgewiesen wurde, nicht abschlagen. Dafür danke ich Ihnen
herzlichst.
Es ist mir nicht recht, dass ich die Personalien meines verstorbenen Mannes nicht angegeben habe. Bitte möchten Sie
entschuldigen: Grabher, Eduard, geb. am 21. 4. 1904 in Lustenau, Heimatort = Lustenau.
Hochachtend
Grabher Ida»

Bern, den 31. August 1948:

«Werte Frau Grabher,
Die Polizeiabteilung hat Ihre Anfrage vom 16. Juli 49 zu-
ständigkeitshalber an unsere Amtsstelle weitergeleitet.

Wir bedauern aufrichtig, auf die Angelegenheit Ihres verstorbenen Ehemannes nicht mehr zurückkommen zu können.
Mit aller Hochachtung
Schweiz. Bundesanwaltschaft
Polizeidienst – Der Chef»

Bregenz, 10. Oktober 1948:

«An die Schweizerische Bundesanwaltschaft!
In Ihrem Schreiben vom 31. August 1948 teilen Sie mir mit, dass Sie auf die Angelegenheit meines verstorbenen Mannes nicht mehr zurück kommen können.
Wegen der besonderen Wichtigkeit dieser Angelegenheit, von welcher Sie Kenntnis haben, muss ich eine Frage an Sie stellen und möchte Sie höflichst ersuchen, mir selbe zu beantworten: Sollte von Bhdl. Stelle, d. h. vom Kriegsopfer-fürsorgeamt, Erkundigung eingezogen werden, ob die An-klage der Nazi, dass mein Mann aus der Schweiz ausgewie-sen, der Wahrheit entspreche, wird diese Stelle dieselbe Antwort bekommen wie ich?
Ich möchte Sie nochmals höflichst ersuchen, mir über diese Angelegenheit Klarheit zu geben. Ich sehe lieber der auch noch so traurigen Tatsache ins Auge, als in Ungewissheit zu leben.
mit Hochachtung
Grabher Ida, Bregenz»

Auf den Rand des letzten Briefes hat jemand von der Bundes-anwaltschaft mit Bleistift geschrieben:

«Wird ausnahmsweise nicht beantwortet; ich weiss wirklich nicht, was Frau G. noch zu sagen wäre. 16. 11. 48».

Die Unterschrift ist unleserlich.

10.

ANFANG 1939 drohte Adolf Hitler vor dem Deutschen Reichstag mit der Ausrottung der europäischen Juden im Kriegsfall, und die Ankündigung wurde als Kunstdruckblatt in der Reihe «Wochensprüche der NSDAP» veröffentlicht. Anfang 1939 beklagte SS-Hauptsturmführer Adolf Eichmann in Wien, die jüdische Emigration aus dem ehemaligen Österreich sei von rund 600 auf 237 Personen pro Tag zurückgegangen, und Eichmann empfahl seinen Berliner Vorgesetzten, zur Strafe keine jüdischen KZ-Häftlinge mehr freizulassen, bis die früheren Auswanderungszahlen wieder erreicht seien. Das Intergouvernementale Flüchtlingsbüro in London meldete, der Diktator der karibischen Republik San Domingo habe sich bereit erklärt, 100 000 europäische Juden als Kolonisten aufzunehmen, aber dieses Projekt sollte später fast vollständig scheitern. Ungefähr 250 000 Menschen waren zu Beginn des Jahres 1939 aus dem Machtbereich der Nationalsozialisten entkommen, und der einzige Ort auf der Welt, der keine Einreisebeschränkungen für sie kannte, war vermutlich die chinesische Hafenstadt Schanghai.

In der Schweiz hielten sich zehn- bis zwölftausend Flüchtlinge auf.

Anfang 1939 machte der ausgewanderte Basler Zionist und Industriellensohn Reuben Hecht dem Eidgenössischen Justiz- und Polizeidepartement den verlockenden Vorschlag, alle in der Schweiz lebenden jüdischen Flüchtlinge illegal nach Palästina zu schaffen, doch das Unternehmen hätte wohl zu einem ernsthaften Konflikt mit der britischen Kolonialmacht geführt, und die Verhandlungen darüber zerschlugen sich schnell. Die Zürcher Kantonspolizei hob am 19. Januar ein geheimes Emigrationsbüro aus, das solche Palästina-Transporte für 800 Franken pro Person organisierte, und es zeigte sich, dass verschiedene kantonale Behörden von den Aktivitäten des Büros längst gewusst hatten, unter anderem das Polizeikommando St. Gallen. Anfang 1939 entzog das EJPD dem Schweizer Konsulat in Mailand die Kompetenz, weiterhin Einreisebewilligungen zu erteilen, denn Konsul Karl de Bavier und seine Angestellten hatten mehr als 1600 österreichische Vertriebene mit schweizerischen Visa ausgestattet; sie hatten auch nicht damit aufgehört, als Bern protestierte.

Der Bundesrat verschärfte am 20. Januar 1939 die Bedingungen für asylsuchende Jüdinnen und Juden ein weiteres Mal, er dehnte die Visumspflicht vorsorglich auf Emigranten jeder denkbaren Staatsangehörigkeit aus. Die zuständigen Instanzen wurden erneut aufgefordert, illegal eintreffende Flüchtlinge sofort in ihre Herkunftsländer zurückzuschicken, um die Schweiz vor Überfremdung und allfälligen Kosten zu schützen.

Am 26. Januar 1939 legte Polizeihauptmann Paul Grüninger in St. Gallen seinem Polizeivorstand Valentin Keel die Flüchtlingszahlen der letzten fünf Monate vor. Diese Zahlen, schrieb Grüninger an Keel, seien von der Israelitischen Flüchtlingshilfe «bereinigt» worden. Folglich lebten 858 jüdische Emigrantinnen und Emigranten in St. Gallen; 262 waren erst nach der Grenzsperre im August 1938 eingetroffen. Ihre Aufnahme rechtfertigte der Hauptmann mit dem «prinzipiellen Einverständnis» des Regierungsrates.

Grüninger schrieb ausserdem:

«In erster Linie sind wir aus rein menschlichen Erwägungen auf diesem Gebiete entgegenkommend gewesen. Wir konnten es namentlich über den Zustrom vom 10. November (...) nicht übers Herz bringen, Leute, die auf schändlichste Art und Weise in Deutschland misshandelt wurden und denen es nach grossen Strapazen gelungen war, in die Schweiz einzureisen, kurzerhand wieder zu überstellen und vielleicht dem Tode auszuliefern. Dabei liessen wir uns auch von der Auffassung des Grossteils des Schweizervolkes, der Presse und der politischen Parteien leiten.»

Er verwies auf die «herzzerbrechenden Szenen» bei versuchten Abschiebungen. Er berichtete, dass «unsere Polizeiorgane und teils auch die Zollorgane» erklärt hätten, den Dienst angesichts solcher Verhältnisse nicht mehr ausüben zu wollen. Ferner habe man erfahren, dass «auch im Kanton Basel einige hundert Emigranten nach dem Monat August noch Aufnahme fanden», und schliesslich habe man sich ja gemeinsam mit der jüdischen Flüchtlingshilfe um Weiterreisen bemüht. Sicher könnten «mehrere hundert» die Schweiz bald in Richtung Palästina verlassen, beteuerte der Hauptmann, «weshalb wir keine Bedenken hatten (...), die Bewilligung zum hierseitigen Abwarten zu erteilen»: Es werde «keiner dieser Emigranten der Schweiz je und je zur Last fallen.» – Und:

> «Nachdem nun Ihrerseits auf Veranlassung der Polizeiabteilung des eidg. Justiz- und Polizeidepartements die strikte Einhaltung des Einreiseverbots verfügt wurde, haben wir demselben selbstverständlich auch volle Nachachtung verschafft und sind in diesem Jahre alle illegal Eingereisten wieder ausgeschafft worden.»

Doch die Zahlen, die er vorlegte, waren nicht bloss «bereinigt», sie waren manipuliert. Grüninger vertrat später die Auffassung, er habe sie auch im Interesse des Regierungsrates fälschen lassen.

ANFANG 1939 herrschte bei der Fremdenpolizei des Kantons St. Gallen eine gewisse Unordnung. Die gesamte Verwaltungsarbeit für die Emigranten wurde von der privaten Fürsorge erledigt. Der eigentliche Vorstand der Fremdenpolizei hiess Julius Richter; er befand sich kurz vor der Pensionierung und hatte mit den Flüchtlingen nach eigenem Bekunden «gar nichts zu tun». Alle Entscheide traf der Hauptmann über seinen Kopf hinweg. Die Dossiers der Polizei bestanden oft nur aus einem Fragebogen der Israelitischen Flüchtlingshilfe, der neben den Personalien nicht viel enthielt. Auf Drängen des Hauptmanns hatte die Flüchtlingshilfe einen Teil dieser

Fragebogen Mitte Januar zurückgenommen, neu abgetippt und andere Einreisedaten eingesetzt. Es war relativ leicht, den Regierungsrat hinters Licht zu führen – jedenfalls wenn man davon ausging, dass der Regierungsrat die Wahrheit ohnehin nicht so genau wissen wollte und dass er die Haltung des Polizeikommandanten grundsätzlich deckte.

Am 28. Januar schrieb Valentin Keel an Heinrich Rothmund ins EJPD:

> «Nach der am 7. Januar 1939 mit Ihnen (...) gehabten Unterredung, die Sie dem Unterzeichneten mit Schreiben gleichen Datums noch bestätigten, haben wir die Beschwerde der Oberzolldirektion geprüft und dabei festgestellt, dass Organe der Kantonspolizei illegal eingereiste Emigranten bei besonders gearteten Fällen, wo ihr Leben und ihre Gesundheit bei einer Rückreise bedroht gewesen wäre, nicht mehr zurücktransportierten. Es war dies eine Missachtung der vorliegenden Weisungen, deren genaue Einhaltung für einen Menschen mit Herz nicht gar so leicht durchführbar ist, wie man sich fern von der Grenze vorstellt.
>
> Wir haben dann auch Ihrem Wunsche gemäss die strikte Weisung erteilt, dass gar keine Übertritte mehr erfolgen dürfen, und alle Überläufer sind seither rücksichtslos zurückgewiesen worden. Nach unserer Rücksprache mit den Beamten der Zollverwaltung haben wir jetzt eine vollständige Übereinstimmung in der Handhabung der Grenzwacht zwischen Zoll und Polizei zu konstatieren. Laut den uns vorliegenden genau nachkontrollierten Listen der im Kanton St. Gallen sich befindlichen Emigranten, soweit sie nicht fremdenpolizeilich erfasst sind, zählen wir zurzeit 859 Personen. (...)»

Valentin Keel gab bereits einen Emigranten mehr an, als ihm zwei Tage vorher gemeldet worden waren. Trotz aller Versicherungen, der Abschiebungsbefehl werde jetzt ausnahmslos befolgt, liess sein Departement immer noch Leute herein.

Am 11. Februar 1939 antwortete Heinrich Rothmund mit einem fünfseitigen Brief. Am Morgen dieses Tages hatte Grüninger in Bern angerufen, offenbar um sich für einen Flüchtling zu verwenden, und der Chef der eidgenössischen Polizeiabteilung erwartete von Keel nun Konsequenzen:

> «Sie hatten mir anlässlich unserer Besprechung vom 6. Januar erklärt, Sie würden dafür besorgt sein, dass dem Polizeikommando die fremdenpolizeiliche Emigrantenkontrolle weggenommen würde. (...) Nachdem der Unterzeichnete vor dem Rückzug der Grenzbewachungstruppen von Diepoldsau mit Herrn Polizeihauptmann Grüninger eingehend die Möglichkeit der Bewachung der Grenze (...) besprochen und ihm die strikte Durchführung der bundesrätlichen Weisungen noch ausdrücklich persönlich auseinandergesetzt hatte, muss es umsomehr auffallen, dass dieser Beamte auf eigene Faust illegale Einreisen provoziert oder sanktioniert hat.»

Heinrich Rothmund zählte einige Fälle auf, in denen die Vorschriften des Bundes durch Grüninger verletzt worden waren. Aufgrund von Flüchtlingsverhören wusste das EJPD inzwischen auch, dass der Hauptmann Einreisebewilligungen direkt nach Dachau schickte. Zu den von Keel gemeldeten 859 Flüchtlingen bemerkte der Chef der eidgenössischen Polizeiabteilung:

> «Es sind also von Ende Oktober 1938 bis Ende Januar (...) 313 Emigranten zu denjenigen hinzugekommen, die damals unter der Obhut der Israelitischen Flüchtlingshilfe standen.»

Rothmund kannte die Zahlen Grüningers für die einzelnen Monate nicht, sonst wäre ihm der Betrug jetzt schon aufgefallen. Rothmund hatte andere Quellen – und setzte Druck auf:

«Wir hatten Sie ersucht, detailliert feststellen zu lassen, auf welchem Wege und unter welcher Verantwortung diese Emigranten nach St. Gallen gekommen seien und dort geduldet werden. Sie sind uns die Antwort schuldig geblieben. Wir bitten Sie, diese Untersuchung durchführen zu lassen und uns Mitteilung zu machen gemäss unserer Anfrage.»

Als wäre es nicht seine eigene Idee gewesen, die ganze Finanzierung des Flüchtlingswesens den jüdischen Organisationen zu übertragen, argumentierte der Chef der Polizeiabteilung mit den Sorgen des Israelitischen Gemeindebundes:

«Wenn Sie sich überlegen, dass die schweizerische Judenschaft heute für den Unterhalt der mittellosen Emigranten, deren Zahl auf über 3000 angewachsen ist, bis zu 350 000 Franken im Monat aufbringen muss, so dürfte auch Ihnen klar sein, dass diese Zahl nicht vergrössert werden darf. Sollte der Kanton St. Gallen öffentliche Mittel zur Verfügung stellen können, so dürfte es angezeigt sein, diese der schweizerischen israelitischen Fürsorge für den Unterhalt der von Ihren Amtsstellen seit der Verfügung der Grenzsperre, das heisst seit dem 18. August, zugelassenen mittellosen Emigranten zu überweisen. Wir machen Sie jetzt schon darauf aufmerksam, dass der Bund nicht in der Lage ist, Kredite dafür zu gewähren. Die schweizerische Judenschaft kann aber auch nicht über ihre Mittel hinaus in Anspruch genommen werden. – Es wird Ihnen nicht entgangen sein, dass die öffentliche Meinung anfängt, sich zu beunruhigen über die lange Anwesenheit einer so grossen Zahl von Emigranten, unter denen sich viele befinden, die dem Bürger fremd erscheinen und seine Abneigung hervorrufen. Antisemitische Strömungen machen sich auch bei uns bemerkbar. (...)»

Nach Erhalt dieses Briefes beauftragte der St. Galler Polizeivorstand seinen Departementssekretär Dr. Gustav Studer, die von Rothmund gewünschte Untersuchung anzustellen. Wenige Tage später entzog Valentin Keel dem Hauptmann die Zuständigkeit für die Flüchtlinge insgesamt und übergab sie ebenfalls Studer.

KURT HUTSCHNEKER lebt heute in Zürich, 1939 war er dreizehn Jahre alt und einer der letzten Emigranten. Nicht Paul Grüninger hat Kurt Hutschneker geholfen, sondern Valentin Keel. Anfang Februar 1939, eines Morgens um fünf Uhr, traf Hutschneker mit seinen Eltern in Kreuzlingen ein. Sie waren von deutschen Schleppern herübergebracht worden; die Schlepper hatten ein Loch in den Grenzzaun zwischen Konstanz und Kreuzlingen geschnitten und zuvor Eisenbahnbillette nach Zürich besorgt. Das Entgelt, das die Schlepper verlangten, sei «mässig» gewesen, sagt Hutschneker heute, «einige hundert Franken vielleicht», es habe sich um «sehr anständige» Schlepper gehandelt. Anständig war auch der Bahnbeamte, welcher die Familie nicht verriet, die mit österreichischem Akzent und deutschen Fahrkarten am Kreuzlinger Bahnhof auf den Frühzug wartete. In Zürich gingen die Hutschnekers zur Israelitischen Flüchtlingshilfe; dort erfuhren sie, dass im Kanton Zürich niemand mehr bleiben dürfe. Wenn es überhaupt noch eine kleine Hoffnung für sie gebe, dann in St. Gallen, sagte man ihnen. Sie nahmen den Zug nach St. Gallen, wandten sich wieder an die Flüchtlingshilfe, die ein Gespräch mit dem Regierungsrat vermittelte.

Valentin Keel, erinnert sich Hutschneker, habe zunächst ein paar Fragen gestellt, jedoch schnell abgewinkt, als sie ihm eine beschönigte Geschichte erzählten. Sie hofften auf ein brasilianisches Visum, das in vierzehn Tagen vorliegen sollte, hätten sie gesagt. Valentin Keel habe grinsend gemeint: «Je nun, zwei Wochen dürfen Sie dableiben!»

Er sei also nur wegen Keel noch am Leben, sagt Hutschneker, und nur weil Keels Departementssekretär Studer gerade in den Ferien weilte. Dr. Gustav Studer sei nämlich «der eigentliche Chef» im Polizeidepartement gewesen. Als eine treue St. Galler Kopie des berüchtigten Rothmund sieht Hutschneker diesen Studer, während Keel «noch zu retten versuchte, was zu retten war». Paul Grüninger habe schon nichts mehr zu bestimmen gehabt.

Emil Agid war seit dem 6. August 1938 in der Schweiz. Mit Valentin Keels Hilfe holte er Ende Januar 1939 seine zwei Schwestern und seine Mutter herein. Keel stellte ihm eine schriftliche Bewilligung für die Grenzpolizei aus, die Agid nach Wien schickte und später dem Regierungsrat wieder zurückgab. Emil Agid ist heute der Ansicht, Valentin Keel habe Grüninger eigentlich nicht absetzen wollen. Sein Departementssekretär Dr. Studer hingegen sei «grausam» gewesen; grausamer könne man gar nicht sein. Als Dr. Studer mit der Untersuchung im Fall Grüninger begann, verhörte er Emil Agid über die Einreise seiner Verwandten. Als Agid die Auskunft verweigerte, drohte ihm Studer mit der Ausschaffung.

Aber Agid sagte nichts.

DER SCHWEIZERISCHE Vaterländische Verband entstand im Gefolge des Generalstreiks von 1918 als Vereinigung von Bürgerwehren, welche die Schweiz gegen den Sozialismus verteidigen wollten. Zwanzig Jahre nach seiner Gründung verteidigte der Schweizerische Vaterländische Verband (SVV) die Schweiz auch gegen Emigranten.

Er war paramilitärisch organisiert, die St. Galler Sektion des SVV hätte sich bei einer Revolution oder einem neuen Generalstreik «mit vollständiger militärischer Ausrüstung» und «Proviant für 1 Tag» auf dem Parkplatz zwischen Regierungsgebäude und Polizeikommando zum Kampf versammelt, «Schiessfertige» hätten das Gewehr mitgebracht, dazu waren die Mitglieder verpflichtet. Solange dieser Ernstfall aber nicht eintraf, betätigte sich der SVV auch in St. Gallen nur als eine von mehreren rechtsextremen Gruppen. Er inszenierte gelegentlich Kampagnen oder intrigierte im

Hintergrund. Einer der bevorzugten lokalen Feinde des SVV war seit 1918 der ehemalige «Volksstimme»-Redaktor Valentin Keel.

Woher der St. Galler Obmann des Verbandes, Rechtsanwalt und Oberstleutnant Dr. Leo Eberle, im Januar 1939 die Kenntnisse bezog, mit denen er Keel beinahe aus der Regierung kippte, wurde nie abgeklärt. Offensichtlich hatte er Einblick in die Akten des Bezirksamtes Werdenberg, das seit Dezember die beiden Landjäger Christian Dutler und Karl Zweifel in Haft hielt und gegen Paul Grüninger und Valentin Keel als «Eventualangeschuldigte» ermittelte, obwohl ein Regierungsrat im Kanton St. Gallen ohne Mehrheitsbeschluss des Grossen Rates gesetzlich gar nicht «Angeschuldigter» sein konnte. Am 18. Januar verfasste Leo Eberle eine Eingabe an den Chef des kantonalen Justizdepartementes, Regierungsrat Emil Grünenfelder. Der Sozialdemokrat Keel war in jenem Jahr Landammann, also Regierungspräsident, der katholisch-konservative Grünenfelder war sein Stellvertreter.

Aus dem Brief von Leo Eberle:

«Nach Informationen, die wir soeben aus einer uns als zuverlässig bekannten Quelle erhalten, bestehen erhebliche Verdachtsmomente dafür,

1. dass die beiden Angehörigen des Kantonalen Landjägerkorps, gegen welche die Ihnen bekannte Strafuntersuchung beim Bezirksamt Werdenberg läuft, in Verbindung gestanden haben mit dem Zentralsekretär der sozialdemokratischen Partei der Schweiz, Herrn Dr. W. Stocker, Zürich;

2. dass unter anderm dieser Zentralsekretär der SPS den beiden St. Gallischen Landjägern Pässe sozialistischer Emigranten übermittelt hat zum Zweck der Abänderung von Eintragungen, wobei er im Begleitschreiben bemerkte, dass 'mit Eurem Chef' die Sache besprochen und abgemacht ist;

3. dass vertrauliche Mitteilungen (z. B. Rundschreiben) betreffend Emigrantenwesen usw., welche das Kant. Polizeidepartement an die Grenz-Polizeipostenchefs erliess, jeweils

in einem Exemplar auch dem Zentralsekretär der SPS zur Orientierung zugestellt wurden.

Nach unseren bisherigen Erfahrungen mit unserer Informationsquelle haben wir keinerlei Grund, an deren Zuverlässigkeit zu zweifeln. Soferne diese neuesten Informationen den Tatsachen entsprechen, so würde offenbar ein Vergehen eines höheren oder gar des höchsten Funktionärs des st. gallischen Polizeiwesens vorliegen, das sofortige Abklärung dringend notwendig macht.»

Man verzichte vorläufig darauf, diese Dinge «in die Öffentlichkeit zu tragen», teilte Eberle mit, unter der Bedingung allerdings, dass der Sachverhalt sofort vom Gesamtregierungsrat überprüft und mit den «notwendigen Konsequenzen» verfolgt werde.

Im Kanton St. Gallen standen Regierungsratswahlen bevor, die Parteien hatten beschlossen, einander nicht zu bekämpfen, die SP sollte ihren einzigen Sitz behalten, die Konservativen und Freisinnigen ihre je drei Sitze ebenfalls. Vize-Landammann Emil Grünenfelder schickte den Brief an die Staatsanwaltschaft weiter, doch er verschwieg ihn vor Valentin Keel. Erst Ende Februar, eine Woche vor dem Wahltermin, befasste sich der Regierungsrat damit.

Von allen, die ihn kannten, wird Dr. Studer als penibel beschrieben, als genau, distanziert und streng. Fast alle Flüchtlinge fürchteten ihn; die Landjäger machten sich lustig über Studer, den sie hintenherum «Dr. Chraienbühl» nannten. Wie gut Dr. Studer mit Hauptmann Grüninger auskam, bevor er die Fremdenpolizei von ihm übernahm, ist umstritten. Einzelne Polizisten glauben, es habe schon früher Spannungen gegeben, andere konnten das nicht feststellen. Gustav Studer blieb von 1930 bis zur Pensionierung in den sechziger Jahren Departementssekretär, er starb 1981. Öffentlich geäussert hat er sich zum Fall Grüninger nie.

«Eine kolossale Ungerechtigkeit» sei es gewesen, sagt die Witwe von Dr. Studer heute, was man dem Grüninger damals angetan habe. Ihr Mann, sagt sie, habe sich ungern mit der Sache beschäftigt, lediglich die Amtspflichten habe Studer erfüllt. Valentin Keel sei bei seinen Entscheiden «halt beeinflusst worden» von mancher Seite. Irgendwelche Konflikte mit dem Hauptmann habe es vorher nicht gegeben.

Doch die Fremdenpolizei war schon die zweite Abteilung, deren Kommando Paul Grüninger abtreten musste. Im November 1938 hatte er die Zuständigkeit für die politische Polizei verloren – mangels Vertrauen, wie Valentin Keel später behaupten wird. Es fand damals sogar ein erstes Disziplinarverfahren statt. Man ermittelte gegen Grüninger und gegen einen seiner Unteroffiziere, weil dieser der deutschen Gestapo kriminalistische Nachforschungen in Rorschach erlaubt hatte: mit Wissen des Hauptmanns und des zuständigen Bezirksamtes.

Solche grenzüberschreitende Amtshilfe war in dringenden Fällen offenbar üblich; 1934 wurde Hauptmann Grüninger einmal offiziell belobigt, weil er zusammen mit der Vorarlberger Sicherheitsdirektion einen nationalsozialistischen Sprengstoffschmuggel aufklärte. Zu den deutschen Polizeistellen in Friedrichshafen und Lindau existierten ebenfalls alte kollegiale Beziehungen, und Wachtmeister Martin Spirig vom politischen Dienst der Kantonspolizei berichtet in seinen Memoiren zum Beispiel, dass er 1937 auf Einladung der Lindauer Gestapo gemeinsam mit Hauptmann Grüninger sogar einem Empfang Adolf Hitlers im bayerischen Sonthofen beigewohnt habe. Dieser Anlass, an dem sie aus reiner Neugierde teilgenommen hätten, sei dann in frostiger Atmosphäre zu Ende gegangen, schreibt Martin Spirig, weil er als routinierter Polizist auf der Tribüne scherzhaft gefragt habe, was nun passiere, wenn er Hitler erschiesse; die Deutschen hätten den freundlich gemeinten Hinweis auf einen eklatanten Mangel ihres Sicherheitssystems schlecht verdankt, sie hätten ihn umgehend nach Waffen durchsucht und ihn keinen Augenblick mehr ohne Aufsicht gelassen. Ihre Stimmung sei verdorben gewesen.

Im Herbst 1938 gab die Gestapo beim Rorschacher Polizeiposten vor, sie fahnde nach einem Dieb, tatsächlich fahndete sie nach einem Saboteur, und das Rechtshilfeersuchen hätte abgelehnt werden müssen. Der administrative Untersuchungsbericht, den ein Kantonsrichter über Grüningers Vorgehen nachher verfasste, attestierte dem Hauptmann eine «zu grosse Vertrauensseligkeit» – für eine «Infektion der vaterländischen Gesinnung» oder für eine politische Nähe zu Deutschland gebe es jedoch überhaupt keine Anzeichen.

Die Einrichtung eines von Grüninger unabhängigen «politischen Kommissariats» im Kanton St. Gallen ist offiziell weder mit diesem noch mit einem andern konkreten Vorfall begründet worden. Vielleicht nahm Grüninger die politischen Aufgaben der Polizei einfach nicht ernst genug. Wachtmeister Spirig jedenfalls beklagt in seinen Memoiren, der Hauptmann habe ihm nicht einmal eine verschliessbare Registratur für die Karteien und Fichen bewilligt. Paul Grüninger, der Fussball- und Sportfan, soll dem gehbehinderten Spirig auch vorgehalten haben, seine Arbeit sei das Gehalt nicht wert. – Der alte St. Galler Kommunist Albert S. sagt über Grüningers Verständnis von politischer Polizeitätigkeit: «Für uns Kommunisten war er ein guter Kommandant. Für die Bürgerlichen natürlich nicht.» Albert S. wurde im Sommer 1938 wegen antifaschistischer Umtriebe in Haft gesetzt, doch er schwieg beharrlich, und Grüninger lobte ihn nach der Entlassung für seine Standfestigkeit. Vielleicht war dem freisinnigen Hauptmann, der sich selber nur selten politisch äusserte, einfach jede Art von Gesinnungsschnüffelei zuwider. Das passte schlecht in die Zeit.

Möglicherweise geriet dem Kommandanten gegen Ende seiner Karriere auch im Korps einiges durcheinander. Er sei zu oft im Aussendienst, steht in einem Regierungsratsprotokoll vom November 1938, die «vielen Autofahrten des Polizeihauptmanns sollen schon mehrfach in der Bevölkerung als auffällig bemerkt worden sein»; er teile wohl die Arbeit falsch ein. Die Akten dokumentieren zahlreiche Verpflichtungen als Luftschutzinstruktor, tagelangen Verkehrsunterricht in den Dörfern des weitläufigen Rheintals, Besuche im Flüchtlingslager Diepoldsau und auf einzelnen Polizeistationen – massenhaft Touren mit seinem, nach Aussagen der Tochter, kleinen und verrosteten Dienstwagen Nr. 3. Häufig führte er auch fremde Leute mit sich.

Als Polizist sei er einer gewesen, der ab und zu eine Busse rückgängig machte, wenn man mit ihm redete, wissen Zeitgenossen, doch sie erzählen das heute, nachdem sie den Verlauf der Geschichte kennen: Er sei ein sehr weicher Mann gewesen, der die stramme Uniform gebraucht habe, um seine Schwäche darin zu verstecken. Die Ausstrahlung des Hauptmanns sei dabei «nicht besonders attraktiv» gewesen, das gesellschaftliche Auftreten oft etwas unbeholfen, «eher lahm als spritzig», und wer ihn nicht kannte, konnte ihn leicht für einen «schmierigen» oder opportunistischen Typ halten. Eine naive, «fast kindliche Art» wird Paul Grüninger jetzt einerseits nachgesagt, andererseits soll er auch willkürlich streng mit solchen Untergebenen umgesprungen sein, die er nicht mochte. «Mangelnde menschliche Festigkeit» sagt ein alter sozialdemokratischer Anwalt, «alkoholische Exzesse» seien eventuell noch dazugekommen. «Nicht besonders gescheit oder gar gerissen», sagt ein jüdischer Industrieller, und «zu weich für die Welt», zu weich für die hohe «wunderbare Position», die er da hatte. – Vom Hauptmann selber gibt es kaum persönliche Äusserungen aus dieser Zeit. «Mir geht es soweit gut. Habe einen interessanten Posten, der viel Abwechslung bietet, natürlich auch viel Ärger bringt», schrieb er im Herbst 1938 einem Fussballerfreund, der ihm eine bedeutende Geldsumme schuldete und nach Lateinamerika abgehauen war: «Wenn ich Dir vielleicht hier in irgend einer Sache behilflich sein kann, tue ich es mit Freuden.»

Die Autofahrten, der ständige Zeitmangel, die ausserdienstlichen Aktivitäten, ein gewisser Autoritätsverlust und angebliche Frauengeschichten werden später im Verfahren eine Rolle spielen. Von Alkoholproblemen wird dort nie die Rede sein. Aber die lockeren Sitten seines Stellvertreters Paul Künzler erregten Anstoss; im

Winter 1938/39 liess sich Leutnant Künzler von einer Prostituierten die Pistole stehlen und wurde dafür mit scharfem Arrest bestraft. Oder die Sportveranstaltungen, zu denen Paul Grüninger seine Landjäger dauernd schickte, interkantonale Polizeimeisterschaften, Skirennen, Schiessen, Leichtathletik – nach Meinung des Departementschefs wurde zuviel körperliche Ausbildung, zuwenig geistige Schulung betrieben.

Ausser den Autofahrten und der Rorschacher Gestapo-Affäre kam das alles erst nachträglich oder überhaupt nie in Grüningers Personaldossier.

Am 13. März 1939 meldete Dr. Gustav Studer seinem Departementschef Keel ein konkretes Ergebnis der im Februar aufgenommenen Untersuchung:

«Um die einzelnen Gesuche der Emigranten richtig abklären und den Wünschen der eidg. Polizeiabteilung entsprechen zu können, sehen wir uns veranlasst, eine grosse Zahl der Emigranten bezüglich ihrer Einreise befragen zu lassen. Einer der befragten Emigranten ist u. a. auch (...) Werner, Karl Adolf (...), welcher bezüglich seiner Einreise gegenüber Herrn Polizeihauptmann Grüninger sehr belastende Aussagen gemacht hat. Ich habe den Fall noch nicht allseits überprüft, insbesondere ist das Polizeikommando bis jetzt nicht angehört worden. Fest steht jedoch jetzt schon, dass das von der Flüchtlingshilfe für Werner gemeldete Einreisedatum nicht stimmt und der Genannte nie im Flüchtlingslager Diepoldsau untergebracht war. Ich halte es für meine amtliche und Gewissenspflicht, Ihnen diesen Fall sofort zu unterbreiten.»

Noch am selben Nachmittag suchten Valentin Keel und Gustav Studer den Leiter der Israelitischen Flüchtlingshilfe in seiner Wohnung auf. Sidney Dreifuss lag im Gipsverband, er hatte sich Ende Februar auf dem Weg vom Wochenendhäuschen in die Stadt einen

Knöchel gebrochen, verbrachte die Tage auf der Chaiselongue in seinem Schlafzimmer und beschäftigte sich mit Laubsägearbeiten für seinen dreijährigen Buben. Keel und Studer informierten ihn über die Aussagen des Emigranten Karl Adolf Werner, und «auf Befragen» gestand Sidney Dreifuss, «dass bezüglich der Ausfüllung» der Fragebogen «nicht immer ganz korrekt vorgegangen worden sei».

Dreifuss gab zu, dass bestimmte Fragebogen schon gleich bei der Einreise mit falschen Daten versehen worden waren und dass er im Januar noch einmal «ca. 50 Gesuchsformulare» hatte zurückdatieren lassen. Gemäss den Notizen von Dr. Studer versicherte der Leiter der Flüchtlingshilfe, er habe «nur mit Bedenken diese Anordnung getroffen» – der Polizeihauptmann habe ihn darum ersucht.

Paul Grüninger habe zu den Flüchtlingen «einfach nicht nein sagen» können. Im übrigen sei dem Hauptmann «vielleicht die Sache etwas über den Kopf gewachsen», sagte Dreifuss. Valentin Keel teilte die Entdeckung unverzüglich zwei Regierungsratskollegen mit. Sidney Dreifuss stellte sich, «wenn auch nicht gerne», für weitere Auskünfte zur Verfügung.

DER ST. GALLER Regierungsrat tagte. Es war Montag, der 27. Februar 1939, fünf Wochen vor der Suspendierung Paul Grüningers. Landammann Valentin Keel musste die Sitzung wegen anderer Termine vorzeitig verlassen. Vize-Landammann Emil Grünenfelder, der Chef des Justizdepartements, übernahm die Leitung.

«Es wäre vielleicht wünschbar gewesen, dass Herr Keel noch dagewesen wäre zur Äusserung», sagte Grünenfelder.

Dann informierte er die bürgerlichen Amtskollegen über einen Brief, der seit vierzig Tagen unbeantwortet bei der Staatsanwaltschaft lag. Schon Mitte Januar hatte der Schweizerische Vaterländische Verband schwere Vorwürfe gegen das Polizeidepartement erhoben; jetzt kündigte der Verband eine Pressekampagne an. Die St. Galler Sektion des SVV behauptete, Valentin Keel sei in eine sozialistische Schlepper-Affäre verwickelt; sie verlangte sofortige Massnahmen gegen Keel. Der Landammann wusste noch nichts davon. Am nächsten Sonntag fanden Regierungsratswahlen statt.

Valentin Keel habe wohl tatsächlich «mitgespielt» beim Emigrantenschmuggel seines Parteisekretärs Stocker, sagte der Vize-Landammann. Die Akten über Dr. Stocker und dessen Helfer, die Landjäger Dutler und Zweifel, seien zur Beurteilung nach Bern geschickt worden. Doch der Chef der Eidgenössischen Polizeiabteilung sei bisher der Ansicht, strafrechtlich lasse sich «kaum etwas machen» gegen Keel. Auch gegen den Landjägerhauptmann lasse sich anscheinend nichts unternehmen. Ein definitives Gutachten des Bundesrates stehe noch aus. Grünenfelder schlug vor, sich mit dem SVV zusammenzusetzen, um eine Veröffentlichung kurz vor den Wahlen zu verhindern.

Aus dem Sitzungs-Stenogramm des Staatsschreibers:

«Grünenfelder: Man wird doch nicht wegen dieser nicht so wichtigen Sache den Grossen Rat einberufen wollen. Aber irgendwie distanzieren müssen wir uns vielleicht von diesen Machenschaften – sagen, dass wir nicht einverstanden, dass es nicht korrekt war.

Gemperli [Chef des Finanzdepartements]: (...) Die Öffentlichkeit ist eingeweiht. Ich fürchte, dass das nicht mehr abgebremst werden kann. Wir müssen Stellung nehmen unter möglichster Schonung des Kollegen. Vielleicht einen Ausschuss bestellen. (...)

Roemer [Erziehungs- und Militärdepartement]: Ich vermute, dass der VV die Frage aufwirft, ob überhaupt ein Sozialdemokrat das Polizeidepartement haben soll. (...) Man muss schon sagen, wenn man Keel gelegentlich referieren hört, dass sie gelegentlich mit ihm machen, was sie wollen da unten. (...)

Kobelt [Baudepartement]: Er ist absolut unmilitärischer Typ! Das Polizeipersonal, das höhere, ist gut. (...)

Riedener [Departement des Innern]: (...) Wegen Polizeipersonal habe ich andere Meinung. – Künzler Autorität nach unten. Charakter-Fehler. Auch der Hauptmann – hat Fähigkeit, aber weiss nicht Distanz zu wahren. (...)»

Eine Delegation wurde bestimmt, die sich mit dem SVV zu einer Konferenz treffen sollte. Über den Verlauf dieser Konferenz ist später bekannt geworden, dass der katholisch-konservative Grünenfelder den rechtsextremen SVV mit dem Argument zu besänftigen versuchte, Polizeivorstand Keel sei halt «leicht beeinflussbar» und «in die Hände gerissener Genossen» geraten.

DER ST. GALLER Regierungsrat tagte. Es war Mittwoch, der 1. März. In den bürgerlichen Zeitungen des Kantons hatte der Vaterländische Verband mittlerweile dazu aufgerufen, dem Polizeivorstand die Stimme zu verweigern. Die gesamte Schweizer Presse berichtete über die Rheintaler «Passfälscher-Affäre». Im Regierungsrat stellte

Valentin Keel den Antrag, ein Amtsehrverletzungsverfahren gegen den SVV einzuleiten.

Er habe sich korrekt verhalten, versicherte Keel. Von den Schlepper-Diensten der beiden Polizisten habe er nichts geahnt. Mit Parteisekretär Stocker habe er «nicht mehr Verkehr» gepflegt als «mit freisinnigen und konservativen Advokaten». Höchstens acht Parteigenossen habe er selber hereingelassen. Er gebe zwar zu, dass Fehler passiert seien, sagte Keel, dabei habe es sich jedoch um «Übermarchungen» des Landjägerhauptmanns gehandelt; Paul Grüninger habe von sich aus «gegen 300» Emigranten hereingelassen, und man habe ihm das Flüchtlingswesen wegnehmen müssen: «Seit ich die Emigrantensache in der Hand habe, ist nichts mehr gegangen.»

Der Regierungsrat verabschiedete eine gemeinsame Stellungnahme zugunsten des Landammanns und leitete das gewünschte Amtsehrverletzungsverfahren ein. Die sozialdemokratische «Volksstimme» publizierte am 3. März eine persönliche Erklärung Valentin Keels:

«Es ist nicht wahr, dass ich von Passfälschungen, deren sich zwei Landjäger schuldig gemacht haben sollen, Kenntnis hatte, sie geduldet habe oder mich sogar selber daran beteiligte.

Es ist nicht wahr, dass ich vertrauliche Mitteilungen irgendwelcher Art dem Zentralsekretär der SPS zur Orientierung zugestellt habe.

Es ist nicht wahr, dass ich je einmal meine Amtsstellung zu parteipolitischen Zwecken missbraucht habe.

Es ist nicht wahr, dass ich mich der Übertretung bundesgesetzlicher Vorschriften schuldig gemacht habe.

Es ist daher auch nicht wahr, dass ich mich einer Amtspflichtverletzung schuldig gemacht habe. (...)

Die Gesuche von Dr. Stocker habe ich nicht entgegenkommender behandelt, als diejenigen gleicher Art, die mir von Juristen, Amtsinhabern, Pfarrämtern und Privaten aller Pateirichtungen zugekommen sind. Alles das habe ich in Ausübung der den kantonalen Polizeidirektoren zugestandenen Kompetenzen getan. Wenn ich in einzelnen Fällen, wo es sich um Menschenschicksale, ja um wahre Tragödien handelte, als Mensch und Christ gehandelt habe, so kann ich das vor jedermann verantworten. (...)»

Am 5. März wurde Valentin Keel mit unerwartet gutem Ergebnis wiedergewählt. Zur strafrechtlichen Verfolgung des «Vaterländischen Verbandes» bestimmte der Regierungsrat den St. Galler Advokaten Dr. Walter Härtsch. Dieser nahm seine Arbeit als ausserordentlicher Untersuchungsrichter sofort auf.

HANS MATHYS aus Langenthal wartete kurz vor Weihnachten 1938 mit Parteisekretär Werner Stocker im Restaurant «Mineralbad» in St. Margrethen auf illegale Flüchtlinge; er kann sich an die persönliche Erklärung Valentin Keels heute nicht mehr erinnern. Aber er bestreitet ihren Inhalt: Natürlich habe Keel seinerzeit Bescheid gewusst, sagt Mathys. Werner Stocker habe von Keel sogar «fixfertig unterschriebene Blankoformulare» erhalten, in die man bloss die Namen der jeweiligen Flüchtlinge einsetzen musste, um sie durch die Passkontrolle zu schleusen.

Auch Martha Stocker, die Witwe des Parteisekretärs, ist der Überzeugung, dass Keel «vollständig informiert» war. Ihr Mann habe ihm ganz genau mitgeteilt, «was er an der Grenze machte und wie er es machte». Martha Stocker glaubt allerdings, der sozialdemokratische Fluchthilfering sei damals von Hauptmann Grüninger verraten worden, obwohl die Akten dagegen sprechen.

Harald Huber, ein sozialdemokratischer Rechtsanwalt aus St. Gallen, der wie Stocker später Bundesrichter wurde, sagt heute: Stocker sei von Grüninger in einem anderen Zusammenhang einmal angezeigt worden, zur Zeit, als er noch in Davos gelebt habe und Leute über die Berge des Rätikons führte. Harald Huber ist der Ansicht, diese Leute seien ebenfalls Flüchtlinge gewesen, doch über die Davoser Jahre von Stocker ist andererseits bekannt, dass er beim Transfer von Spanienkämpfern mitwirkte, und bekannt ist auch, dass Grüninger diesen Transfer zu unterbinden versuchte.

Den ehemaligen Landjägern Christian Dutler und Karl Zweifel, die wegen Emigrantenschmuggel ihre Stellen verloren, warf die sozialdemokratische Partei St. Gallens 1939 vor, sie hätten den «Vaterländischen Verband» mit belastendem Material versorgt – obschon sie zu Beginn der Kampagne gegen Keel noch im Gefängnis sassen. Am 6. März 1939 schrieb Christian Dutler an die «Volksstimme»-Redaktion:

«Zu der Zeitungsschreiberei in Sachen Valentin Keel möchte ich mich doch noch etwas genauer ausdrücken, Ihnen gegenüber. Es ist wirklich sehr betrüblich von der Partei, und speziell von Ihnen (...), dass man mich verdächtigt, dem Nationalen Verband betreffend unserer Angelegenheit Mitteilungen gemacht zu haben. (...) Sie hätten sich bei mir orientieren dürfen, und ich hätte Ihnen klare Auskunft gegeben, denn Sie dürften mich schon seit vielen Jahren kennen als richtiger Sozialist, welcher sich überall uneigennützig für die Arbeiterschaft eingesetzt hat und bei mancher unserer Aktionen tapfer mitgemacht hat, ohne dass es der Öffentlichkeit bekannt wurde. (...) Ich habe immer gewünscht, ich werde als Parteigenosse einmal zu einer richtigen freien Aussprache von der kant. Geschäftsleitung einvernommen, wo ich mich hätte rechtfertigen können, nicht dass Keel, wie er es übrigens an einer Fraktionsversammlung in St. Gallen gemacht hat, über mich herab kanzeln kann in meiner Abwesenheit und dabei meine Vernehmlassungen und Entlastungsmaterial nicht erwähnte. (...) Unter welchen Gefahren wir die verfolgten Genossen in Österreich geholt haben, dürfte Ihnen ebenfalls bekannt sein. (...)»

Er gehe jetzt «auf Tutti» gegen Keel, drohte Dutler, weil dieser ihn «unter falschen Anschuldigungen» entlassen habe. Sein Brief wurde von der «Volksstimme» nie veröffentlicht, er wurde auch nicht beantwortet.

Eine Kopie des Briefes ging zu Valentin Keel. Der Polizeivorstand notierte zu Händen der Staatsanwaltschaft:

> «Es ist mir beiliegendes Schreiben zur Verfügung gestellt worden, worin sich der entlassene Landjäger Dutler Christian selbst beschuldigt, indem er u. a. folgendes ausführt: 'Unter welchen Gefahren wir die verfolgten Genossen aus Österreich geholt haben, dürfte Ihnen ebenfalls bekannt sein ...' – Ich bitte Sie dasselbe zur Ergänzung und evtl. weitern Amtshandlung den Akten beifügen zu wollen.»

Als Dutler dann wirklich «auf Tutti» ging und sein Wissen über die Affäre samt einigen Spekulationen der Zürcher Satirezeitschrift «Guggu» anvertraute, liess der Regierungsrat das Blatt beschlagnahmen; Keel reichte gegen Christian Dutler ebenfalls Amtsehrverletzungsklage ein. Mit der Untersuchung beauftragte der St. Galler Regierungsrat wiederum den Advokaten Walter Härtsch, der die Arbeit sofort aufnahm.

EIN «HEIDENTHEATER» habe das in St. Gallen gegeben, erzählt der pensionierte Elektriker Paul Stadler, der als Siebzehnjähriger bei den Roten Falken aktiv war: Nur in der Arbeiterbewegung sei es «erstaunlich ruhig geblieben». Man habe in der Bewegung lange «gewerweisst», was eigentlich passiert sei. Er selber habe vorher nicht gewusst, dass Valentin Keel an den Flüchtlingsgeschichten direkt beteiligt gewesen sei; von Paul Grüninger habe er das auch nicht gewusst. Er hätte aber weder Keel noch Grüninger etwas Böses zugetraut.

Paul Stadler holte oft illegale Flüchtlinge aus dem Rheintal in die Appenzeller Voralpen herauf, sie wurden ihm nachts übergeben, zum Beispiel in Altstätten auf dem Viehmarkt, er begleitete sie den Ruppen-Pass hoch und brachte sie in ein Heim des Arbeiter-hilfswerks, in die Landmark bei Trogen.

Wenn man für einen von der Ausschaffung bedrohten Emigranten dringend bei den Behörden habe intervenieren müssen, sagt Stadler, dann sei man als einfacher Sozialdemokrat nicht zu Keel gegangen, sondern zu den «Volksstimme»-Redaktoren Franz Schmidt und Hugo Kramer oder zu einem Gewerkschaftssekretär. «Das gewöhnliche Parteivolk ging immer auf die Sekretariate», sagt Stadler, nicht zum Regierungsrat. Er habe Valentin Keel lediglich von Parteiversammlungen her gekannt, bei denen die Roten Falken jeweils «zwei, drei Lieder» sangen. Unzählige Leute seien in der Flüchtlingshilfe tätig gewesen, ohne Genaueres voneinander zu wissen, sagt Stadler, viele seien durch die Solidaritätsarbeit für Spanien dazugestossen. Unzählige Schleichwege habe man ständig suchen müssen. «Drei Viertel der Flüchtlinge», denen Stadler half, «wären bei einer Auslieferung an Deutschland sofort aufgehängt oder erschossen worden.» Das Netz der Roten Falken und der Sozialistischen Jugend habe vereinzelt bis in den Krieg hinein funktioniert.

Und als Dutler und Zweifel aufgeflogen seien, als dann Grüninger abgesetzt wurde, als dieses «Heidentheater» begann – «da dachten wir nur: Hoffentlich passiert das bei uns nicht.»

DER ST. GALLER Regierungsrat tagte. Freitag, 24. März, eine Woche vor der Suspendierung Paul Grüningers. Der Sekretär des Polizeidepartements, Dr. Gustav Studer, hatte seine umfangreichen Recherchen über die fremdenpolizeiliche Praxis des Polizeikommandanten abgeschlossen. Sidney Dreifuss von der Israelitischen Flüchtlingshilfe war geständig; die Flüchtlingshilfe hatte im Auftrag Grüningers systematisch Formulare falsch ausgefüllt, um Flüchtlinge zu «legalisieren». Valentin Keel legte den Bericht Dr. Studers nun dem Gesamtregierungsrat vor.

Der Staatsschreiber stenografierte unter dem Stichwort «Landjägerhauptmann»:

«Keel: Ich musste ihm die Emigrantensache wegnehmen (...),
dem Sekretär übergeben (...) Sekretär hat sich grosse Mühe
gegeben; und bei einer Sanierung hat sich herausgestellt, dass
Dinge passiert sind, die den Regierungsrat beschäftigen müssen. Abgesehen von der grossen Zahl, die [er] ohne ernste
Prüfung einreisen liess oder hier liess (...) sozusagen keine
Kontrolle. Bei einem Fall festgestellt, dass zu Urkundenfälschung mitgeholfen hat. Sehr unbefriedigender Zustand. Politische Polizei weggenommen, weil zu wenig Vertrauen, und
die Emigrantensache, weil liederlich geführt. (...)
Gemperli [Finanzdepartement]: Ich bin nicht überrascht
über die Eröffnungen; frage nur, ob wenn schon begrün-
deter Verdacht der Beteiligung an Urkundenfälschung; ob
nicht sofort gewisse Massnahmen am Platz sind (Suspen-
sion) (...).
Keel: (...) Es sind über 60 solche Formulare abgeändert
worden. Er kann nicht mehr verlieren an Autorität.
Kobelt [Baudepartement]: Cherchez la femme.»

Studers Bericht rekapitulierte zunächst sehr ausführlich die rechtliche Situation, wonach seit August 1938 gar keine Flüchtlinge
mehr einreisen durften; wie viele Flüchtlinge trotzdem mit einer
«Spezialbewilligung» des Hauptmanns in den Kanton St. Gallen
gekommen seien, lasse sich aufgrund der gefälschten Zahlen kaum
feststellen, schrieb Studer:

«Eine formelle Vollmacht zu Spezialbewilligungen besass
Herr Grüninger nicht, immerhin hatte der Departementschef Wissen davon, dass er in einzelnen Fällen Einreise- und
Aufenthaltsbewilligungen erteilte, wo dringende Verhältnisse dies erheischten. Nun hat sich aber nachträglich herausgestellt, dass diese Bewilligungen in einem Ausmass erteilt wurden, dass dies sofort (ab Januar 1939) abgestellt
werden musste.»

Selbst der Präsident des Schweizerischen Israelitischen Gemeindebundes, Saly Mayer, habe bei einer Unterredung gesagt, «dass die Hälfte der heutigen Zahl von Emigranten im Kanton St. Gallen auch genügt hätte».

Studer erläuterte dann die einfache Methode, mit der die verbotenen Einreisen nachträglich umdatiert worden waren. Und der neue Chef der kantonalen Emigrantenkontrolle liess keinen Zweifel daran, dass inzwischen ein anderer Wind wehte in diesem «sehr undankbaren» Ressort:

> «Der jüdische Emigrant 'verlangt' von den Behörden unter Anrufung des Grundsatzes der Menschlichkeit möglichste Ausserachtlassung der Vorschriften und Weisungen, schreckt aber unter Umständen nicht davor zurück, die gleiche Behörde zu täuschen oder anzulügen. (...) Wir werden allerdings nicht davor zurückschrecken dürfen, unter Umständen auch gewisse Druckmittel anzuwenden und bei persönlich unerwünschten Elementen oder solchen Emigranten, welche die Behörden zu täuschen versuchen, allenfalls eine Rückschaffung in ihren Heimatstaat in Erwägung zu ziehen.»

Über die Erkenntnisse Dr. Studers redeten die Regierungsräte wieder am Montag, dem 27. März, nachdem das Justizdepartement die Akten studiert hatte. Paul Grüninger war mit den Fälschungs-Vorwürfen noch nicht konfrontiert worden. Keel und Studer, deren Büros sich auf dem gleichen Flur wie das Polizeikommando befanden, durchlebten offenbar Wochen des erregten Schweigens. Den Regierungsräten schien es unfassbar, dass ein Spitzenbeamter sich derart vergehen konnte. Das Stenogramm des Staatsschreibers zitiert ohne sichere Quellenangabe den Satz:

> «Es ist mir unerklärlich, aus welchen Motiven Grüninger so gehandelt hat. Das kann nicht allein die rassige Jüdin sein.»

Obwohl für Valentin Keel bereits feststand, dass Grüninger «nicht weiter auf seinem Posten bleiben» dürfe, entschied die Regierung, den Hauptmann zuerst verhören zu lassen, bevor man ihn suspendierte. Mit den weiteren Ermittlungen beauftragte sie Walter Härtsch, der seine Arbeit sofort aufnahm. Gustav Studer wurde ihm «als Gehilfe» zugewiesen.

DER ST. GALLER Regierungsrat tagte. Freitag, 31. März. Von Walter Härtsch lag nun ebenfalls ein Bericht vor. Härtsch hatte Sidney Dreifuss nochmals befragt. Er hatte den Emigranten Karl Adolf Werner ein zweites Mal einvernommen. Er hatte schliesslich Paul Grüninger vorgeladen und ihn auf die gefälschten Formulare in einer Weise angesprochen, dass Grüninger nichts von den Geständnissen der anderen merkte. Sidney Dreifuss schätzte die Zahl der manipulierten Fragebogen jetzt schon auf 135 bis 170, er gab zu Protokoll:

> «Ich erkläre mit aller Bestimmtheit, dass Hr. Hptm. Grüninger den Auftrag gegeben hat, Einreisedaten & Einreiseort zu verschieben. (...) Hr. Hptm. Grüninger kam ziemlich viel auf unser Bureau, zeitweise tagtäglich, und sprach dabei auch verschiedentlich mit dem Emigranten Kaufmann, dem damals die Etatführung über Ein- & Ausreise der Emigranten unterstand. Ich vermied es, bei diesen Unterredungen dabei zu sein, da es mir bei dieser Art der Etatführung (Datenverschiebung) einfach nicht wohl war und ich so wenig als möglich damit zu tun haben wollte.»

Als Leiter der Flüchtlingshilfe habe er sich «begreiflicherweise» den Anordnungen des Hauptmanns «ohne weiteres unterzogen», zumal er sich «gegenüber Hr. Hptm. Grüninger zu Dank verpflichtet» fühle, weil dieser «vielen unserer Glaubensgenossen aus der Hölle des Deutschen Reiches geholfen» habe.

Grüninger sagte im Verhör einmal mehr, er habe stets im «prinzipiellen Einverständnis des Departements» gehandelt. Um die Formulare der Flüchtlingshilfe habe er sich normalerweise «überhaupt nicht bekümmert». Zwar habe er im Januar «eine Bereinigung» dieser Fragebogen vornehmen lassen, aber nur, weil sie mangelhaft ausgefüllt gewesen seien:

> «Bezüglich der Festsetzung der Einreisedaten habe ich und hatte ich keine Weisungen zu geben.»

Vor dem Verhör hatte Paul Grüninger versucht, seine Zeugenaussage mit jener von Dreifuss zu koordinieren. Dreifuss meldete das unverzüglich weiter. – Über die Absichten Paul Grüningers steht im Bericht von Walter Härtsch:

> «Nachdem er sich aber, wie einwandfrei festgestellt ist, nicht nur bei Dreifuss über den Gang der Untersuchung bereits erkundigt hat, sondern diesen schon bewegen wollte, die Verantwortung für die Datenverschiebung zu übernehmen, ist mit sehr grosser Wahrscheinlichkeit zu erwarten, dass er, sobald ihm einmal die einzelnen Tatbestände in ihren Einzelheiten eröffnet werden müssen, versuchen wird, namentlich Emigranten (...) unter Druck zu setzen.»

Um der Verdunkelungsgefahr zu begegnen, sollte der Polizeikommandant eigentlich eingesperrt werden, schrieb Härtsch. Er empfahl die vorläufige Suspendierung und «die Anhebung einer Strafuntersuchung». Der Tatbestand der Amtspflichtverletzung, vielleicht auch der Urkundenfälschung, sei «in grosser Häufung gegeben». Der Regierungsrat entsprach diesem Antrag am 31. März 1939 nahezu diskussionslos. Dr. Walter Härtsch wurde zum ausserordentlichen Untersuchungsrichter berufen; er führte die Arbeit zügig fort, erst später geriet sie dann plötzlich ins Stocken. Einstweilen liess Härtsch den Hauptmann auf freiem Fuss.

Paul Grüninger erfuhr von seiner Absetzung am Montagmorgen, dem 3. April 1939, als ihm Polizeiaspirant Anton Schneider am Eingang des Zentralpostens in den Weg trat und ihn nach Hause schickte.

IN ST. GALLEN hegte man wahrscheinlich den Verdacht, die achtzehnjährige Klara Hochberg habe mit Paul Grüninger geschlafen, um ihr Leben zu retten. Sie war jene «rassige Jüdin», die im Stenogramm erwähnt wird – oder eine dieser «rassigen Jüdinnen», denn es gab viele.

Klara Hochberg reiste am 20. Dezember 1938 mit einer schriftlichen Bewilligung Grüningers bei St. Margrethen in die Schweiz. Die Bewilligung war ihr auf Betreiben des jüdischen Kaufmanns Silvain Braunschweig ausgestellt worden, und ausser einem Wiener Strassenbahnabonnement und Grüningers Brief besass sie keine Ausweise. Ein Zöllner liess sie anstandslos durch, der Beamte sagte noch zu ihr: «Viel Glück, kleines Fräulein!» Den Brief übergab sie dem Hauptmann bei der Ankunft, Grüninger zerriss ihn. Sie bedankte sich mit einem Küsschen auf die Wange des Polizeioffiziers und versprach, niemandem etwas zu erzählen. Im März 1939 wurde Klara Hochberg von Dr. Studer in Beugehaft genommen, sie wurde sehr unfreundlich behandelt. Man legte ihr ein Blatt Papier in die Zelle, damit sie ihr Geständnis aufschreiben konnte. Sie glaubte, sie müsse sonst über die Grenze zurück. Sie weinte nur, wenn es niemand sah. Doch Klara Hochberg verriet den Hauptmann nicht, und als er während eines Verhörs plötzlich hereingeführt wurde, sagte sie: «Wer ist dieser Herr? Ich habe ihn nie gesehen.» Sie schrieb auf das Blatt Papier:

«Ich kann nicht, wo ich Dank schuldig bin, mit Undank lohnen.
Klara Hochberg.»

Dass sich Paul Grüninger heimlich bei der Flüchtlingshilfe nach ihrem Ergehen im Gefängnis erkundigte, hat Sidney Dreifuss dann ebenfalls an Dr. Härtsch gemeldet.

Klara Hochberg wohnt heute in Brüssel und heisst Klara Birnbach. Sie sagt, sie habe natürlich nicht mit Paul Grüninger geschlafen, sie wäre gar nie auf die Idee gekommen. Das sei «eine bodenlose Gemeinheit», so etwas von Grüninger zu behaupten, schimpft die über siebzigjährige Klara Hochberg. Wer solche Gerüchte in Umlauf bringe, «dem müsste die Zunge verbrennen»; auf derartige Ideen habe bestimmt nur der Studer kommen können. Man müsste den Dr. Studer «dort, wo er begraben liegt, herausnehmen und verbrennen», und den Rothmund dazu, bitte sehr! Dann lacht sie.

Klara Hochberg hat in ihrem ganzen Leben nur mit «einem Mann» geschlafen, sie heiratete ihn während des Krieges in Teufen. Sie bekam für die Heirat eine Ausnahmebewilligung von Valentin Keel. Der Regierungsrat Keel habe Bezug genommen auf ihre Standhaftigkeit in der Zelle, auf ihre Dankbarkeit zu Grüninger. Keel habe gesagt: «Ja, so jemandem wie Ihnen muss man helfen.» Klara Hochberg hat erst 1991 erfahren, dass Paul Grüninger damals entlassen wurde; sie dachte, er sei nur versetzt worden. 1951 ist sie mit ihrem Mann nach Belgien gezogen, wo man sie im Unterschied zu St. Gallen nie «als cheibe Ussländeri» bezeichnet hat.

Auch die anderen Frauen, die Grüninger rettete, wissen über irgendwelche Annäherungsversuche nichts. Manche von ihnen nahm er gelegentlich im Auto mit, wie zum Beispiel die fünfundzwanzigjährige Rosa Tepper, damit sie ihren Freund besuchen konnte, der im Lager Diepoldsau untergebracht war. Eine andere, Susi Mehl, erzählt: Heute dürfe sie es ja sagen, sie habe ziemlich gut ausgesehen, und als sie Hauptmann Grüninger seinerzeit anflehte, ihre Eltern hereinzulassen, da hätte er es ja versuchen können. – Aber nie auch nur eine Anspielung! «Väterlich» sei er gewesen und gut, sagt Susi Mehl.

Landjäger Fritz Krucker stellt fest: Einer seiner Kollegen sei damals wegen der Flüchtlinge an der Grenze gestanden und habe gemeint, er halte jetzt niemanden mehr auf. Wenn eine nämlich «ein bisschen einen schönen Grind habe», dann kriege sie nachher ja doch eine Bewilligung vom Hauptmann. Oft habe man unter Polizisten darüber gewitzelt, was kürzlich wieder für ein «schönes Bibeli» in Grüningers Auto gesessen sei.

Alice Bloch, eine Tochter des Uzwiler Kaufmanns Silvain Braunschweig, sagt: «Jo hör doch uf!», und Rita Bloch, die andere Tochter Braunschweigs, sagt: Grüninger habe manchmal schmunzelnd erklärt, er unterliege halt «dem Wiener Charme», das sei aber schon alles gewesen. Nur «unsaubere Leute» könnten «einem geraden Mann» so etwas anhängen wollen.

Das Gerücht mit den «rassigen Jüdinnen» hielt sich indessen lange. Polizeikommandant Ferdinand Bürgler, ein Nachfolger des Hauptmanns, der als Kanzleiadjunkt unter Valentin Keel gedient hatte, verkündete vor Polizeirekruten noch in den fünfziger Jahren, Grüninger sei «wegen den Weibern gestürzt». Dass der Hauptmann sich ausserdem mindestens eine nicht-jüdische Geliebte geleistet haben soll, wird zusätzlich kolportiert. Sogar dass er vor der Einführung des neuen Strafrechts den Landjägern untersagte, ausserehelichen Geschlechtsverkehr als Delikt zu verfolgen, führen einzelne Zeugen nun erschwerend ins Feld.

AM 5. APRIL 1939, zwei Tage nach Paul Grüningers Suspendierung, hielten Valentin Keel und Gustav Studer auf einem Unteroffiziersrapport der Kantonspolizei Vorträge über die Absetzung. Es war eine vertrauliche Aussprache, denn im Polizeikorps sollte «eine Generalreinigung stattfinden». Gleichzeitig mit dem Kommandanten hatte man dessen Stellvertreter, Leutnant Paul Künzler, aus dem Amt entfernt und beurlaubt. Das Kommando versah interimsweise der ehemalige Polizeileutnant Christian Dürr, der Chef der Automobilkontrolle.

Von den zweiundzwanzig Unteroffizieren ergriffen vier das Wort, um sich über die Offiziere zu beklagen. Die übrigen schwiegen oder antworteten nur auf direkte Fragen. Die Beschwerden der vier waren gravierend. Leider lässt sich dem Protokoll nicht immer genau entnehmen, welche Vorwürfe dem Hauptmann und welche dem Leutnant galten.

Paul Künzlers Ruf war schauderhaft. Seine Untergebenen behandelte er oft «unwürdig», er teilte Schlötterlinge aus, liess sich ständig neue Uniformen schneidern, war «der holden Weiblichkeit» völlig verfallen, fraternisierte dann wieder mit jungen Landjägern in anrüchigen Spelunken und frönte angeblich jahrelang dem schönsten Lotterleben auf seinem Posten; darüber hinaus war er laut den Akten ein sportsüchtiger Militarist. Mit den Flüchtlingen hatte er kaum etwas zu tun. Künzler habe «die weniger guten Eigenschaften von Herrn Hauptmann Grüninger übernommen und seine eigenen weniger vorteilhaften beibehalten», sagte Valentin Keel. Die Unteroffiziere konnten über die Zukunft des Leutnants in geheimer Abstimmung selber entscheiden: Nur einer stimmte für seine Rückkehr. Paul Künzler durfte dann selber die Kündigung einreichen. Bei manchen früheren Landjägern geniesst Leutnant Künzler heute ein weitaus besseres Andenken, als man aufgrund der Akten vermuten könnte.

Paul Grüninger wurde ebenfalls schwerstens kritisiert. Dass er «bedenklich überlastet» gewesen war, dass er nur selten und oberflächlich Inspektionen machte, dass er willkürlich Polizisten lobte, die eigentlich bestraft gehörten, oder solche ignorierte, die eigentlich gelobt werden mussten. Dass er mit einigen Entlassungen des Departementschefs nicht einverstanden war und sich sogar heimlich mit gefeuerten Landjägern traf (Dutler und Zweifel). Dass er wie Künzler «Weiber» im Auto herumführte oder auch Männer, dass man sich bereits empörte Notizen darüber machte, sich vor der Bevölkerung für die Offiziere schämte und dass Grüningers Fahrtenbuch nicht korrekt nachgetragen wurde. Dass er bei Beförderungen die Meinung der Wachtmeister nicht berücksichtigte, dass er den Dienstweg nach unten nicht einhielt, dass die Autorität insgesamt geschwunden sei – und so weiter. Dass man bald keine Freude mehr finde am Dienst, dass man das Unglück ja «zu verhindern versucht» habe, doch umsonst.

Wachtmeister Alfred Henseler hielt als «Chef des Erkennungsdienstes und als erster Funktionär der Kriminalpolizei» zwei längere schriftlich vorbereitete Referate über die organisatorischen Missstände im Korps, er begann sie mit den Sätzen:

> «Kameraden, wir stehen wieder vor der Tatsache, dass unser Hauptmann Abschied nehmen muss. Die Frage ist heute, wem sind wir verantwortlich? Früher waren wir es dem Hauptmann und heute sind wir es dem Staat. Wir sind militärisch organisiert und wollen in der schweren Stunde auch militärisch antworten. Wenn unsere Versuche nichts genützt haben, sind wir für die heutige Situation nicht verantwortlich. Uns hat der Staat ein besonderes Vertrauen geschenkt. Wir sind die Werkzeuge und haben die absolute Pflicht, die Wahrheit zu bekennen. Unwahre Angaben und falsches Zeugnis stehen unter Strafe. In der schwebenden Strafuntersuchung sind wir es dem Departementschef schuldig, auch ihm persönlich unsere Pflicht zu tun.»

Alfred Henseler hatte mehrmals versucht, Grüninger auf «Lücken» im Korps, speziell bei der Aus- und Weiterbildung, hinzuweisen, er war vom Hauptmann abgewimmelt worden. – Die Tochter Paul Grüningers sagt heute, mit diesem Henseler sei der Vater nach ihrer Erinnerung stets gut ausgekommen, aber Henseler habe dann «halt auch ein bisschen die Seite gewechselt», vielleicht ja aus Angst. 1946 verliess Alfred Henseler das Polizeikorps und wurde Privatdetektiv, möglicherweise weil der Regierungsrat seine Bewerbung als Polizeileutnant ignoriert hatte.

Über das Schicksal Hauptmann Grüningers gab es am 5. April 1939 keine Abstimmung. Valentin Keel erklärte zu Beginn des Rapports, eine Rückkehr des Kommandanten werde «kaum mehr in Frage kommen». Keel bedauerte, dass man ihm die skandalösen Zustände nicht früher hinterbracht hatte. Natürlich habe er «nicht geahnt, wie faul es in Wirklichkeit im Korps» stehe.

AM 12. MAI 1939 tagte der St. Galler Regierungsrat und beschloss, die Suspendierung in eine fristlose Entlassung umzuwandeln.

Dr. Walter Härtsch hatte den Hauptmann am 3. April dem Leiter der Flüchtlingshilfe gegenübergestellt. Grüninger blieb bei seiner Version, nur in einem einzigen Fall gab er eine Datenfälschung zu, weil sonst der Emigrant Karl Adolf Werner als Lügner dagestanden wäre. Am 5. April setzte Paul Grüninger zu Hause eine Rechtfertigungsschrift auf, die ihm am Ende zum Geständnis geriet. Das Verschieben von Einreisedaten sei doch letztlich ohne Bedeutung, argumentierte er, da die Gesamtzahl der Flüchtlinge die gleiche bleibe, egal zu welchem Zeitpunkt sie gekommen seien:

«Ich bezweckte damit lediglich eine nach aussen weniger in die Augen springende, mildere Darstellung der Angelegenheit, nicht zuletzt auch in der Annahme, es liege dies ebenfalls im Interesse meines Departementschefs sowie des Kantons.»

Am 6. April, Gründonnerstag, legte er das Geständnis mündlich ab und protestierte mit einem Brief an den Gesamtregierungsrat «aufs schärfste» gegen seine Suspendierung. Er schrieb unter anderem:

«Ich begrüsse den Untersuch! Er wird mir Gelegenheit verschaffen, den Nachweis zu erbringen, dass ich aus rein menschlichen Motiven und ganz im Sinne und Geiste meines Vorgesetzten gehandelt habe. Wenn dieser heute aus mir unerklärlichen Motiven nicht mehr zur Sache steht, werde ich darzutun in der Lage sein, dass ich nicht in einem einzigen Fall gegen mir gegebene Weisungen des Departementes verstiess.

Ich habe als Mensch und Beamter aus achtenswerten Motiven gehandelt.»

Und er zitierte aus einer berühmten Rede von Bundesrat Numa Droz, an welche besonders in sozialdemokratischen Schweizer Zeitungen Ende der dreissiger Jahre oft erinnert wurde. Der freisinnige Schweizer Aussenminister Droz hatte 1888 vor dem Nationalrat asylpolitische Einmischungen des deutschen Reichskanzlers Otto von Bismarck unter anderem mit der Erklärung abzuwehren versucht:

«Eines der wertvollsten Souveränitätsrechte ist das Asylrecht. Von jeher haben wir den politischen Flüchtlingen unser Haus in liberalster Weise geöffnet, meist nicht aus Sympathie für ihre Personen oder ihre Lehren, sondern aus Menschlichkeit. Häufig sind uns auch deshalb Ungelegenheiten entstanden, und seit 1815 ist dies fast die einzige Frage, deretwegen wir Anstände mit unseren Nachbarn gehabt haben. Aber wir haben immer fest an diesem unserem Souveränitätsrecht gehalten und gedenken es auch ferner zu tun.»

Am 27. April 1939 berichtete Walter Härtsch, es hätten sich neue Straftatbestände ergeben, Grüninger habe für einen Flüchtling einen Identitätsausweis gefälscht. Weil mittlerweile das Büro des Hauptmanns durchsucht, seine Agenda abgetippt, seine Autofahrten nachkontrolliert worden waren, hatte man auch doppelte Spesenbezüge entdeckt. Ausserdem ermittelte Härtsch jetzt wegen Devisenschmuggels und Bestechung.

Am 29. April machte Härtsch eine neue schockierende Mitteilung: Grüninger war im Handelsregister als Prokurist einer Firma Schildknecht-Tobler eingetragen, die mit Konservengläsern und Isolierflaschen handelte. Die Tatbestände häuften sich jetzt täglich, schrieb Härtsch.

Als nächstes wurden Grüninger dann Mordgelüste unterstellt. Aus dem Stenogramm des Staatsschreibers, Regierungsratssitzung vom 5. Mai:

«Keel: Grüninger hat auch gedroht, wenn er entlassen werde. Er werde den Dr. Studer und mich erschiessen. Alle

Tage kommt etwas zum Vorschein. (...) Ich fürchte, dass Grüninger geisteskrank ist.
Roemer [Erziehungs- und Militärdepartement]: Dann soll er versorgt werden. (...)»

Grüninger selber beteuerte bis zum Tod, er habe damals lediglich gesagt: «Wenns mi butzt, butzts au de Keel» und gemeint, dass seine Entlassung auch die Karriere Keels zerstören müsste. Im Stenogramm heisst die entsprechende Drohung:

«I ha no Waffe und Munition, ich gang denn scho ufe go Ornig schaffe.»

Am 6. Mai wurde Paul Grüninger auf dem St. Galler Zentralposten dem Bezirksarzt Dr. Konrad Schlatter vorgeführt. Härtsch hatte «Charakterdefizite im Sinne fehlender Hemmungen» diagnostiziert. Schlatter hielt Grüninger jedoch für normal und wollte ihn nicht in die psychiatrische Klinik einliefern; die drei Polizisten, die mit Zwangsjacken bereitstanden, zogen unverrichteter Dinge ab.

Angeblich aus Angst vor Grüningers Rache hatte Valentin Keel am 5. Mai sogar den Entlassungsantrag vertagt. Am 12. Mai stellte er ihn trotzdem. Uneinig blieb sich der Regierungsrat allein darüber, bis zu welchem Zeitpunkt das Gehalt noch ausbezahlt werden sollte. Mit einer Stimme Mehrheit wurde der Lohn rückwirkend ab 4. April gestrichen. Dabei gab die Sache mit der Prokuristen-Stelle wohl den Ausschlag: der Beamte Grüninger habe doch bei einer Privatfirma gearbeitet, sagte Keel, und zwar jeden Tag.

In Wahrheit hatte sich Grüninger nur pro forma ins Handelsregister für die Firma Schildknecht-Tobler eintragen lassen. Der Besitzer dieser Firma gehörte wohl zu seinen Fussballfreunden, er war in finanzielle Schwierigkeiten geraten, und der angesehene Kommandant hatte ihm helfen wollen. Das Verfahren wurde von Dr. Härtsch in diesem Punkt «mangels Tatbestand» eingestellt.

AUS DEN ST. GALLER Polizeiakten, 12. Mai 1939, Tag der Entlassung Paul Grüningers: Die Industriellengattin Recha Sternbuch sitzt seit kurzer Zeit wegen Emigrantenschlepperei in Untersuchungshaft und weigert sich, irgendwelche Aussagen «über Drittpersonen» zu machen. Wachtmeister Martin Spirig schreibt auf, was er von Gewährsleuten neulich gehört hat:

> «Wiederum aus Judenkreisen soll jetzt eine Aktion gegen Herr Dr. Studer in Vorbereitung sein, und zwar habe man sich mit dem Gedanken befasst, Herr Redaktor Ruosch von den 'Republikanischen Blättern' in Ragaz zu gewinnen, der ab und zu in die 'Nationalzeitung' schreibe. Dabei wäre die Person des Herrn Landammann Keel auch nicht ganz aus dem Spiel zu lassen. In welcher Form die Auswertung, bezw. der Ansturm auf die genannten Persönlichkeiten zu erfolgen habe, darüber war nichts zu erfahren. Die Tendenz soll aber auf Sturz oder dergleichen lauten. Die Hintermänner sind nicht genannt worden.»

Am selben Tag wird in Diepoldsau das Haus des Gemüsehändlers Willi Hutter durchsucht. Landjäger Max Butz protokolliert:

> «Unser Augenmerk richtete sich besonders auf Schriftsachen, die sich auf Emigrantenschmuggel beziehen könnten. In dieser Hinsicht wurde auf dem Ofen in der Wohnstube einiges belastendes Material gefunden und beschlagnahmt. – In dem Notizbüchlein bezeichnet 'Allgemeines' befinden sich verschiedene jüdische Namen und Aufzeichnungen über Geldbeträge. (…) Besonders belastend dürften auch die Briefe und die Postkarte sein, die von einem gewissen 'Herbert' aus St. Gallen an Hutter gerichtet sind (…) Im Briefe datiert vom 23. II. 1938 von Herbert ist erwähnt, dass am Freitag '6 Säcke Kartoffel' in Bludenz laut Fahrplan um

12.10 Uhr eintreffen, das wäre somit der 25. November gewesen. Am folgenden Tage, 26. 11. 1938, sind auch prompt 6 neu eingereiste Flüchtlinge, die illegal die Grenze bei Diepoldsau überschritten haben, beim Polizeikommando zur Anmeldung gelangt.»

Willi Hutter, soviel ahnte die Polizei mittlerweile, schleppte oft im Auftrag der Familie Sternbuch und zusammen mit dem Vorarlberger Edmund Fleisch aus Altach bei Hohenems. Willi Hutters Tochter sagt heute, sie könne sich an die Hausdurchsuchung noch gut erinnern. Sie sei damals aus der Schule nachhause gekommen, ihre Mutter habe die Kinder vor der Türe abgefangen und sie beschworen: «Sind jo ruhig! Seged jo nünt! D' Mane tönd s Huus dursueche.» – Vielleicht zehn oder zwanzig Franken habe der Vater pro Flüchtling von den Sternbuchs bekommen. Der Vater habe übrigens erzählt, er habe bei Frau Sternbuch in St. Gallen auch einmal den Hauptmann Grüninger getroffen.

Elias Sternbuch, heute in Zürich, erzählt: Seine verstorbene Schwägerin Recha habe die Leute, die sie hereinholte, natürlich immer zu Grüninger geschickt. Nach Grüningers Absetzung hätten die Behörden dann wissen wollen, woher diese Leute denn eigentlich gekommen seien, wer sie gebracht habe. Nachdem Recha Sternbuch während mehreren Wochen Haft beharrlich schwieg, wurde sie von den Behörden schliesslich dazu aufgefordert, für eine Weile zu ihren Eltern nach Antwerpen zu verschwinden. Der Untersuchungsrichter Bernhard Roth, ein Sozialdemokrat, habe ihr am Ende immerhin 100 Franken für die Flüchtlinge zugesteckt und sich bei ihr entschuldigt.

Die Eltern der Schwägerin hätten die Sache allerdings mit ihrem Leben bezahlen müssen. Als Recha Sternbuch nämlich später ihre Eltern aus dem besetzten Belgien in die Schweiz bringen wollte, lehnten die Behörden diesen Antrag ab, weil die eingeheiratete Schweizerin schon einmal gegen fremdpolizeiliche Gesetze verstossen hatte.

Recha Sternbuch verletzte weiterhin die Gesetze. 1944 sandte sie den früheren Schweizer Bundesrat Jean-Marie Musy als Unterhändler nach Berlin. Musy war ein wohl reumütig gewordener Rechtsradikaler und mit Heinrich Himmler bekannt. Er sollte dem SS-Führer Jüdinnen und Juden abkaufen zu einer Zeit, in der auch Saly Mayer, der frühere Präsident des Schweizerischen Israelitischen Gemeindebundes und damaliger Repräsentant der jüdischen Hilfsorganisation «Joint» in Europa, auf der Zollbrücke bei St. Margrethen mit SS-Offizieren um die Rettung der letzten noch nicht getöteten europäischen Juden verhandelte. Aber das ist eine andere Geschichte.

AUS DEN BASELSTÄDTISCHEN Polizeiakten, 23. August 1939. Die Basler stritten sich kurz vor Kriegsausbruch mit dem Bund gerade um einen deutschen Emigranten namens Siegfried Wertheimer, den sie nicht ausschaffen wollten. Man hatte sie daher an das Schicksal Paul Grüningers erinnert. Der stellvertretende Chef der Basler Fremdenpolizei schrieb nach einem Telefonat mit einem Herrn Dr. Ammann von der Eidgenössischen Fremdenpolizei in Bern:

> «Wenn Herr Dr. Ammann den Fall Wertheimer zum Anlass nimmt, um uns zu warnen (Telefon), unter Hinweis auf den Fall des Polizei-Hauptmann Grüninger in St. Gallen, so muss uns das peinlich berühren und als unangebracht erscheinen, auch wenn es vielleicht gut gemeint war. Abgesehen davon, dass die Voraussetzungen für diesen Vergleich fehlen, muss sich Herr Ammann doch darüber im Klaren sein, dass wir den kantonalen Behörden unterstehen und dass es auf keinen Fall bei ihm liegt, uns gegenüber den Finger zu erheben. Wir werden unsere humane Praxis solange fortsetzen, bis wir von unserer vorgesetzten Behörde gegenteilige Weisungen erhalten.»

Zwei Jahre später, am 23. November 1941, erklärte Heinrich Rothmund, Chef der Polizeiabteilung, seinem neuen Vorgesetzten, Bundesrat Eduard von Steiger, die schweizerische Flüchtlingspolitik, die mit der Grenzsperre im August 1938 in eine neue Phase getreten war. Aus den eidgenössischen Polizeiakten:

«Die Sperrmassnahme musste rigoros durchgeführt werden und stiess auf den Unwillen der Grenzbevölkerung. Einige Grenzkantone, namentlich St. Gallen und Basel, zum Teil auch Schaffhausen, konnten nur mit grösster Mühe zur Vernunft gebracht werden und liessen noch zahlreiche Flüchtlinge ein. Nachdem auch sie Order pariert hatten, kam die Nacht vom 9. November 1938 mit besonders hässlichen Judenverfolgungen. Das hatte zur Folge, dass Basel und St. Gallen trotz unserer ständigen Proteste noch einige hundert illegal eingereiste Flüchtlinge aufnahmen. Dann gab es endlich Ruhe.»

Aus dem Familien-Archiv des damals vierzehnjährigen Flüchtlings Erich B., wohnhaft in St. Gallen bei einer Familie Bannwart:

«Mein teuerster Erich,
Vor Abgang sende ich Dir mein teuerster die herzl Küsse + wünsche Dir Alles Alles Gute ı der ı. Gott möge Dich weiterhin beschützen. Viele innige Küsse von Deiner stets an Dich denkenden + Dich im Geiste umarmenden
Mama
Camp Rivesalt, Pyrenäen
Wo Papa ist weiss ich nicht. Auch an Fam. Bannwart viele Grüsse. Sei nochmals umarmt von Deiner Mama.
Vorläufig kommen wir nach Rifsalt ins Camp. Wo es dann hingeht, weiss ich nicht.»

Der Brief muss irgendwo in Südfrankreich aus einem Zug geworfen worden sein, ein zerknittertes Papier mit fast unleserlicher Adresse. Irgend jemand in Südfrankreich fand den Brief und schickte ihn nach St. Gallen.

Gisèle B., geborene Löwy, die aus Wien nach Italien, aus Italien nach Cannes geflüchtet war, und der die Schweizer Behörden die Einreise zu ihrem Sohn verweigert hatten, war auf dem Weg ins Durchgangslager Drancy bei Paris. Am 7. September 1942 wurde sie mit «Abschub 29» nach Auschwitz gefahren.

«Dann gab es endlich Ruhe», schrieb Dr. Rothmund, der im Oktober 1942 das Deutsche Reich besuchte und nachher vom Konzentrationslager Oranienburg wie von einen Sanatorium schwärmte. («Für alle Lungenkranken bestehen Röntgenaufnahmen, auch Liegestühle für Liegekuren.»)

Als Paul Grüninger zum ersten Mal beschattet wurde, verliess er seine Wohnung an der Moosbruggstrasse um neun Uhr morgens. Er wandte sich nach links Richtung Linsebühlquartier und begegnete nach wenigen Schritten dem zweiunddreissigjährigen Anzeigenverkäufer Isidor Sochaczewski, der in den Augen der Beschatter zu seinen intimen Freunden zählte. Sochaczewski war Mitglied im Fussballclub Brühl. Er arbeitete für die sozialdemokratische «Volksstimme», gelegentlich schrieb er auch Sportreportagen. Sochaczewski war jüdischer Herkunft und stammte aus Polen, die Fussballer nannten ihn Pfisi, er selber hatte sich das Pseudonym Jules Socha zugelegt. Paul Grüninger unterhielt sich mit Isidor Sochaczewski ungefähr zehn Minuten auf der Strasse, dann suchten die beiden ein Restaurant auf. Als sie sich trennten, war es 10.20 Uhr.

Grüninger ging nun in nordwestlicher Richtung quer durch die Altstadt von St. Gallen. Er verschwand dabei für kurze Zeit in den Häusern Spisergasse Nr. 20, Neugasse Nr. 40 und Unterer Graben Nr. 1, bevor er um 11.20 Uhr eine Telefonzelle am Marktplatz betrat. Sofort avisierten die Beschatter die Kreistelegraphendirektion und verlangten ein Abhörprotokoll. Nach den Akten zu schliessen telefonierte Grüninger mit einer Frau, die er offenbar besuchen wollte. Der Anruf dauerte zwölf Minuten; die Frau lehnte eine Verabredung ab.

Während Paul Grüninger noch in der Kabine stand, kam über den Marktplatz der ehemalige städtische Polizeichef Carl Kappeler daher. Durch Klopfen an die Glastüre machte sich Grüninger bemerkbar und setzte, als er fertig war, zusammen mit Kappeler den Weg in die Bahnhofstrasse fort. Inspektor Kappeler hatte sein Amt vor gut einem halben Jahr verloren; den Beschattern war er als Rechtsradikaler bekannt. Im Herbst 1938 war Kappeler vom St. Galler Stadtrat abgesetzt worden, weil er am Nürnberger Parteitag der NSDAP teilgenommen hatte und in St. Galler Wirtshäusern durch deutschfreundliche Reden auffiel. Anders als Grüninger hatte man Kappeler nicht einfach entlassen, sondern vorzeitig pensioniert.

Die Ermittlungen der Beschatter ergaben nun, dass Grüninger und Kappeler um 11.50 Uhr den Bahnhofplatz erreichten, dass Grüninger in den nächsten fünf Minuten beim militärischen Sektionschef im Rathaus vorsprach und anschliessend im Bahnhofbuffet wieder auf Kappeler stiess. Sie trennten sich um 12.35 Uhr. Grüninger kehrte über die Kornhausstrasse, die Merkurstrasse und die St. Leonhardstrasse in die Altstadt zurück. Er kaufte ein Dessert in der Konditorei Kuhn an der Multergasse; um 12.50 Uhr war er zu Hause.

Schon zwanzig Minuten später verliess Paul Grüninger erneut seine Wohnung. Jetzt wandte er sich auf direktem Weg zum Hotel «Hirschen» am Marktplatz, wo er mindestens viereinhalb Stunden mit Jassen verbrachte. Als die Beschatter gegen 18 Uhr die Überwachung einstellten, weil sie den Inhalt des abgehörten Telefonates erfuhren und das Gespräch für politisch harmlos befanden, jasste Paul Grüninger immer noch im «Hirschen». Dies geschah am Samstag, dem 1. Juli 1939, sieben Wochen nach seiner Entlassung.

Am Freitag, dem 30. Juni, hatte sich der gestürzte Polizeihauptmann mit zwei Funktionären der deutschen Gestapo getroffen.

Von Dr. iur. Walter Härtsch wird berichtet, er sei vor dem Krieg ein tüchtiger freisinniger Advokat gewesen und nach dem Krieg ein besonders hartleibiger Staatsanwalt. Er habe speziell die Kleinen verfolgt, wird gesagt, aber im Fall Grüninger trifft das wohl nicht ganz zu. 1939 war Walter Härtsch fünfzig Jahre alt, sicher ist er heute schon lange gestorben. Seine Tätigkeit als ausserordentlicher Untersuchungsrichter gegen Emigrantenschlepper, Ehrabschneider und fehlgeleitete Polizeimänner ist im Staatsarchiv St. Gallen kaum dokumentiert. Seine Originalakten wurden grösstenteils vernichtet – erhalten geblieben sind lückenhafte Abschriften und Korrespondenzen, die das Polizeidepartement eher zufällig aufbewahrte. Das Gerichtsurteil gegen Paul Grüninger liegt indessen vor, die Anklagebegründung ebenfalls, so lässt sich vielleicht auch die Arbeit von Dr. Härtsch rekonstruieren.

Gleich nach der Suspendierung des Hauptmanns hatte der Untersuchungsrichter eine Reihe von Schlampereien im Polizeikorps entdeckt, die mit den Flüchtlingen in keinem erkennbaren Zusammenhang standen. Auf dem Zentralposten stimmten die Bücher nicht, einige Spesen waren doppelt berechnet worden, und es gab schwarze Kassen. Grüninger hatte während fünf Jahren insgesamt 154 Franken zweifach bezogen. Bei den Einnahmen des Korps, die von Leutnant Paul Künzler verwaltet wurden, fehlten ausserdem 396 Franken, für deren Verwendung weder der Kommandant noch sein Stellvertreter irgendwelche Belege oder Zeugen vorweisen konnten. Auch die Sache mit der angeblichen Prokuristenstelle des Hauptmanns hatte Härtsch bereits enthüllt. Etwas später erfuhr der Untersuchungsrichter, dass Grüninger einem Landjäger für eine private Reise von St. Gallen nach Bern eine Dienstfahrkarte ausgestellt hatte. Von allen bis hierher aufgezählten Vorwürfen war dies der einzige, der am Ende zu einer Verurteilung führte.

Was die Flüchtlinge betraf, konnte Dr. Härtsch neben der Missachtung eidgenössischer Erlasse, der heimlichen «Bereinigung» von Einreisezahlen und der unrechtmässigen Abgabe von Identitätspapieren jetzt auch belegen, dass Grüninger zugunsten des Vorarlberger Emigranten Franz Josef Flatz eine Anfrage deutscher Behörden falsch beantwortet hatte und dass er für einen anderen Emigranten während der Dienstzeit nach Zürich gefahren war, um eine Briefmarkensammlung sicherzustellen. Im ersten Fall hatte der Hauptmann auf illegale Weise eine Auslieferung zu verhindern gewusst, im zweiten Fall hatte er sich auf unzulässige Art in fremde Privathändel eingemischt.

Die Ermittlungen wegen Devisenschmuggels waren hingegen in eine Sackgasse geraten, und für den Verdacht, Grüninger sei bestochen worden, fand sich selbst nach langer Suche nur eine einzige

Zeugin, welche den Umstand vom Hörensagen kannte und der niemand so recht glaubte.

Über eine Bestechung des Hauptmanns munkeln manche in St. Gallen noch heute. Hohe und höchste Summen soll er eingesteckt haben, zum Beispiel «sechs Millionen». Tatsache ist, dass die meisten Emigranten zur Bezahlung von Bestechungsgeldern gar nicht imstande gewesen wären. Von den heute noch lebenden Flüchtlingen schwören daher auch alle, Hauptmann Grüninger habe nie etwas von ihnen bekommen, geschweige denn habe er etwas verlangt. Weder sie noch ihre Bekannten und Verwandten hätten ihn jemals geschmiert. Der Bestechungsverdacht wird von einigen Leuten dennoch weiterhin aufrecht erhalten – etwa vom pensionierten Bundesrichter Dr. Harald Huber, der gelegentlich Leserbriefe zum Fall Grüninger schreibt. Huber war 1939 ein junger Rechtsanwalt in St. Gallen, er will wenigstens zwei konkrete Bestechungsvorgänge aus «hundertprozentig zuverlässiger jüdischer» Quelle kennen, doch er mag diese Quelle nicht nennen. Sie falle auch nach fünfzig Jahren noch unter das Anwaltsgeheimnis.

Harald Huber ist der Sohn von Johannes Huber, einem damals mächtigen sozialdemokratischen Nationalrat aus St. Gallen, der im Zweiten Weltkrieg die Vollmachtenkommission des Nationalrates präsidierte und «der achte Bundesrat» genannt wurde. Als Jurist war der alte Huber berühmt, seit er die Anführer des Generalstreiks von 1918 und dann die zurückgekehrten St. Galler Spanienkämpfer verteidigt hatte, als Politiker war er einer der Väter des fortschrittlichen eidgenössischen Strafgesetzbuches, das Ende der dreissiger Jahre die Todesstrafe im zivilen Bereich abschaffte. Es heisst allerdings auch, Valentin Keel sei 1930 nur dank Johannes Huber Regierungsrat geworden, und Huber werde es dann wohl gewesen sein, welcher 1939 den vom Vaterländischen Verband geforderten Sturz Keels abwandte. Beweisen lässt sich das nicht. Der Sohn Harald Huber hat das Archiv seines Vaters nach dessen Hinschied 1948 vernichtet. Er hat auch die eigenen Akten aus jener Zeit bei einer «Archivbereinigung» weggeworfen.

Herman Schmidt, der Sohn des «Volksstimme»-Redaktors Franz Schmidt, Urenkel Herman Greulichs, eines Gründers der schweizerischen Arbeiterbewegung, und heute ebenfalls Bundesrichter, erinnert sich: Jedesmal wenn in der «Volksstimme» ein nicht ganz linientreuer, «moralisch engagierter» Artikel erschienen sei, habe am nächsten Tag eine Gegendarstellung von Johannes Huber in der Zeitung stehen müssen. Es sei «untypisch», sagt Herman Schmidt, dass die «Volksstimme», die sich im Herbst 1938 sogar getraute, einige Gepflogenheiten in der schweizerischen Sozialdemokratie mit dem undemokratischen Ritual der Nürnberger Parteitage zu vergleichen, über Grüningers Entlassung so wenig publiziert habe. Sein stets überarbeiteter und 1947 verstorbener Vater habe Grüninger in Gesprächen allerdings nie erwähnt. Erst recht nie habe Franz Schmidt «irgend eine schlechte Äusserung» zu Valentin Keel getan.

Der Bestechungsvorwurf von Harald Huber wurde 1984 gegenüber dem Journalisten Lancelot C. Sandor noch von einem weiteren sozialdemokratischen Zeitzeugen bestätigt. Dr. Samuel Teitler, ein jüdischer Rechtsanwalt und Kassationsgerichtspräsident in St. Gallen, der heute nicht mehr lebt, erzählte laut Sandor

«(...) von einem Emigranten, der 1945 zu ihm kam und eine Briefmarkensammlung wiederhaben wollte, die er bei Grüninger deponiert hätte».

«Und ich sage Ihnen», sprach Samuel Teitler zu Lancelot C. Sandor, «dieser Mann war kein Einzelfall.»

Eine gewisse Nahrung erhielt der Bestechungsverdacht in der Untersuchung Dr. Härtschs allein durch den Umstand, dass Grüningers steuerliches Vermögen im Jahr 1938 von 1000 Franken auf 9000 Franken gestiegen war, «zufolge Liegenschaftserwerb und Neubau» eines Mehrfamilienhauses an der Dianastrasse 7 in St. Gallen. Ruth Roduner-Grüninger, die ältere Tochter des Hauptmanns, sagt dazu:

«Das mit dem Haus war so: Mein Vater hatte einen Freund, der war in der Stickerei tätig. Dieser Freund hatte Probleme in den Krisenjahren, da war mein Vater noch im Amt. Dann wurde er Bürge für diesen Freund und verlor dabei ziemlich viel Geld. Und dieser Freund hatte eine Freundin, das Fräulein Kaltenbach. Die hatte eine Wirtschaft in St. Gallen, ein Weinrestaurant an der Spisergasse. Sie war mit diesem Herrn Kellenberger befreundet, Kellenberger hat der Freund geheissen, und der ist dann nachher gestorben. Dieses Fräulein Kaltenbach sagte dann, an ihrem Freund müsse niemand etwas verlieren. Sie hatte ein bisschen Geld. Sie hat das Restaurant verkauft, das hiess Waldegg, an der Spisergasse, vis à vis vom Kleidergeschäft Harry Goldschmidt im ersten Stock. (…) Nun, die gab also dieses Restaurant auf, war aber dann doch nicht glücklich, als sie nichts mehr zu tun hatte. Sie war eine Ledige, viel älter als mein Vater übrigens. (…) Und sie hatte Hunde, hatte immer Schwierigkeiten mit ihren Hunden, dort wo sie wohnte. (…) Da sagte ihr mein Vater, am besten würde sie mit dem Geld ein Haus bauen mit ein paar Wohnungen und auch selber darin wohnen, dann könnte ihr auch niemand mehr wegen den Hunden dreinreden, oder! Dann kaufte man diesen Boden an der Dianastrasse. Mein Vater konnte den Boden für sie kaufen, und wegen dem Geld des Herrn Kellenberger trug sie das halbe Haus von Anfang an auf den Namen meines Vaters ein. Er war von Anfang an zur Hälfte beteiligt, obwohl er selber kein Geld hatte. Er half ihr dann auch immer etwas bei der Verwaltung dieses Hauses. (…) Und im Testament hat sie dann die andere Hälfte meinem Vater noch vermacht, deshalb hatten wir also dieses Haus. Deshalb heisst es also in den Akten, er habe Vermögen versteuert.»

Den Boden für das Haus, nämlich 626,6 Quadratmeter, kaufte Paul Grüninger im Juni 1937 für 9399 Franken dem Kanton ab. Der Immobilienbesitz des Hauptmanns wurde 1938 auf 39 500 Franken geschätzt, er war mit Hypotheken von 30 500 Franken belastet, Grüninger verdiente in seinem letzten Amtsjahr 8100 Franken. Emil Kellenberger, Dessinateur oder Stickereizeichner an der Vadianstrasse, schuldete ihm laut den Akten 10 600 Franken inklusive Zinsen seit 1930.

Bald stellte Dr. Härtsch das Verfahren wegen Bestechung ein. Der Verdacht lebt in manchen Köpfen weiter. Ohne zu zögern gab Grüninger seinerzeit jedoch zu, dass eine seiner Töchter einen Puppenwagen und ein Trottinett, er selber einen Blumenstrauss aus jüdischer Hand erhalten hatte.

HÄRTSCHS ERMITTLUNGEN gegen den Hauptmann waren also nicht sehr weit vorangeschritten im Sommer 1939. Die zusätzlich entdeckten Straftatbestände häuften sich keinesweg in der einst von ihm und vom Regierungsrat erwarteten Weise. Das Verfahren stagnierte auch noch Anfang 1940, als plötzlich ein neues Delikt auftauchte: Es meldete sich der Verband der St. Galler Kantonspolizei und klagte 5000 Franken ein. Paul Grüninger hatte diesen Betrag drei Jahre früher von dem alten Polizisten Christian Wetzel geerbt. Landjäger Wetzel, Jahrgang 1845, hatte sich nach seiner Pensionierung in Vorarlberg niedergelassen, weil er in der teuren Schweiz mit der kleinen Polizistenrente angeblich nicht existieren konnte. Hauptmann Grüninger hatte dafür gesorgt, dass Wetzel die Rente auch im Ausland bekam. Bei seinem Tod hinterliess der ledige Christian Wetzel etwa 90 000 Franken, von denen er 5000 dem Hauptmann vermachte. Das Testament wurde von den Verwandten Wetzels kurze Zeit nach Eröffnung verbrannt, wahrscheinlich aus Wut über den entgangenen Anteil.

Er dürfe die Erbschaft Wetzel frei verwenden, glaubte Paul Grüninger, und er werde damit nach eigenem Ermessen vielleicht notleidende Landjäger unterstützen.

Er müsse auf jeden Fall notleidende Landjäger damit unterstützen, sagten sowohl die Verwandten Christian Wetzels als auch der Verband der Kantonspolizei. Über die Ausgaben sei er natürlich rechenschaftspflichtig.

Der Verband forderte Grüninger schliesslich dazu auf, das ganze Erbe herauszurücken. Grüninger weigerte sich ein paar Wochen lang, dann einigte man sich auf einen Vergleich, und der arbeitslose Hauptmann trat 2500 Franken aus seinem staatlichen Pensionsguthaben ab. Die Rechtslage war unklar; ein Zivilprozess schien dem Anwalt des Verbandes der Kantonspolizei zu riskant. Die Strafverfolgung wurde entgegen dem Antrag Dr. Härtschs von der Staatsanwaltschaft «zufolge Verjährung» eingestellt. Doch der Geruch der Unterschlagung blieb hängen wie jener der Bestechung.

Gar nichts zu tun hatte Dr. Walter Härtsch indessen mit Grüningers Beschattung.

DAS ANSEHEN des Hauptmanns war ruiniert. Solange das Untersuchungsverfahren offenblieb, fand Paul Grüninger auch keine neue Stelle. Im August 1939 lehnten die Behörden sein Gesuch ab, in St. Gallen eine private Pfandleihanstalt zu gründen. Ende 1939 plante er, sich als Textilienhändler selbständig zu machen, aber der Einstieg misslang.

Anfang 1940 verwahrte sich die Kantonsregierung dagegen, dass Grüninger zum Polizeioffizier beim Territorialkommando 6 für den Bezirk Sargans im Rheintal, für die Bezirke Walenstadt, Gaster und See, den Kanton Glarus sowie die schwyzerischen Bezirke March und Höfe ernannt wurde und in den Aktivdienst einrücken konnte. Hätte die Regierung anders entschieden, wäre der Heerespolizist Grüninger spätestens ab Dezember 1942, als die Juden-Vergasungen schon voll im Gange waren und die aufgegriffenen ausländischen Jüdinnen und Juden vom Militär unter Kontaktsperre gesetzt wurden, wieder für Rückweisungen zuständig gewesen. Stattdessen stand er als Oberleutnant der Armee «zur Disposition».

Paul Grüninger lebte von den Ersparnissen seiner Mutter, von Wertschriften der Schwiegermutter, die seinem Erbanspruch abgezogen wurden, von dem in Raten zurückerstatteten restlichen Pensionsguthaben (insgesamt 5207.40 Fr.), von den Mietzinsen des Hauses an der Dianastrasse und von gelegentlichen Almosen. Die Dienstwohnung an der Moosbruggstrasse 14 war ihm Ende Juni 1939 gekündigt worden, die neue Wohnung kostete 100 Franken monatlich. Die ältere Tochter gab ihre Ausbildung an der Handelsschule in Lausanne auf, um die Eltern zu unterstützen; nach langer Suche fand sie eine Stelle bei der jüdischen Textilfirma Sternbuch, woanders wollte man die Tochter eines «Judenretters» zu dieser unsicheren Zeit trotz guter Zeugnisse nicht beschäftigen. Sie verdiente 120 Franken pro Monat und konnte damit gerade die Miete bezahlen. Zum Glück sei auch ihre Mutter, Alice Grüninger-Federer, «eine Bescheidene» gewesen, sagt die Tochter heute. Die Familie habe zum Vater gehalten. Die jüngere Tochter, ein angenommenes Pflegekind, ging noch in die Primarschule. – Und wenn er vorher wirklich Bestechungsgelder genommen hätte, sagt die ältere Tochter, dann wäre es ihnen nachher ja wohl nicht so schlecht ergangen. Die meisten Leute zogen sich jetzt von Paul Grüninger zurück. In den Zeitungen hatten die widersprüchlichsten Andeutungen über seine Geschichte gestanden. In den Beizen wurde geredet.

«Ein schwarzes Blatt» seien diese Jahre auch in der Geschichte der Juden St. Gallens, sagt Ernst Kleinberger, welcher die Israelitische Gemeinde von 1943 bis 1947 präsidierte. Sicher, ein paar einzelne hätten Grüninger manchmal «etwas gegeben», aber so richtig hätten die Schweizer Juden «nichts für den Mann getan». Paul Grüninger sei allerdings jemand gewesen, der «nicht um Hilfe bitten konnte».

Im Februar 1941 sprach der entlassene Hauptmann bei Saly Mayer vor, dem Präsidenten des Schweizerischen Israelitischen Gemeindebundes (SIG), und Saly Mayer telefonierte anschliessend mit mehreren jüdischen Industriellen der Stadt, wohl um eine Arbeit für ihn zu finden. Vorerst erfolglos. Einen Monat früher, im Januar

1941, hatte beim SIG ein Basler namens Albert Falk schriftlich für Grüninger interveniert.

Falk schrieb, dass der St. Galler Polizeikommandant

> «(...) es trotz seiner Amtsstelle als Mensch nicht mehr mitansehen konnte, wie Frauen und Kinder sich wieder in den Rhein stürzten, oder Greise sich vor ihm auf dem Boden wälzten, um nicht zurück zu müssen an den Ort, wo sie die schwersten Strafen erwarteten».

Zum Beispiel, schrieb Albert Falk, habe Grüninger, mit dem ihn sonst keine persönliche Beziehung verbinde, eine «jüdische Dame» aus seinem Bekanntenkreis «zu deren in der Schweiz befindlichen Mann und den daselbst anwesenden Kindern» gebracht. Grüninger sei «zu bescheiden und zurückhaltend, um sich selbst an irgend jemand in seiner heutigen schwierigen Lage zu wenden», aber es sei doch die «elementarste Pflicht», ihm jetzt zu helfen.

Karl Hamburger, der Sekretär Saly Mayers, bemerkte dazu:

> «Es ist sehr unvorsichtig, von Herrn Falk, zu schreiben, G. habe jüd. Flüchtlingen die Einreise ermöglicht, er habe eine jüdische Dame aus Österreich zu deren in der Schweiz befindlichem Mann und den Kindern gebracht usw. Das wäre tatsächlich strafbar gewesen und wird besser nicht breitgeschlagen, abgesehen davon, dass wir nun finanziell die Folgen zu tragen haben, indem wir Familien und Verwandtschaften an den Hals bekommen haben, die wir nicht fortbrachten, während wir die Leute einzeln oft längst hätten weiterschaffen können.»

Dennoch sei auch er der Meinung, schrieb Karl Hamburger, «dass G. im Sinne des Schreibens Falk mit einer Anstellung geholfen werden sollte», was man «aber nicht an die grosse Glocke zu hängen» brauche. Hamburgers Chef, Saly Mayer, telefonierte ausser mit möglichen Arbeitgebern auch mit seinem freisinnigen Parteifreund Dr. Walter Härtsch und notierte dann in die SIG-Akten:

> «G. ist nicht wegen dem Hereinlassen von zuviel Flüchtlingen entlassen + bestraft worden. H. wird mir den Leitschein an das Gericht zum Lesen geben.»

Aus dem «Leitschein», dem heute verschollenen Schlussbericht Walter Härtschs, exzerpierte Saly Mayer 1941:

> «Leitungsanträge:
> Erstellung einer formell echten in ihrem Inhalt aber unwahren Urkunde im Sinne Art. 169
> wegen Unterschlagung im Sinne Art. 56 in Verbindung mit 166 und in Verbindung mit 35, 36 Abs. 2, 38 StrG
> dem Richter zur korrektionellen Beurteilung zu überweisen.»

So kam es, dass die Repräsentanten der Schweizer Judenheit sich noch bis Ende der sechziger Jahre einreden konnten, Grüninger sei eigentlich ein gemeiner Betrüger gewesen, und die Sache gehe sie nicht viel an.

Nur bei den Flüchtlingen war der Ruf des Hauptmanns unbeschädigt. Acht Monate nach seiner Absetzung traf ein Brief aus Diepoldsau ein:

> «Sehr geehrter Herr Hauptmann Grüninger.
> Im Namen aller meiner Lagerkollegen, welche alles Gute, was Sie für uns getan haben, nie vergessen werden, wünsche ich Ihnen und Ihrer werten Familie ein recht frohes Weihnachtsfest und ein glückliches Neujahr. Ich habe Ihnen weiters recht herzliche Empfehlungen auszurichten von allen,

denen Sie einmal geholfen haben oder denen Sie in schwerster Lage Trost zugesprochen haben.
Ihr dankbarer Felix Bauer, für alle Lagerinsassen.
Diepoldsau, 23. 12. 1939»

Die Flüchtlinge hatten zu spüren bekommen, was ihnen an Grüninger verloren gegangen war. Der neue Chef der Kantonalen Fremdenpolizei, Dr. Gustav Studer, machte es sich zum Ehrgeiz, ihnen systematisch «den Verleider» beizubringen, wie es das Eidgenössische Justiz- und Polizeidepartement verlangte.

An die Methoden Dr. Studers erinnern sich zum Beispiel Rosa und Joseph Rudis-Schkolnik noch gut, die heute in Tucson, Arizona, leben.

Joseph Rudis war in der «Kristallnacht» in Wien verhaftet und misshandelt worden, er kam Anfang Dezember 1938 an die Schweizer Grenze. Ein junger Uniformierter hielt ihn auf, liess ihn jedoch passieren, nachdem Rudis von seiner Verhaftung in Wien erzählt hatte; der Uniformierte, ob Zöllner oder Soldat, warnte den Flüchtling sogar vor Strassenkontrollen im Landesinneren. Rosa Schkolnik folgte ihrem Verlobten in der Silvesternacht. Am 12. März 1939 liessen sich die beiden in einer Zürcher Synagoge trauen. Nach ihren eigenen Massstäben waren sie nun ein Ehepaar, aber zivilrechtlich durften sie nicht heiraten. Im Sommer 1939 wurde Rosa Rudis schwanger.

Am 27. Oktober 1939 rapportierte Landjäger Jakob Staub aus Diepoldsau, welcher bei Kriegsbeginn den Landjäger Kamm als Lagerleiter abgelöst hatte, an die Kanzlei des Polizeidepartements St. Gallen:

«Ihrer Weisung gemäss habe ich Rudis Josef & Schkolnik Rosa betr. Unzucht einvernommen. Im weitern verweise ich auf beiliegende Einvernahmen.
Rudis wurde schon von mir aus dem Schlafzimmer der Schkolnik verwiesen. Er gab dann zur Antwort, sie seien doch

verheiratet & hätte er deshalb ein Recht bei seiner Frau zu sein. Beide konnten nie bei der Tat erwischt werden, obschon ich vielmals Kontrolle machte. Die Sache kam erst aus, als die Schkolnik sich schwanger fühlte.»

Aus der «beiliegenden Einvernahme» des Joseph Rudis durch Landjäger Staub:

> «Sie dürfen mir glauben, dass ich meine Braut nicht absichtlich schwängerte. Wir sind ja ohne Zukunft & wissen wir noch nicht, was mit uns geschieht. Durch das Kind kommen wir nur noch mehr ins Elend, da wir uns zuerst eine Existenz aufbauen müssen & vorderhand noch von der Flüchtlingshilfe abhängig sind.
> Wie ich Ihnen bereits schon vorher erklärte, habe ich in der Schweiz erst Geschlechtsverkehr gepflogen, als wir rituell getraut worden waren & glaubte ich infolge der Trauung dazu berechtigt zu sein. Der Geschlechtsverkehr geschah immer im Schlafzimmer meiner Braut.
> Heute sehe ich nun ein, dass ich dies nicht machen hätte sollen, da ich Emigrant bin & nicht weiss, was die Zukunft noch bringen wird. Ich hoffe aber, dass wir noch in der Schweiz gesetzlich getraut werden. Wieviel Mal wir Verkehr hatten, kann ich nicht sagen.
> Vorgelesen & bestätigt:
> Rudis Josef – J. Staub, Ldjgr.»

Daraufhin schrieb Dr. Studer am 30. Oktober 1939 der Israelitischen Flüchtlingshilfe:

> «In Beantwortung Ihrer Anfrage vom 23. Oktober, mit welcher Sie das Gesuch stellen, es möchte den im Emigrantenlager in Diepoldsau sich aufhaltenden Flüchtlingen Rudis Josef und Schkolnik Rosa gestattet werden, sich im Kanton

Graubünden trauen zu lassen, teilen wir Ihnen nach Fühlungnahme mit dem Departement des Innern und weiterer Abklärung des Falles mit, dass wir die beiden genannten Personen keinesfalls mehr im Kanton St. Gallen übernehmen würden.

Der Fall ist besonders krass, da nach den übereinstimmenden Angaben der aussereheliche Geschlechtsverkehr im Lager selbst stattgefunden hat, was von einer Scham- und Rücksichtslosigkeit sondergleichen zeugt. Leider werden wir dadurch in unserer Auffassung bestärkt, dass es eine erhebliche Zahl von Emigranten gibt, die weder gegenüber sich selbst noch viel weniger gegenüber dem Gastland irgendwelches Verantwortlichkeits- und Pflichtgefühl kennen. Dieses Vorkommnis veranlasst uns zu durchgreifenden Massnahmen. Wir stellen hiemit das Begehren, dass alle weiblichen Insassen innert kürzester Frist an einen andern Ort disloziert werden. Wir gewärtigen Ihre diesbezgl. Vorschläge.»

Sidney Dreifuss, Leiter der St. Galler Flüchtlingshilfe, antwortete am 31. Oktober:

«Wir sind im Besitze Ihres Schreibens vom 30. ds. betreffs *RUDIS Josef und SCHKOLNIK Rosa.* Wir müssen Ihnen von vorneherein mitteilen, dass wir uns mit einer derart negativen Behandlung dieses Falles unter keinen Umständen einverstanden erklären können. Die Kantonale Fremdenpolizei scheint der Meinung zu sein, dass unsere Flüchtlinge Sträflinge sind, mit denen man nach Willkür verfahren kann. Wenn man ihnen schon aus Gründen, die hier nicht zur Erörterung stehen, das Domizil verweigert und die Trauung im Kanton St. Gallen daher nicht stattfinden kann, so geht es unseres Erachtens nach nicht an, eine Trauung in einem anderen Kanton, für die wir unter vielen Mühen die Zustimmung erhalten haben, zu hintertreiben, umsomehr, als uns

Ihr Herr Dr. Studer eine wohlwollende Prüfung und Herr Landammann Keel eine zustimmende Erledigung unseres Gesuches zugesagt hatten.

Es geht nicht an, den Leuten einerseits zivilrechtliche Trauung zu verweigern, obwohl sie religiös getraut sind, und sie auf der anderen Seite mit Vorwürfen und polizeilichen Einvernahmen zu quälen. Ihre in Ihrem Brief geäusserte Auffassung ist zumindest in diesem Falle falsch, denn nicht die Emigranten haben kein Pflicht- und Verantwortungsgefühl gegen sich (denn sie sind ja religiös getraut und wollten schon lange zivilrechtlich heiraten), sondern der Staat hat ihnen die gesetzliche Sanktion verweigert.»

So schrieb Sidney Dreifuss, den die meisten Flüchtlinge nicht mochten und der Paul Grüninger verraten hatte.

Nachdem Dreifuss noch drohte, die Zusammenarbeit mit der Fremdenpolizei abzubrechen, wenn die Emigranten weiterhin derart schlecht behandelt würden, musste Dr. Studer die Heirat bewilligen.

Es kam übrigens auch vor, dass Flüchtlinge wegen «Unzucht» ausgewiesen wurden. Zum Beispiel der achtzehnjährige Wiener Kellner Hans Stricker: Er wurde im Juni 1939 aus der Schweiz ausgewiesen, weil er eine zweiundzwanzigjährige nicht-jüdische St. Gallerin geschwängert hatte. Seine Mutter, die siebenunddreissigjährige Bankbeamtin Anna Stricker, wurde gleichzeitig abgeschoben. Beide gingen nach Frankreich. Sie kamen in deutschen Konzentrationslagern um.

GRÜNINGERS PROZESS fand im Oktober 1940 statt, das Urteil wurde am 23. Dezember gefällt und am 14. März 1941 schriftlich zugestellt. Das Bezirksgericht St. Gallen erkannte auf Amtspflichtverletzung bei der Fragebogen-Fälschung, bei der Mitteilung falscher Einreisedaten an Valentin Keel und bei der Abgabe falscher Auskünfte an die deutschen Behörden. Nicht bestraft wurde die blosse Duldung illegaler Einreisen. Über den Angeklagten steht in der Urteilsbegründung:

> «Zugute kommen soll ihm, dass er bei diesen Handlungen (ausser mit dem Vertuschungsbericht an den Departementsvorsteher) keinerlei persönlichen Vorteil für sich beabsichtigte noch sonst erhielt. Und auch das darf berücksichtigt werden, dass diese Handlungen ihren letzten, allerdings entfernten Untergrund in dem objektiv rechtswidrigen, aber subjektiv menschlich verständlichen und entschuldbaren Einreisenlassen Flüchtiger haben, wobei Grüninger bis zu einem gewissen Mass sehr wohl durch die Auffassung seines Chefs sich gedeckt erachten konnte. Er hat nicht verstanden in den Grenzen zu bleiben und ist Schritt um Schritt weiter zum eigentlichen Vergehen gekommen.»

Wegen Urkundenfälschung verurteilte das Gericht den Hauptmann aufgrund eines einzigen «formell echten, inhaltlich unwahren» Ausweises, mit dem er dem Emigranten Markus Löffel die Möglichkeit verschafft hatte, ins Ausland zu reisen und dort Flüchtlingstransporte nach Palästina zu organisieren.

Das unrechtmässig bewilligte Bahnbillett nach Bern qualifizierten die Richter als Amtspflichtverletzung, wobei fraglich blieb, wozu es denn eigentlich ausgestellt worden war. Die übrigen bürokratischen Unregelmässigkeiten im Kommando hielt das Gericht durch die fristlose Kündigung für genügend gesühnt, und die Staatsanwaltschaft war sogar der Ansicht, dass diese «Verfehlungen» für sich allein «wohl weder zu einer Entlassung noch zu einem Strafverfahren» geführt hätten.

Das Bezirksgericht St. Gallen verurteilte Paul Grüninger zu einer Geldstrafe von 300 Franken, die Kosten betrugen Fr. 1243.05, der Staat übernahm 350 Franken. Grüningers Verteidiger hiess Willi Hartmann, er war Vorstandsmitglied im Vaterländischen Verband.

Es ist jedoch möglich, dass Grüninger zuerst versuchte, einen anderen Verteidiger zu gewinnen, denn im Archiv des St. Galler Anwaltes Adolf Sennhauser ist 1993 das Protestschreiben des Hauptmanns an den Regierungsrat vom April 1939 plötzlich aufgetaucht, ein Original-Durchschlag, der fast nur von Grüninger selber stammen kann. Das Zitat des Bundesrates Droz ist mit Rotstift angezeichnet.

Adolf Sennhauser war, wie Johannes Huber, ein führender Sozialdemokrat St. Gallens. Flüchtlinge erzählen, dass Sennhausers Sohn Alex selber Menschen über die Grenze geschmuggelt habe. Alte Sozialdemokratinnen und Sozialdemokraten behaupten, bei Huber habe während des Krieges nur ein Porträt von Karl Marx, bei Sennhauser aber ein Bildnis von Josef Stalin im Büro gehangen. Sennhausers Frau war, wie die Ehefrau von Johannes Huber, eine Ärztin russisch-jüdischer Herkunft. 1940 wurde Lubowa Sennhauser zusammen mit einigen Flüchtlingen und einigen anderen St. Gallern wegen illegaler Tätigkeit festgenommen. Im Untersuchungsgefängnis soll sie als «Judensau» und «russische Agentin» beschimpft worden sein, bis ihr Mann eingriff, um sie zu befreien. – Es könnte sein, dass Adolf Sennhauser den Hauptmann als Klienten ablehnte. Sennhauser war, wie Johannes Huber und Franz Schmidt, mit Valentin Keel gut bekannt.

Dr. Willi Hartmanns Strategie zu Grüningers Verteidigung bestand im wesentlichen darin, auf die Mitschuld Keels hinzuweisen. Ein Tribunal gegen die herzlose eidgenössische Flüchtlingspolitik wurde daraus nicht. Die Presse schrieb von links bis rechts sehr neutral über den Prozess, ohne Wirbel zu machen. Alle betonten, der Hauptmann sei nie bestochen worden. Die Basler «National-Zeitung» titelte: «Ein Opfer seiner Gutmütigkeit?»

Grüninger legte keine Berufung ein.

Zwei Andere Untersuchungen wegen illegaler Flüchtlingshilfe, jene gegen Christian Dutler, Karl Zweifel und Werner Stocker so-

wie jene gegen Recha Sternbuch, wurden 1941 bzw. 1942 eingestellt. Auch zu diesen Verfahren sind heute nur noch einzelne
Aktenstücke vorhanden. Am 9. Juli 1941 schrieb Heinrich Rothmund dem Untersuchungsrichteramt St. Gallen:

«Wie die Dinge heute liegen, sehen wir, im Einverständnis
mit der Bundesanwaltschaft, keinen Grund, auf Bestrafung
der illegal eingereisten Emigranten und der Teilnehmer an
ihrem Delikt Gewicht zu legen. Der Entscheid hierüber liegt
aber ausschliesslich bei den Strafverfolgungsbehörden.»

Hätte man nämlich alle Schlepper konsequent bestraft, dann hätte
man auch die meisten Flüchtlinge vor Gericht ziehen müssen. Es
wäre zu Monster-Prozessen gekommen. Ein «selbständiges Delikt
der Emigrantenschlepperei» gab es laut Heinrich Rothmund nicht.
Juristisch gab es nur das Delikt der «Teilnahme an dem vom Emigranten verübten Delikt der unerlaubten Einreise». Da zumindest
die kleinen kommerziellen Schlepper andererseits aber stets verfolgt und nach Möglichkeit verurteilt wurden, kommt der mildern-
den Empfehlung des EJPD an die St. Galler Behörden vielleicht
eine politische Bedeutung zu.

Ein öffentlicher Prozess gegen die Familie Sternbuch, ein Prozess gegen den schweizerischen Parteisekretär Stocker hätte den
Israelitischen Gemeindebund oder die Sozialdemokratische Partei
zur öffentlichen Stellungnahme gezwungen. Es wäre unter den damaligen Bedingungen leicht ein Schauprozess gegen die Schweizer
Juden oder gegen die Schweizer Sozialdemokraten geworden.
Heinrich Rothmund und die Eidgenössische Fremdenpolizei arbeiteten mit dem SIG und mit vielen sozialdemokratischen Polizeidirektoren «aufs loyalste» zusammen, wie in Reden und Briefen
aus jenen Jahren immer mal wieder geschrieben steht. – In den von
Deutschland eroberten Ländern des «Neuen Europa» hatten die
Deportationen «nach dem Osten» begonnen. Eine letzte grosse
Flüchtlingswelle stand bevor.

Christian Dutler, der ausser mit einem Schlepper-Verfahren mit einer Bestrafung wegen Amtsehrverletzung rechnen musste, weil er in der Zeitschrift «Guggu» Valentin Keel attackiert hatte, wurde auf Bitten Werner Stockers vom Schweizerischen Arbeiterhilfswerk gelegentlich mit sehr kleinen Geldsummen bedacht. Dutler und seine Frau betrieben in Räfis bei Buchs eine Wäscherei sowie einen Obsthandel. Stocker versuchte sozialdemokratische Kundschaft zu vermitteln. Am 25. Oktober 1941 akzeptierte Christian Dutler einen Vergleich mit Regierungsrat Keel und widerrief alle seine Behauptungen, die er vor Gericht nie hätte beweisen können, da Paul Grüninger als Zeuge nicht zugelassen worden wäre. Karl Zweifel wurde Arbeiter bei der Firma Dornier, dann Taxifahrer. Dutler wurde Kommunist und ein beliebter Rechtsberater im Bezirk Werdenberg für jene Menschen, die sich keinen richtigen Advokaten leisten konnten. Man sagte, man gehe «zum Dutler», wenn man in juristischen Dingen drohen wollte.

Dr. Leo Eberle, der Obmann des Vaterländischen Verbandes, wurde im Januar 1942 vom Kantonsgericht St. Gallen in zweiter Instanz wegen «Amtsehrverletzung, begangen durch die Druckerpresse» verurteilt. Oberstleutnant Eberle hatte inzwischen Privatkonkurs angemeldet und sein Anwaltspatent verloren. Er zog aus der Ostschweiz nach Zürich um.

In St. Gallen gibt es Leute, die den Vornamen von Regierungsrat Keel noch heute verballhornen: «Fall-nicht-hin» Keel blieb bis 1942 im Amt, er kränkelte zum Schluss. 1945 ist er mit einundsiebzig Jahren gestorben.

ALS PAUL GRÜNINGER am 19. März 1941 ein weiteres Mal beschattet wurde, sass er im Hotel «Hirschen» am mittleren Tisch vor dem südlichen Fenster, dort wo er immer sass. So häufig sass Paul Grüninger am Stammtisch des FC Brühls im «Hirschen», dass sein Hund Lumpi, ein kleiner Dackel, von alleine in den «Hirschen» ging und sich unter den mittleren Tisch am südlichen Fenster legte, wenn er den Meister sonst nirgends fand, wie die Tochter des Hauptmanns erzählt.

Grüninger unterhielt sich am 19. März mit vier Personen, dazu gehörten der Fussballtrainer Willi Wolf und der Altstoffhändler Mario Karrer. Die Beschatter verstanden von ihren Plätzen aus kein Wort. Willi Wolf war ein Freund von Christian Dutler. Paul Grüninger hatte Wolf zu Beginn der dreissiger Jahre bei der Polizei angestellt, damit er als Fussballer von Yverdon zum FC Brühl wechseln konnte. Wolf war aber bald aus disziplinarischen Gründen wieder entlassen worden.

Mario Karrer war der lokale Frontistenführer in St. Gallen, er war 1938 dem FC Brühl beigetreten, und als seine Partei, die zuletzt den Namen Nationale Opposition trug, im Dezember 1942 verboten wurde, trat er auch aus dem Fussballverein wieder aus.

Nachdem Karrer sich am 19. März 1941 im Hotel «Hirschen» verabschiedet hatte, zog Grüninger plötzlich «einige Schriftstücke» aus der Tasche und zeigte sie Willi Wolf. Wahrscheinlich reichte er sein eben eingetroffenes Gerichtsurteil herum. Doch die Beschatter hielten alles für sehr ominös. In einem Rapport hatten sie schon im Januar 1941 berichtet:

> «Wir werden fortlaufend aufmerksam gemacht auf Grüninger, Paul, Ernst, alt Landjägerhauptmann (...). Grüninger macht sich besonders verdächtig durch sein Nichtstun seit seiner Entlassung aus dem Staatsdienst und seine oftmals zweifelhaften Beziehungen. (...) Was uns persönlich an der ganzen Sache nicht gefällt, das sind die sehr undurchsichtigen finanziellen Verhältnisse des Grüninger.»

Im Februar 1941 beispielsweise war bei den Beschattern auch eine Meldung über den als Schlepper beschuldigten Karl Zweifel eingegangen:

> «Es wird vertraulich gemeldet, dass alt Landjäger Zweifel auffallend viele telefonische Gespräche führe im Buffet III.

Klasse SBB, und zwar meistens vormittags. Man kann indessen nicht sagen, wohin, eine nähere Nachfrage unterblieb, auch um das Personal im Büffet nicht aufmerksam zu machen. – Dann meldet man weiter, dass Zweifel sehr oft mit einer älteren Frauensperson im Buffet III. Klasse zusammenkomme, meistens auch vormittags zwischen 9 und 11 h. Man will schon gehört haben, dieses sei seine Mutter, sie trägt jeweils eine Handtasche bei sich, und es ist allgemein aufgefallen: die Regelmässigkeit dieser Zusammenkünfte. Zwischen den beiden werde immer leise gesprochen, man will indessen einmal etwas von einem Prozess vernommen haben.»

Und gleichzeitig hatte man Zweifel öfters zusammen mit den ehemaligen «Corpsangehörigen des kant. St. Gallischen Landjägercorps», Willi Wolf, Christian Dutler «und alt Landjägerhauptmann Grüninger» gesehen. Paul Grüninger, so schrieben die Beschatter, rühme sich «seiner Beziehungen zu ausländischen Behörden, zu Gestapobeamten» usw.:

«Sowohl die BA [Bundesanwaltschaft] als auch die SPAB [Spionageabwehrdienst der Armee] sind im Besitze von Akten, die Letztere hatte auch einmal die Postkontrolle verhängt. Eine solche wird aber zweifelsohne auch heute nichts einbringen, denn Grüninger ist klug genug, eine Deckadresse zu benützen.»

Die Bundesanwaltschaft hatte die Briefpost und den privaten Telefonanschluss des gestürzten Hauptmanns erstmals im Sommer und Herbst 1939 kontrolliert. Die Dossiers der Beschatter schwollen dick an seit dem 30. Juni 1939, als das sonderbare Nachspiel zum Fall Grüninger begann.

DAMALS WAREN der Chef des Gestapo-Grenzkommissariates in Bregenz, Joseph Schreieder, und dessen Fahrer Ernst May mit dem

Zug aus Bregenz nach St. Gallen gekommen. Grüninger holte sie am Bahnsteig ab. Im Bahnhofbuffet sprachen die beiden etwa zwanzig Minuten lang «im Flüsterton» mit ihm, dann brachen sie ohne Grüninger zu einem verdächtig kurzen Besuch im deutschen Konsulat auf, und drei Stunden später hatten sie die Schweiz schon wieder verlassen. Schreieder und May wurden observiert, weil man sie an der Grenze kannte; während der Eisenbahnfahrt hatten sie ausserdem über militärische «Fortifikationen» diskutiert, ein schweizerischer Mitreisender hatte das gemeldet. Die Begegnung Paul Grüningers mit dem Nazifreund Carl Kappeler am nächsten Tag bestärkte die Beschatter in ihren schlimmsten Vermutungen, Grüningers Begegnung mit dem Juden Isidor Sochaczewski entkräftete nichts, und die Kontakte im «Hirschen» mit Mario Karrer förderten den Verdacht erst recht.

Eineinhalb Jahre später, Ende 1940, war ein Teil der Beschatter felsenfest überzeugt, dass Grüninger mit der gerade verbotenen Nationalen Bewegung der Schweiz (NBS) entweder sympathisiere oder dass er sogar Mitglied dieser frontistischen Organisation sei. In mehreren Listen, welche die Beschatter aufstellten, war der ehemalige Polizeihauptmann als sicheres Mitglied der NBS verzeichnet, in anderen Listen fehlte sein Name. In der Liste NBS-treuer Offiziere, die dem Oberbefehlshaber der Schweizer Armee, General Henri Guisan, am 12. Dezember 1940 vorgelegt wurde, war Paul Grüninger nicht aufgeführt. Aus welchen Quellen die Beschatter ihre unterschiedlichen Erkenntnisse schöpften, ist fraglich. Fest steht, dass sie nicht nur Wirtshausbesucher wie Paul Grüninger abhörten, sondern auch die Telefongespräche General Guisans selber, was diesen sehr erzürnte.

Im Dezember 1942 schrieb einer der Beschatter über den nun in der Kategorie der Frontisten «rubrizierten» Grüninger:

«Rubrikat gilt (...) als dubioses Element und ist der PA [Politischen Abteilung] als sattsamer Nazi bekannt. Eine gegen ihn durchgeführte PK [Postkontrolle] zeigte aber keine

Anhaltspunkte einer illegalen Tätigkeit. (...) G. ist mir persönlich bekannt, man sieht ihn öfters in zweifelhafter Frauenbegleitung und scheint in finanziell prekären Verhältnissen zu stehen.»

Umgekehrt hatte im Januar 1942, als die Demission des St. Galler Polizeivorstandes Valentin Keel bekannt wurde, ein anderer Beschatter auf dem Dienstweg gefordert:

> «Man soll endlich die Gnade haben, einmal die Sache Grüninger zu begraben, nachdem Reg. Rat Val Keel zurücktritt.»

Im Juli 1943 wurde Paul Grüninger erstmals zu jenem nun bereits vier Jahre zurückliegenden Treffen mit den Gestapo-Funktionären einvernommen. Das Verhör führte Justiz-Major Otto Gloor, ein Bezirksrichter aus Zürich, der in die Schweizer Geschichte eingegangen ist, weil er vor dem Krieg dem linken jüdischen Anwalt Wladimir Rosenbaum die Existenz zerstörte und nach dem Krieg den kommunistischen jüdischen Zürcher Stadtrat Edgar Woog verhaften liess. Während des Krieges ermittelte Otto Gloor, welcher allerdings auch schon selber als Frontist verdächtigt worden war, gegen nationalsozialistische Landesverräter und Spione.

Paul Grüninger erzählte Major Gloor, der Gestapo-Kommissar Joseph Schreieder sei «ein alter Bekannter» aus seiner Polizistenzeit, «ein Menschenfreund, der z. B. bestrebt war, die Judenverfolgung zu mildern». Schreieder habe ihn am 30. Juni 1939 einfach wieder einmal sehen wollen und ihn von seiner Ankunft mit einer Postkarte benachrichtigt, deshalb sei er an den Bahnhof gegangen, um ihn zu treffen. Auch Kontakte zu einigen anderen verdächtigen Deutschen, die sich in St. Gallen hatten blicken lassen, oder zu seinem Schwager Alfred Böckle, einem österreichischen Oberzollinspektor in Wien, und ein abgehörtes Telefonat mit Mario Karrer konnte Grüninger so glaubhaft begründen, dass die Bundespolizei ihre Überwachung abbrach. Doch der Spionageabwehrdienst SPAB machte weiter.

Im Oktober 1944 schilderte ein Beschatter namens «Vbr» sein schwieriges Tagwerk:

«Ich bestieg den Leichtschnellzug St. Gallen ab 0810. Um mich zu vergewissern, ob sich Grüninger im Zuge befindet, musste ich durch den ganzen Zug hindurch, und dabei hat er mich erblickt und fing sofort mit mir ein Gespräch an. Ich liess ihn im Glauben, ich fahre ausserdienstlich nach Zürich. In Winterthur verliess ich ihn dann, um in Zürich seine Verfolgung aufzunehmen. Längere Zeit blieb er in der Bahnhofhalle unschlüssig stehen, um dann das Buffet II. Kl. zu betreten. Kurz nach ihm betrat auch ich dasselbe, sah ihn aber schon nirgends mehr. Daraufhin betrat ich das Lokal von der anderen Seite, und kaum war ich dort, kam G. mir aus einer Telefonkabine entgegen. Wir verabschiedeten uns nochmals. Er durchquerte dann die Bahnhofhalle und betrat die Küchliwirtschaft. Da ich ihn von aussen nirgends sehen konnte, war auch ich gezwungen einzutreten, und dann stellte ich ihn allein an einem Tisch fest, bereits einen Kaffee vor sich. Durch die Hintertüre verliess ich das Lokal und versuchte sofort Unterstützung von der Gruppe Zürich zu erhalten. (...)»

Die Beschatter waren fast ausnahmslos Polizisten. Grüninger kannte sie alle. Doch dem Beschatter «Vbr» wurde es jetzt zuviel; drei Monate später, im Dezember 1944, schrieb er seinem Vorgesetzten «Vo»:

«Am 7. 12. 44, 08.55, telefonierte mir Vm, dass soeben Grüninger (...) nach Basel fahren werde (...) und ersuchte mich dann, von St. Gallen aus Grüninger zu übernehmen. Obwohl ich meinerseits nicht recht an eine Spionagetätigkeit von G. glauben kann, sondern eher vermute, dass sich derselbe mit Schwarzhandel oder sonstigen betrüglichen Handlungen beschäftigt, kam ich dem Ansuchen nach und fuhr mit G. [um] 09.52 ab St. Gallen nach Zürich. (...) Grüninger stieg direkt in den Baslerzug um, welcher auf dem gleichen Bahnsteig bereits wartete. In Zürich kam er mit niemandem zusammen, sondern kaufte nur schnell eine Zeitung und begab sich wieder in sein Abteil. – Da kein bestimmter Auftrag vorliegt, konnte sich Vl nicht entschliessen, die Überwachung fortzusetzen, und erst nach längerem Zögern beauftragte er Vka damit. – Wie mir Vl nachher mitteilte, waren Sie mit der Überwachung ebenfalls nicht einverstanden. Ich nahm selbstverständlich an, Vm habe Sie seinerzeit orientiert und die Überwachung geschehe in Ihrem vollen Einverständnis. Ohne Ihren ausdrücklichen Befehl werde ich also künftighin solche Überwachungen ablehnen.»

Grüningers viele Reisen nach Basel hatten weder mit Schwarzhandel noch mit «sonstigen betrüglichen Handlungen» zu tun, das wollten die Beschatter anscheinend nicht merken, obwohl es schon im Protokoll von Major Gloor stand. Grüninger hatte endlich wieder einen Verdienst, er arbeitete in Basel und führte einen Regenmantelladen an der Hutgasse 21.

Dieser Laden allerdings ist 1943 in einer Boykott-Liste der britischen Regierung aufgetaucht. Ab 23. November 1943 hiess es in der britischen «Statutory List», auf der 1629 Schweizer Firmen verzeichnet waren, Paul Grüninger-Federer sei verdächtig:

«Dealing with Martin Bürgi and Mario Guindani in goods believed to be destined for the enemy.»

Nicht Grüninger selber handle mit dem Feind, meinten die Briten, sondern seine Geschäftspartner Bürgi und Guindani; die britische Regierung verhängte einen sogenannten «Kettenboykott», von dem

Grüninger wohl nie etwas erfahren hat. Oswald Inglin, der Historiker, welcher diesen Eintrag entdeckte, hält die britische Liste nach langer Forschung für ein zweifelhaftes Beweisstück. Inglin schreibt 1992:

> «Was Ihre konkrete Frage angeht, muss ich Sie leider enttäuschen. Ich habe die Akten über die Statutory List im britischen Public Record Office (britisches Staatsarchiv) ziemlich eingehend studiert, ich bin aber dort nicht auf ein gesondertes Dossier über Grüninger gestossen. Ich konnte aber aus naheliegenden Gründen nicht all die 1629 Schweizer Einträge einzeln recherchieren und entsprechende Fotokopien anfertigen lassen. Im übrigen sind lange nicht alle Protokolle erhalten geblieben. – Sicherlich war der Fall Grüninger ein 'kleiner Fisch'. (...) Wäre Grüninger im Zeitpunkt der Listensetzung den Engländern als Nazi-Sympathisant und als Mitglied frontistischer Organisationen bekannt gewesen, wäre dies sicherlich im Eintrag in der War Trade List zum Ausdruck gekommen (z. B. mit der Bemerkung 'Swiss Nazi').»

Abgesetzt von der Liste wurde Paul Grüninger am 18. Juni 1945, als sein Laden längst nicht mehr existierte. Der wichtigste Geschäftspartner Grüningers war kein Nazi, sondern der jüdische St. Galler Industrielle Elias Sternbuch. Er lieferte die Produkte seiner Regenmantelfabrik aus Dankbarkeit gegenüber dem Flüchtlingshelfer in Kommission. Tatsächlich war Grüningers Laden ein reiner Fabrikladen der Firma Sternbuch.

Aber der Hauptmann taugte nicht viel als Regenmantelverkäufer, und das Geschäft rentierte schlecht. Grüninger wurde dann Vertreter für die Basler Versicherungen (Unfall und Haftpflicht).

DASS PAUL GRÜNINGER ein «sattsamer Nazi» gewesen sein soll, einer, der etwa im Winter 1944/45 «gegenüber Bekannten» unverhüllt äusserte, «Deutschland werde aber doch noch gewinnen und dann würden auch für ihn bessere Zeiten kommen», wie ein Beschatter rapportierte, halten all jene Leute für ausgeschlossen, die Grüninger damals persönlich kannten.

Natürlich sei Paul Grüninger nie ein Frontist gewesen, sagt Elias Sternbuch: «Von den Nazis war er so weit weg wie ich vom Mond!» Sonst hätte er ihm doch nicht diesen Laden gegeben. Sonst hätte er Grüningers Tochter doch nicht als Bürolistin eingestellt. Er sei ja nicht verrückt gewesen, sagt Sternbuch.

Irgendwann werde es noch soweit kommen, dass man nachträglich auch Saly Mayer als Nazi bezeichne, oder wen auch immer, sagt Ernst Kleinberger, damals Präsident der Israelitischen Kultusgemeinde St. Gallen. Dieser Verdacht passe einfach nicht «zu dem Grüninger, den ich kannte».

Ende 1944, als die Beschatter behaupteten:

«Grüninger verbirgt seine positive nationalsozialistisch gesinnte Einstellung nicht»,

stellte der neue St. Galler Rabbiner Lothar Rothschild eine Empfehlung für den Versicherungsvertreter Grüninger aus. Rothschild galt nicht als Dummkopf.

Auch Wachtmeister Martin Spirig von der politischen Abteilung bei der Kantonspolizei, der 1937 zusammen mit Paul Grüninger an einem Empfang Adolf Hitlers in Sonthofen teilnahm, hat in seinen Memoiren den Hauptmann, den er nicht mochte, nie als Nazi bezeichnet. Arnolda Spirig, die Tochter des Wachtmeisters, die viele Jahrzehnte mit ihrem pensionierten Vater zusammenlebte und fast alles von ihm erfuhr, kann sich an keinen Hinweis auf Grüningers politische Haltung erinnern. Die Beschatter waren meistens Stadtpolizisten, nicht Mitglieder von Spirigs Abteilung.

Alte Linke schliesslich, die über jeden einheimischen Nazi sorgsam Buch führten, legen für Grüninger sofort die Hand ins

Feuer. Der Kommunist Albert S. sagt, es sei halt so üblich gewesen, dass Sozialisten, Juden, Freisinnige und Nazis oft einträchtig zusammensassen, wenn es etwa um Fussball ging. Er selber, sagt Albert S., Spengler und zeitweiliger Profispieler beim FC St. Gallen, habe dieses Verhalten aber grundsätzlich abgelehnt und «dem bürgerlichen Fussball» dann den Rücken gekehrt.

Am Stammtisch des FC Brühl verkehrten die frontistischen Brüder Mario und Henry Karrer ebenso wie Isidor Sochaczewski oder der sozialdemokratische Untersuchungsrichter und Grossratspräsident Bernhard Roth. Der Sohn von Bernhard Roth, Staatsanwalt Benno Roth, Jahrgang 1919, sagt heute: Er habe von einem Naziverdacht gegen Grüninger nie etwas vernommen; er hätte das zuhause ja erfahren; es würde ihn «wirklich überraschen». Grüninger sei «ein Lustiger» gewesen, «einer, der noch lachen konnte». Den Polizeioffizier habe man ihm «gar nicht angesehen». Beim Match sei Grüninger oft hinters gegnerische Tor gestanden und habe getan, als ob er «den Ball anziehen» wolle.

Mario Karrer taucht in den Grüninger-Dossiers der Beschatter am prominentesten auf. Karrer ist auch heute noch ein Rechtsextremist, wie er gerne zugibt, ein praktizierender Antisemit. Nur die Feindschaft gegen die Freimaurer hat sich bei Karrer ein bisschen verloren, seit er herausfand, dass einer seiner Ahnen die Freimaurerloge von Buenos Aires gründete. Nach dem Ende des Nationalsozialismus widmet sich Karrer in der Freizeit der Genealogie. Jüdische Ahnen hat er keine gefunden. – Mario Karrer sagt, er habe Grüninger sehr gut gekannt. Grüninger sei ein «absolut integrer Mann» gewesen, aber «politisch neutral»: «Politisch sind wir uns nicht näher gekommen», sagt Karrer, und: «Er ist nicht bei uns gewesen», nicht bei der NBS und bei keiner anderen «Bewegung». Karrer müsste es wissen, sicher wäre er stolz darauf. Karrer war bei fast allen Nazi-Bewegungen dabei; er ist auch stolz auf die geistige Verwandtschaft und die persönlichen Kontakte zum Ausbildungschef der Armee, Oberstkorpskommandant Ulrich Wille jun., zum Gründer des Vaterländischen Verbandes, Oberstdivisionär Eugen

Bircher, zu Oberst Gustav Däniker oder zum aus der Schweiz aus-
gebürgerten Landesverräter Max Leo Keller.

Veronika Schreieder in München, die Witwe des Bregenzer
Grenzpolizeikommissars und SS-Hauptsturmführers Joseph Schreieder, sagt heute: Ihr Mann sei 1940 zur Spionageabwehr nach Holland
versetzt worden, und 1945 bei der Befreiung seien «sechs baumstarke
holländische Asoziale» auf ihrem Mann herumgetrampelt, so dass
sich sein Rückgrat um zehn Zentimeter verkürzt und er Zeit seines
Lebens darunter gelitten habe. Auch die Karriere sei beeinträchtigt
worden. Obgleich ihn ein holländisches Gericht von Kriegsverbre-
chen freisprach, habe er bis zur Pensionierung gebraucht, um wieder
jene Position bei der deutschen Polizei zu erlangen, die er 1945 hatte.
– Aber inzwischen sei es mit Deutschland «wieder gut gekommen»,
sagt Veronika Schreieder im Januar 1992, und Paul Grüninger sei ja
auch sehr gemein behandelt worden in der Schweiz. Ihr Mann habe
ihn sicher nicht als Spitzel benützt. Grüninger sei ein Ehrenmann
gewesen, ihr Mann habe amtlich mit ihm zu tun gehabt. Sie hätte es erfahren, wenn «etwas Unsauberes» zwischen den beiden gelaufen wäre.

Im Februar 1945, die westlichen Alliierten standen schon fast am
Rhein, die Rote Armee hatten die Oder überquert, sass Paul Grüninger im Bahnhofbuffet St. Gallen mit einem Inspektor der
Schweizerischen Bundespolizei zusammen, über dessen Beruf er
genau Bescheid wusste. Grüninger fiel nichts Gescheiteres ein, als
dem Inspektor zu erzählen, es sei ihm kurz nach seiner Entlassung
1939 von den deutschen Kollegen eine Stelle angeboten worden.

«Grüninger will dieses Anerbieten aber abgelehnt haben»,

schrieb der Inspektor auf. Er war vom Hauptmann ausgebildet
worden.

Für das Treffen mit Joseph Schreieder am 30. Juni 1939, das die
Beschattungen eindeutig ausgelöst hat, gibt es möglicherweise eine

andere Erklärung. In Grüningers Nachlass liegt ein Telegramm, von dem niemand mehr weiss, wie es in seinen Besitz gelangte.

Am 5. Juni 1939 hatte die Zollfahndungsstelle München an die Gestapo in Bregenz telegrafiert:

> «Ich bitte um baldmöglichste Mitteilung, ob gegen den Polizeihauptmann Paul Grüninger aus St. Gallen dort Festnahmeersuchen oder das Ersuchen um Vernehmung bei Betreten des Reichsgebietes an irgendeine Stelle ergangen ist.»

Auf der Rückseite des Telegramms steht in Grüningers Handschrift: «Angelegenheit Schmuckbeschlagnahme Bregenz».

Dreissig Jahre später erläuterte Paul Grüninger einem Journalisten den Sinn dieses Telegramms. 1939 war in Vorarlberg eine jener Anlaufstellen aufgeflogen, bei denen Emigranten ihre Wertsachen deponieren konnten, damit diese über die Grenze geschmuggelt wurden. In einem Prozess vor dem Landgericht Feldkirch soll Grüninger als Mittäter genannt worden sein.

Drei Wochen nach der Anfrage aus München fuhr Gestapo-Chef Joseph Schreieder zu Grüninger nach St. Gallen. Sie redeten leise im Bahnhofbuffet. Vielleicht hat Schreieder den alten Dienstkollegen ja bloss vor einer Reise ins Deutsche Reich gewarnt. Die beiden trafen sich nie mehr.

Grüninger weigerte sich einmal während des Krieges überraschenderweise, ein Spiel des FC Brühls hinter der deutschen Grenze zu besuchen.

13.

SEINE RESTLICHEN DREI Jahrzehnte lebte Paul Grüninger von Gelegenheitsjobs. Er war Handelsvertreter in fast jeder Branche, verkaufte Drucksachen, Holz, Versicherungspolicen, Schweinefutter, Stoffe, Teppiche, Inserate oder gab Fahrstunden, wenn jemand ein Auto besass. Oft wurde er in leicht schäbiger Kleidung gesehen, aber immer mit schnurgeradem Mittelscheitel. Er besuchte die Bestattung von Leutnant Christian Dürr, der sich wegen eines Korruptionsfalles auf der Motorfahrzeugkontrolle das Leben nahm; er triumphierte dort nicht, sondern war betreten. Er prahlte vor Landjäger Hans Krämer ein bisschen damit, dass er jetzt auch eine Entschädigung für sein Fahrrad vom Arbeitgeber bekomme, wenn er es für die Arbeit benutze, wie die Polizisten. Einmal pumpte er einen früheren Untergebenen um fünf Franken an, und das wurde von Landjäger Fritz Krucker als Zeichen dafür interpretiert, wie verlottert er inzwischen war. Strafbar machte sich Paul Grüninger noch ein einziges Mal, als man ihn 1941 wegen illegalem Pokerspiel mit achtzig Franken büsste.

Er zog ins Rheintal nach Au, ins Haus seiner Schwiegermutter. Die engere Familie hielt weiterhin zu ihm. In den fünfziger Jahren durfte er wieder als Primarlehrer arbeiten, aber nur aushilfsweise. 1953 überwies ihm der Jüdische Weltkongress eine Spende von dreihundert Franken, eventuell geschah das auf Betreiben von Sidney Dreifuss. Seine Geschichte erzählte Grüninger in den fünfziger Jahren selten, und wenn er sie erzählte, dann berichtete er immer von entlastenden Dokumenten, von Gesprächsnotizen mit Regierungsrat Keel, die nach der Suspendierung aus dem Polizeihauptmanns-Pult verschwunden seien.

1954 verfasste er einen Lebenslauf. Darin steht, dass er «über 2000 Flüchtlinge» ins Land gelassen habe; später sprach er von 3000; nur etwa ein Drittel sei überhaupt bei der Israelitischen Flüchtlingshilfe registriert worden, was gut möglich ist.

1962 gab er als Einundsiebzigjähriger den Lehrerberuf auf. Im Dorf Au kam er einigen wie «ein herrenloser Hund» vor, andere sahen in ihm einen «ganz geselligen Menschen». Nicht zuletzt um den FC Au machte er sich sehr verdient und erweckte diesen Verein, bei dem er noch in der Seniorenmannschaft spielte, als Präsident zu neuem Leben. Im Männerchor sang er einen schönen Tenor. Er gründete den Club «Kameraden über 70», an Beerdigungen hielt er eindrucksvolle Reden. 1968 begannen plötzlich die Ehrungen, für die er sich stets in einer sehr weichen Kinderschrift und mit dem Zusatz «alt-Polizeihauptmann» hinter seinem Namen bedankte.

1970 gratulierte ihm der St. Galler Regierungsrat nach einer internationalen Pressekampagne zu seiner «damaligen menschlichen Einstellung», ohne «auf die übrigen Umstände» der Entlassung «irgendwie zurückzukommen». Grüninger bedankte sich auch bei der Regierung ganz verbindlich und schrieb auf die Kopie seiner Antwort: «aber von der prekären Lage, die für mich und meine Familie daraus entstanden ist, hat der Reg. Rat die notwendige Konsequenz nie gezogen.»

Dann strich er den Satz wieder durch.

In Israel wurde er 1971 zum «Gerechten aus den Völkern» erklärt, mehrere Bäume oder Haine sind für ihn gepflanzt worden. Geldgaben, die er jetzt oft erhielt, überwies er zum Teil dem Altersheim Au, mit dem Rest wollte er sich und seiner Frau Alice «den Lebensabend verschönern». Der deutsche Bundespräsident Gustav Heinemann liess ihm zu Weihnachten 1971 ein Farbfernsehgerät überreichen, «doch konnte er sich dieses Geschenkes nur noch kurze Zeit erfreuen», heisst es in einem Zeitungsartikel. Als Paul Grüninger im Februar 1972 mit achtzig Jahren gestorben war, sangen die Kameraden vom Männerchor «Näher mein Gott zu Dir», der Fähndrich schwenkte zum letzten Mal die Fahne, der protestantische Pfarrer zitierte den 13. Psalm, «Wie lange, o Herr, willst du meiner so ganz vergessen» und «Wie lange soll sich der Feind über mich erheben?», Rabbiner Lothar Rotschild zitierte den Talmud: «Wer nur eine Seele rettet, gleicht einem, der die ganze Welt gerettet hat» und sprach über Illegalität und Moral. In Washington und Los Angeles steht Grüningers Name heute auf würdevollen Ehrentafeln. Das haben ehemalige Flüchtlinge veranlasst, die ihm während ihrer harten Zeit in der Schweiz noch gelegentlich begegneten, etwa am St. Galler Bahnhof, und sich dachten, es sei nicht recht, dass er so traurig dreinschauen müsse hinter seinem altmodischen Zwicker.

Wie viele Menschen er wirklich gerettet hat, war für Dr. Studer und Dr. Härtsch so wenig feststellbar wie für mich.

Rehabilitiert wurde Paul Grüninger nie.

23. JUNI 1993. Gespräch in St. Gallen mit den Regierungsräten Walter Kägi (Baudepartement), Alex Oberholzer (Departement des Innern) und Hans Rohrer (Justiz- und Polizeidepartement). In der
«WochenZeitung» (WoZ) ist vor einigen Monaten meine Serie
«Der Fall Grüninger» erschienen. Sie wurde in der «Ostschweizer
Arbeiterzeitung», der früheren St. Galler «Volksstimme», vollständig nachgedruckt. Ausserdem haben alle sieben Regierungsräte von
der WoZ einen Sonderdruck erhalten, und die Regierung des Kantons St. Gallen scheint nun endlich bereit, über eine Rehabilitierung Paul Grüningers wieder zu verhandeln. Es ist der sechste Vorstoss in diese Richtung, entsprechende Anträge gab es schon 1968,
1969, 1970, 1984 und 1989. Sie wurden allesamt abgelehnt.

1968, bei der Beratung des jährlichen Amtsberichts und drei Jahrzehnte nach der Entlassung des Hauptmanns, verlangte Kantonsrat
Hans Breitenmoser aus Gossau die Überprüfung der Affäre Grüninger zum ersten Mal. Kurz zuvor hatte der Journalist und freisinnige Ständerat Willi Rohner aus Altstätten in der Zeitung «Der
Rheintaler» einen Artikel über das Schicksal des Flüchtlingsretters
publiziert. «Dreissig Jahre nach 1938», schrieb Rohner, «und im
Lichte der seither vollzogenen und erst recht der jüngsten Ereig-
nisse» – er bezog sich auf die grosszügige Aufnahme von tschecho-
slowakischen Flüchtlingen nach dem Ende des Prager Frühlings –
«sollte es dem Kanton St. Gallen und der ganzen Öffentlichkeit
eine Ehrenpflicht sein, ein Unrecht an einem Manne gutzumachen,
der sich in einer Zeit der Barbarisierung und Verfinsterung Europas
über eine inhumane amtliche Vorschrift hinweggesetzt (...) hat.»

Einige andere schweizerische Zeitungen übernahmen Ständerat
Rohners Artikel, später erschien der Text auch in zwei deutsch-
sprachigen Exil-Zeitschriften, im New Yorker «Aufbau» und in den
«Montrealer Nachrichten», schliesslich wurde er offenbar sogar ins
Amerikanische übersetzt. Der alte Grüninger, der mit seiner Frau

Alice in ärmlichen Verhältnissen lebte, stand plötzlich im Begriff, international bekannt zu werden. Doch am 16. Dezember 1968 beschloss der St. Galler Regierungsrat, «dass es – auch im Interesse des Betroffenen – bei Würdigung aller Umstände nicht angezeigt» erscheine, auf den Fall Grüninger zurückzukommen.

1969 sprach Gertrud Rohner, die Frau von Willi Rohner, zusammen mit Grüningers Tochter Ruth Roduner erneut beim Regierungsrat vor. Inzwischen war Paul Grüninger von einer Vereinigung jüdischer Kriegsveteranen aus den USA öffentlich geehrt worden, die Zeitungsnotiz darüber ging um die halbe Welt, denn es gab nicht sehr viele «Judenretter». Gertrud Rohner, die als Ständeratsgattin von den Regierungsräten nicht leicht abgewimmelt werden konnte, bat darum, dem achtundsiebzigjährigen Hauptmann eine Rente auszurichten. Zuerst erzählte man ihr in St. Gallen, die Grüninger-Akten seien leider verschwunden, dann aber hiess es, die Akten seien wieder aufgetaucht. Und endlich sagte ihr der sozialdemokratische Regierungsrat Mathias Eggenberger, er habe das Dossier studiert, Grüninger sei im Jahr vor der Absetzung plötzlich reich geworden. Eggenberger vermutete Bestechung und erklärte: «Der Mann hat noch mehr Dreck am Stecken.»

Mit dem plötzlichen Reichtum meinte Polizeivorstand Eggenberger den Hausbesitz Grüningers: die unverhoffte Rückerstattung alter Schulden durch Fräulein Kaltenbach Ende der dreissiger Jahre. Im Gerichtsurteil von 1941 wird eine Bestechung des Hauptmanns jedoch ausgeschlossen. Mathias Eggenberger, der schon 1939 in der sozialdemokratischen Grossratsfraktion St. Gallens gesessen hatte, liess vom Verband der Kantonspolizei ausserdem die Akten über die umstrittene Erbschaft des Landjägers Christian Wetzel (Fr. 5000.-) kommen und teilte am 13. Oktober 1969 der Petitionärin Gertrud Rohner mit: Nach Durchsicht dieses Dossiers könne er sich «nicht entschliessen, dem Regierungsrat einen Antrag im Sinne Ihres mündlich vorgetragenen Begehrens zu stellen». Aber der Erbschaftsstreit Wetzel war juristisch schon 1941 gegenstandslos geworden (Einstellung des Strafverfahrens und aussergerichtlicher Vergleich), mit der Entlassung oder Verurteilung Grüningers stand er in keinem direkten Zusammenhang.

Ein paar Monate vor diesem Bescheid, im April 1969, hatte der Schweizer Generalkonsul in Montreal der St. Galler Regierung berichtet, eine örtliche Tageszeitung habe den Fall Grüninger aufgegriffen, und ein ehemaliger, von Grüninger geretteter Flüchtling möchte mit dem Hauptmann in Kontakt treten. Der Generalkonsul wollte die Adresse Grüningers wissen. Regierungsrat Eggenberger schrieb nach Kanada: «Aufgrund Ihrer Ausführungen sehen wir uns veranlasst, ergänzend zu bemerken, dass Herr Grüninger seinerzeit nicht deshalb entlassen wurde, weil er gegen die Weisung der Behörden jüdische Flüchtlinge in die Schweiz einreisen liess.» Einen ähnlichen Brief schickte die Pressestelle des Schweizerischen Israelitischen Gemeindebundes (SIG) im April 1969 nach Chicago an die jüdischen Kriegsveteranen: «So hervorragend» das Verhalten Grüningers auch gewesen sei, schrieb der SIG, gelte es «der Wahrheit zuliebe doch festzuhalten, dass gegen Herrn Polizeihauptmann Grüninger – wie uns von allen zuständigen Seiten bedeutet worden war – andere Momente vorliegen, die seine damalige Entlassung notwendig machten.» Im Oktober 1969 bekam der Hauptmann vom SIG dann immerhin «ein Gratulationsschreiben mit einem Check im Betrag von Fr. 1000.–» zum Geburtstag, heisst es in den Akten. Nach den 300 Franken, die 1953 der Jüdische Weltkongress gespendet hatte, war das die erste finanzielle Unterstützung für Grüninger von seiten offizieller jüdischer Organisationen.

1970 stellte Kantonsrat Leza Uffer im St. Galler Grossen Rat eine Einfache Anfrage zum Fall Grüninger; Uffer fragte: «Ist der Regierungsrat nicht auch der Meinung, dass eine Rehabilitierung des unerschrockenen Paul Grüninger spätestens auf seinen 80. Geburtstag hin erfolgen muss, den er nächstes Jahr begehen wird?» Inzwischen hatten noch weitere Zeitungen, etwa der Zürcher «Tages-Anzeiger» und der «Schweizerische Beobachter» ausführlich über den Hauptmann berichtet, auch die «Christlich-jüdische Arbeitsgemeinschaft der Schweiz» setzte sich für seine Rehabilitierung ein.

Im St. Galler Polizeidepartement war der Sozialdemokrat Eggenberger durch den Sozialdemokraten Florian Vetsch abgelöst worden. Vetsch musste sich zuerst in die Materie einarbeiten, er befragte seinen Polizeikommandanten Ferdinand Bürgler, der zu Grüningers Zeit noch Landjäger und Kanzleiadjunkt im Polizeidepartement gewesen war und der bei anderer Gelegenheit zu erzählen pflegte, Grüninger sei wegen «Weibersachen» gestürzt.

Am 21. Mai 1970 notierte Florian Vetsch allerdings in die Akten: «Hptm. Bürgler vermag sich gut daran zu erinnern, dass Hptm. Grüninger in der kritischen Zeit wiederholt Herrn Reg. Rat Keel habe rufen lassen, wenn Flüchtlinge eingetroffen seien, die man hätte zurückweisen müssen. Diese hätten jeweils unter Tränen und auf den Knien Hrn. Keel angefleht, hier bleiben zu dürfen. Es sei dann wiederholt vorgekommen, dass Herr Keel dahin entschieden habe, die Leute hier zu belassen.» Am 21. Juli 1970 schrieb Vetsch eine weitere «Amtsnotiz» zum Fall Grüninger: «Hr. Pol. Kdt Bürgler hat dem Unterzeichneten gegenüber erklärt, der damalige Pol. Direktor von Basel habe sich dahin geäussert, er weise diese Flüchtlinge nicht zurück, die Herren von Bern könnten ja persönlich nach Basel kommen und dies tun.»

Derweil untersuchte ein Beamter des Polizeidepartements die rechtliche Lage und stiess dabei auf jene disziplinarischen Unregelmässigkeiten (Spesenabrechnungen, Bahnbillett, fehlende Kassenbelege, Prokura bei der Firma Schildknecht-Tobler), die nach Meinung des Staatsanwaltes allein kaum zur Entlassung geführt hätten und erst nach der Suspendierung des Hauptmanns entdeckt worden waren. Auch die Erbschaftsgeschichte Wetzel beschäftigte den Beamten. Er konnte eine Rehabilitierung nicht empfehlen. Im Gegensatz zur Anklageschrift von 1940 heisst es in den Akten von 1970, «dass, abgesehen von den fremdenpolizeilichen Vorkommnissen, schon das weitere Verhalten von Hptm. Grüninger eine Dienstenthebung rechtfertigte».

Am 22. Dezember 1970 beschloss der St. Galler Regierungsrat, Paul Grüninger einen Brief zu schreiben und ihm für seine «damalige menschliche Einstellung» die «ausdrückliche Anerkennung» zu bezeugen. Die Regierung schrieb, sie könne aber «grundsätzlich nicht mehr auf die damaligen rechtskräftigen Gerichts- und Verwaltungsentscheide zurückkommen. Es würde ausserordentlich schwer fallen, alle Umstände noch einmal neu zu überprüfen und zu einer für alle Beteiligten gerechten Beurteilung zu gelangen.» Von einer Rentenzahlung war nicht die Rede.

Die Presse fasste das Schreiben teilweise als «Rehabilitierung» auf, die meisten Zeitungen empörten sich jedoch über die «billige Ehrenrettung», welche den Staat nichts kostete und auch die Würde des Hauptmanns nicht richtig wiederherstellte. Im «Schweizerischen Beobachter» zum Beispiel stand, der Kanton St. Gallen habe nun «der Schmach von 1939 eine neue hinzugefügt». Die Basler «National-Zeitung» und das «Badener Tagblatt» eröffneten ein Spenden-Konto für Grüninger und sammelten in kurzer Zeit 30 000 Franken; im deutschen Konstanz und in Lindenberg im Allgäu wurden ebenfalls Unterstützungskomitees gegründet und Konten eingerichtet. Es gab neue Ehrungen. Eine grosse Feier fand im thurgauischen Dorf Dozwil statt – im «ökumenischen Zentrum» einer ziemlich umstrittenen religiösen Gruppierung, die einen Gegenpapst namens Clemens XV. verehrte –, und der Hauptmann, so sagt heute seine Tochter, merkte erst während der Veranstaltung, dass er bei einer Sekte zu Gast war und dass der ganze Aufwand vielleicht eher zur Image-Pflege dieser Vereinigung als zu seiner eigenen Ehre gedacht war.

Im Januar 1971 erhielt der St. Galler Regierungsrat einen Brief aus Lausanne. Bundesrichter Harald Huber, früher sozialdemokratischer Nationalrat in St. Gallen, teilte mit: Er sei sehr überrascht von der Meldung, die Regierung habe Grüninger moralisch rehabilitiert. Zusätzlich werde in der Presse jetzt berichtet, «das Schweizer Fernsehen beabsichtige einen Dokumentarfilm, worin die heldenhaft-humanitäre Rolle Grüningers als Retter jüdischer Emigranten – entgegen den damaligen engherzigen Vorschriften – dargestellt werden solle.» Leider erinnere er sich persönlich an keine

Einzelheiten, schrieb Harald Huber, doch er wisse immerhin, «dass szt. Grüninger ganz andere Dinge vorgeworfen wurden und dass er in einem höchst zwielichtigen Sinn erschien». Nach Informationen, die er nun erhalten habe, sei damals die politische Flüchtlingsarbeit von Werner Stocker und dessen Freunden gerade durch den Hauptmann verunmöglicht worden, Grüninger sei es gewesen, der den Parteisekretär anzeigte. Für seine eigene Hilfe habe der Hauptmann hingegen «namhafte Geldzahlungen» von den Flüchtlingen beansprucht. Grüninger sei «also alles andere als ein uneigennütziger Helfer gewesen», schrieb Huber, und: «Auch hohe SS-Führer haben um gutes Geld oder in der Absicht auf ein späteres Alibi gelegentlich Naziverfolgten zur Flucht verholfen.»

Eine Kopie dieses Briefes, der sich inhaltlich durch einen Blick in die Akten widerlegen lässt (Stockers Fluchthilfering flog auf, weil Landjäger Zweifel auf deutschem Gebiet als Schlepper verhaftet wurde), sandte Harald Huber an den Generaldirektor der Schweizerischen Radio- und Fernsehgesellschaft (SRG). Er bat dort um Einsicht in das Drehbuch des von Regisseur Felice A. Vitali gemeinsam mit Ständerat Willi Rohner schon fast fertiggestellten Films über Paul Grüninger. Der Bundesrichter bekam das Drehbuch sofort zugeschickt.

Auch der Regierungsrat schrieb nun an die SRG und drohte am 11. Mai 1971: «Sollte die st. gallische Regierung in diesem Film angegriffen werden, müssen wir uns vorbehalten, aus der bisher mit Rücksicht auf Herrn Grüninger geübten Reserve herauszutreten. Wir würden das sehr bedauern.» Der Regierungsrat habe «den ganzen Fall mit grösster Gründlichkeit geprüft» und sei zum Schluss gekommen, «dass in Würdigung aller Umstände die Ausrichtung einer finanziellen Leistung an den Hauptmann nicht zu verantworten» sei. Am 21. Mai wurde der Film «Hauptmann Grüninger» vom Schweizer Fernsehen trotz aller Interventionen ausgestrahlt. Weitere Presseberichte erschienen. Die St. Galler Regierung erhielt von überall her Protestbriefe, fast alle beklagten ihre sture oder hartnäckige Haltung und ihre Kleinlichkeit, wegen der sogar im

Ausland für den Hauptmann Geld gesammelt werden müsse. Jemand klebte zum Beispiel einen Zeitungsartikel über die Aktivitäten des Konstanzer Unterstützungskomitees auf eine Postkarte und schrieb zu Händen der Regierung dazu: «Die ganze Schweiz schämt sich für Sie ...»

Im September 1971 wurde Paul Grüninger von der israelischen Stiftung Yad Vashem mit der «Medaille der Gerechten» ausgezeichnet. Der St. Galler Regierungsrat andererseits erwog 1971, entweder eine «neutrale Untersuchungskommission» einzusetzen oder eine publizistische Gegenkampagne zu starten und aus dem Gerichtsurteil den für Grüningers Ansehen schädlichsten Satz an die Öffentlichkeit zu bringen: «Die Untersuchung», hatte es im Urteil geheissen, «hat noch eine Anzahl anderer grober Pflichtverletzungen Grüningers, begangen in seiner amtlichen Stellung, ergeben, welche disziplinarisch zu seiner fristlosen Entlassung führten.» Der Satz war missverständlich formuliert, er bedeutete nicht viel mehr, als dass diese «Pflichtverletzungen» durch die Entlassung genügend bestraft worden seien und das Gericht nicht weiter beschäftigten.

Dann starb Paul Grüninger.

Damit schien die Sache erledigt.

Erst 1984, in einer Zeit, als das Asylrecht wieder zum Thema wurde, gab es im St. Galler Parlament den nächsten Vorstoss für Paul Grüninger. Das «Tages-Anzeiger-Magazin» veröffentlichte eine umfangreiche Reportage von Lancelot C. Sandor über den Flüchtlingsretter, die wegen ihrer Kritik an einstigen Funktionären des Israelitischen Gemeindebundes sowie der Sozialdemokratischen Partei auf erhebliches Echo stiess, und im St. Galler Grossen Rat verlangte der sozialdemokratische Kantonsrat Paul Rechsteiner mit einem Postulat die Rehabilitierung des Hauptmanns. Am 27. Februar 1985 erklärte die Regierung, rechtlich sei eine Rehabilitierung unmöglich, der «Begriff der Rehabilitierung» sei dem kantonalen Recht nämlich fremd. Es erscheine der Regierung «auch vermessen, rund 46 Jahre nach den Vorkommnissen darüber urteilen zu wollen, ob die Entlassung seinerzeit zu Recht oder zu Unrecht» erfolgt sei: «Die Akten vermögen die damaligen Vorgänge und Überlegungen nur lückenhaft zu belegen. Zeugen, die zuverlässige Auskünfte über das damalige Geschehen geben könnten, fehlen.» – Das Postulat Rechsteiner wurde vom Grossen Rat abgelehnt, gleichzeitig öffnete die Regierung jedoch ihre bisher verschlossenen Dossiers, und darin fand sich zur Verwunderung der Presse unter anderem auch ein Hinweis auf Grüningers angebliche Mitgliedschaft bei der frontistischen Nationalen Bewegung der Schweiz. Der Regierungsrat versicherte 1985, eine «wissenschaftliche Behandlung der Angelegenheit», eine Untersuchung des ganzen Falles durch einen «namhaften Historiker» würde er begrüssen und finanziell unterstützen.

1989, die Schweizer Armee feierte gerade mit einer gigantischen Werbe-Veranstaltung den fünfzigsten Jahrestag des Kriegsausbruches, um damit ihre Nützlichkeit zu beweisen, da reichte der sozialdemokratische Kantonsrat Hans Fässler wieder einen Vorstoss für Paul Grüninger ein. 1990 lehnten die Regierung und der Grosse Rat des Kantons St. Gallen eine Rehabilitierung des Hauptmanns mit fast derselben Begründung wie 1985 ab. Der Regierungsrat erklärte sich aber erneut bereit, eine wissenschaftliche Aufarbeitung der Geschichte zu unterstützen; um diese Arbeit in die Wege zu leiten, wurde auf Initiative von Hans Fässler im Frühjahr 1991 der Verein «Gerechtigkeit für Paul Grüninger» gegründet, der mich mit den Recherchen beauftragte. Die eigentliche Forschung begann im Juni 1991. Sie dauerte insgesamt fast zwei Jahre.

23. Juni 1993, St. Gallen. Zum Gespräch mit den Regierungsräten Kägi, Oberholzer und Rohrer erscheinen ausser mir: Dr. Myrthe Dreyfuss, Präsidentin der Schweizerischen Jüdischen Flüchtlingshilfe (VSJF) und Geschäftsleitungsmitglied des Schweizerischen Israelitischen Gemeindebundes, der Historiker und Kantonsschulprofessor Max Lemmenmeier vom Verein «Gerechtigkeit für Paul Grüninger», der sozialdemokratische Nationalrat und Rechtsanwalt Paul Rechsteiner sowie die beiden ehemaligen jüdischen Flüchtlinge Bernhard Mehl und Harry Weinreb. Sie sind alle der Ansicht,

es gebe jetzt keinen Grund mehr, die Rehabilitierung des Hauptmanns zu verweigern. Über die Verhandlung mit der Regierungs-Delegation wird aber vorläufig Stillschweigen vereinbart.

Bei der Vorbesprechung im Bahnhofbuffet hat Bernhard Mehl uns erzählt, wie er seinen Eltern im Mai 1945 ein Telegramm schicken wollte und wie der Schweizer Postbeamte in seinen Verzeichnissen lange nach einer Ortschaft namens Auschwitz-Birkenau suchte und keine fand und wie das Telegramm deshalb unabgeschickt blieb, mit dem Bernhard Mehl seinen Eltern jede erdenkliche Hilfe anbieten wollte, obwohl er im Mai 1945 bereits wusste, was in Auschwitz geschehen war. Als Mehl den Regierungsräten nun auch erzählte, wie er später die Namen seiner Eltern, die 1938 an der Grenze bei Hohenems gestanden hatten und vom St. Galler Polizeikommandanten nicht mehr hereingelassen werden durften, wie er also nur noch ihre Namen und das Datum ihrer Ermordung im Totenbuch von Auschwitz entdeckte – da schienen die Magistraten für einen Moment sehr ergriffen. Sie baten freundlich, das Thema zu wechseln.

Ende Oktober 1993, nach Erscheinen dieses Buches, entscheidet der St. Galler Regierungsrat ein weiteres Mal über die Rehabilitierung Paul Grüningers.

Stefan Keller

QUELLEN

Der grösste Teil der Recherchen bestand aus Korrespondenzen, Gesprächen und Interviews, die zwischen Mai 1991 und Juli 1993 mit mehreren hundert Personen geführt wurden. Sie sind als Quellen im Text meistens kenntlich gemacht. Orthographische Fehler in Briefen oder Aktenstücken wurden vorsichtig korrigiert, falls sie die Lesbarkeit wirklich störten. Nachstehend die wichtigsten schriftlichen Quellen.

KAPITEL 1

Im Staatsarchiv St. Gallen die Bestände A 42 (Paul Grüninger) und A 116 (Politische Polizei, Flüchtlingsakten). Im Bundesarchiv Bern die Bestände E 4300 (B) 3/12 (Dienstreise Maggetti), E 4800 (A) 1, Schachtel 1 (Bundesratsprotokoll 28. 3. 38) und E 6350 (B) 7, Bd. 603 (Monatsberichte Grenzwachtkommando III). Die Memoiren Leonhard Grässlis sind im Privatbesitz seiner Familie.

Die Geschichte des Spanienkämpfer-Transfers wurde wissenschaftlich untersucht von Gernot Egger in: «Von Herren und Menschen. Verfolgung und Widerstand in Vorarlberg 1933–1945», herausgegeben von der Johann-August-Malin-Gesellschaft, Fink's Verlag, Bregenz 1985. – Zu den Wiener Pogromen, ihren historischen Bedingungen und Nachwirkungen vgl. u. a. Ruth Beckermann: «Unzugehörig. Österreich und Juden nach 1945», Loecker Verlag, Wien 1989.

KAPITEL 2

Im Staatsarchiv St. Gallen die Bestände A 42 (Paul Grüninger), A 116 (Politische Polizei, Flüchtlingsakten) und G. 15. 7. 2.–1941 (Kantonsgericht St. Gallen, 20. 1. 41). Im Bundesarchiv Bern die Bestände E 2200 Wien 18 (Akten des Schweizerischen Generalkonsulats Wien), E 6350 (B) 7, Bd. 603 (Monatsberichte Grenzwachtkommando III) und E 4800 (A) 3, Bd. 2 (Memorandum Jezler). Der Fall Dutler wird teilweise aus Dokumenten rekonstruiert, die im Besitz seiner Nachkommen sind. Ebenfalls in privatem Besitz sind die Memoiren von Leonhard Grässli.

Die Geschichte von Karl Schiffer ist dessen Erinnerungen, «Über die Brücke. Der Weg eines linken Sozialisten ins Schweizer Exil» entnommen, Verlag für Gesellschaftskritik, Wien 1988. – Ein wichtiger Aufsatz zur schweizerischen Flüchtlingspolitik 1938 stammt von Daniel Bourgeois: «La porte se ferme. La Suisse et le problème de l'immigration juive en 1938», erschienen in der Zeitschrift «Relations Internationales» Nr. 54, Sommer 1988. – Grundlagenwerk zur schweizerische Asylpolitik zwischen 1933 und 1945 bleibt im übrigen weiterhin der Bericht von Carl Ludwig, «Die Flüchtlingspolitik der Schweiz seit 1933 bis zur Gegenwart», geschrieben zuhanden des Bundesrates und von diesem 1957 veröffentlicht. Vgl. auch Alfred A. Häsler, «Das Boot ist voll. Die Schweiz und die Flüchtlinge 1933–1945», Neuauflage, Diogenes-Verlag, Zürich 1989.

KAPITEL 3
Im Staatsarchiv St. Gallen die Bestände A42 und W28 (Paul Grüninger), A 116 (Politische Polizei, Flüchtlingsakten). Bei der Fremdenpolizei St. Gallen die Flüchtlingskartei. Bei der Israelitischen Gemeinde St. Gallen das Protokoll der Vorstandssitzung vom 31. 8. 38. Im Bundesarchiv Bern der Bestand E 4260 (C) 1969/146 Bd. 6 (Polizeidirektorenkonferenz).

Eine psychologische Deutung der Biographie Paul Grüningers versucht Christoph Dejung: «Hommages. Paul Grüninger, Helmuth Plessner, Hans Hutter», Samisdat-Verlag, Zürich 1992 – Die Geschichte St. Gallens in den dreissiger Jahren wird von Ernst Ziegler, Silvio Bucher, Marianne Degginger, André Gunz u. a. im «Rorschacher Neujahrsblatt 1982» dargestellt. – Zur Geschichte des Fussballclubs Brühl vgl. u. a. Christoph Bischof: «'Der Fussball ist ein Kind seiner Zeit'. Zur Struktur- und Sozialgeschichte des Fussballs in St. Gallen», St. Gallen/Zürich 1982 (unveröffentlichte Lizentiatsarbeit), und Paul Grüninger: «25 Jahre F. C. Brühl St. Gallen», St. Gallen 1926. – Die besondere Basler Flüchtlingspolitik hat Jean-Claude Wacker in seinem Buch «Humaner als Bern!» wissenschaftlich untersucht, Reinhardt Verlag, Basel 1992. Wacker hat auch als erster dokumentiert, dass die Presseerklärung der Polizeidirektorenkonferenz im August 1938 nicht mit ihrem Verlauf übereinstimmt.

KAPITEL 4
Im Staatsarchiv St. Gallen der Bestand A 116 (Politische Polizei, Flüchtlingsakten). Im Bundesarchiv Bern der Bestand E 4800 (A) 1,1 (Bundesratsprotokoll 19. 8. 38); im Archiv des Schweizerischen Israelitischen Gemeindebundes (SIG) die Protokolle des Central-Comités. Bei der Israelitischen Gemeinde St. Gallen das Vorstandsprotokoll vom 31. 8. 38. Der Brief von Leonhard Grässli liegt seinen Memoiren bei, diese sind in Privatbesitz.

Die Geschichte Diepoldsaus wird in dem Buch «Diepoldsau Schmitter. Unser Dorf auf der Rheininsel», herausgegeben von der Politischen Gemeinde Diepoldsau, Diepoldsau 1990, dargestellt.

KAPITEL 5
Im Staatsarchiv St. Gallen die Bestände A 42 (Paul Grüninger), A 116 (Politische Polizei, Flüchtlingsakten). Im Bundesarchiv Bern die Bestände E 4800 (A) 1,1 (Nachlass Rothmund) und E 2500, 1990/6, Bd. 141 (Akten Prodolliet). Im Archiv von Yad Vashem, Jerusalem, der Bestand M-31/2939 (Ernest Prodolliet). Im Vorarlberger Landesarchiv die Dokumentensammlung der Johann-August-

Malin-Gesellschaft (Bregenzer Haftbefehle). Die Memoiren von Leonhard Grässli und der Aufsatz von Nina Grässli sind in Privatbesitz.

Die Geschichte der St. Galler Juden beschreibt Lothar Rothschild in dem Buch «Im Strom der Zeit. Hundert Jahre Israelitische Gemeinde St. Gallen», St. Gallen 1963. – Der Pogrom von 1883 ist in der Jubiläumsausgabe «150 Jahre St. Galler Tagblatt 1839–1889» vom 2. Januar 1989 dokumentiert; Niklaus Meienberg erzählt darüber im WoZ-Artikel «Eidg. Judenhass (Fragmente)», der in seinem Buch «Weh unser guter Kaspar ist tot. Plädoyers u. dgl.» enthalten ist, Limmat-Verlag, Zürich 1991. – Die Kampagnen der «Christenwehr» werden bei Aaron Kamis-Müller, «Antisemitismus in der Schweiz 1900–1930» dargestellt, Chronos-Verlag, Zürich 1990.

KAPITEL 6
Im Staatsarchiv St. Gallen die Bestände A 42 (Paul Grüninger), A 116 (Politische Polizei, Flüchtlingsakten) und das Regierungsratsprotokoll vom 24. Oktober 1939 (Ausweisung Scheer). Im Bundesarchiv Bern die Bestände E 6350 (B) 7, Bd. 603 (Monatsberichte Grenzwachtkommando III). Beim Verband Schweizerischer Jüdischer Flüchtlingshilfen (VSJF) die Akte David Selig Scheer. Der Fall Dutler wird teilweise aus Dokumenten rekonstruiert, die im Privatbesitz seiner Nachkommen sind.

Über die vielfältige Flüchtlingshilfe von Recha Sternbuch vor und nach Grüningers Absetzung haben Joseph Friedenson und David Kranzler ein Buch veröffentlicht, «Heroine of Rescue. The incredible story of Recha Sternbuch who saved thousands from the Holocaust», Mesorah Publications, New York 1984. – Aktivitäten im Zusammenhang mit politischen Flüchtlinge u. a. in St. Gallen beschreibt die Dokumentation von Mathias Knauer und Jürg Frischknecht, «Die unterbrochene Spur. Antifaschistische Emigration in der Schweiz von 1933 bis 1945», Limmat-Verlag, Zürich 1983.

KAPITEL 7
Im Staatsarchiv St. Gallen die Bestände A 42 und W 28 (Paul Grüninger), A 116 (Politische Polizei, Flüchtlingsakten). Im Bundesarchiv Bern der Bestand E 4800 (A) 1967/111/489/3 (Brief Rothmunds vom 27. 1. 1939). Die Memoiren von Wachtmeister Martin Spirig sind unveröffentlicht und in Privatbesitz seiner Familie.

Der Bericht von Konsul Kirchhoff ist zitiert nach: Horst Zimmermann, «Die Schweiz und Grossdeutschland», München 1980, Seite 335. – Die Geschichte des «J-Stempels» wird im Ludwig-Bericht dargestellt (vgl. Anm. Kap. 2), eine ergänzende Darstellung findet sich in: Jacques Picard, «Die Schweiz und die Juden 1933–1945» (vgl. Anmerkungen zu Kap. 8). – Das Buch von Berth Rothstein, «Der Béla von Güssing aus dem Burgenland (Österreich) erzählt seine siebzigjährige Lebensgeschichte» ist 1988 im H. A. Herchen Verlag, Frankfurt a. M., erschienen.

KAPITEL 8

Im Staatsarchiv St. Gallen die Bestände A 42 (Paul Grüninger), A 116 (Politische Polizei, Flüchtlingsakten). Bei der Fremdenpolizei St. Gallen die Flüchtlingskartei. Im Bundesarchiv Bern die Bestände E 4320 (B) 1971/78, Bd. 10 (Paul Grüninger). Beim Schweizerischen Israelitischen Gemeindebund (SIG) die Protokolle des Comité Central und der Delegiertenversammlungen, insbesondere jene vom 18. 12. 38, vom 26. 3. 39 und vom 19. 4. 42 sowie der Jahresbericht 1938 der Flüchtlingshilfe. Der Brief von Isaac Sternbuch liegt in den Vorstandsprotokollen des Verbandes Schweizerischer Jüdischer Flüchtlingshilfen VSJF, zugeschickt hat ihn mir der Historiker Stefan Mächler. Die Tagebücher von Jeanne Dreifuss-Bicard sind im Besitz von Ruth Dreifuss und Jean Jacques Dreifuss.

Zum Thema «Die Schweiz und die Juden 1933-45» hat Jacques Picard eine Dissertation geschrieben, die demnächst erscheint. – Von Veit Wyler wurde 1989 ein Vortrag mit dem Titel «Erinnerungen eines zionistischen Schweizer Juden» durch das Archiv für Zeitgeschichte der ETH Zürich in schriftliche Form übertragen, das Typoskript ist dort erhältlich. – Rothmunds Bemerkung, nach den Emigranten würden die schweizerischen Juden drankommen, ist zitiert nach Heinz Roschewski, «Rothmund und die Juden», Bern 1989 (Manuskript), Rothmund erzählte von dieser Bemerkung in einem Brief an Alexandre Girardet vom 3. Dezember 1938, Bundesarchiv Bern E 4800 (A) 1967/111; der Text von Heinz Roschewski wurde 1993 in gekürzter Form in der Zeitschrift «Kulturmagazin» Nr. 99/100, abgedruckt. – Die Grüninger-Reportage von Lancelot C. Sandor erschien im «Tages-Anzeiger-Magazin» Nr. 41, 13. Oktober 1984, mit dem Titel «Aktenzeichen Grüninger – ungelöst?» – Zu den Aktivitäten und Verwicklungen der Familie Sternbuch gibt das Buch von Kranzler und Friedenson, «Heroine of Rescue» Auskunft (vgl. Anm. Kap. 6).

Weitere erwähnte Publikationen: Eugen Sorg, «Lieblingsgeschichten. Die 'Zürcher Schule' oder Innenansichten eines Psycho-Unternehmens», Zürich 1991. – Jean-Claude Wacker, «Humaner als Bern!» (vgl. Anm. Kap. 3).

KAPITEL 9

Im Staatsarchiv St. Gallen der Bestand A 42 (Paul Grüninger) und A 116 (Politische Polizei, Flüchtlingsakten) im Bundesarchiv Bern der Bestand E 4320 (B) 1991/243 (Eduard Grabher). Im Dokumentationsarchiv des österreichischen Widerstands DÖW, Wien, der Bestand 6929 (Eduard Grabher). Im Vorarlberger Landesarchiv die Dokumentensammlung der Johann-August-Malin-Gesellschaft (Haftbefehle).

KAPITEL 10

Im Staatsarchiv St. Gallen die Bestände A 42 (Paul Grüninger) W 28 (Nachlass Grüninger), A 16, A 116 (Politische Polizei, Flüchtlingsakten), die Regierungsratsprotokolle 1938/39 sowie der Schlussbericht von Dr. Joseph Lenzlinger zur administrativen Untersuchung der Rorschacher Affäre. Im Bundesarchiv die Bestände E 6350 (B), 7, Bd. 522 (Rothmund-Brief), E 2001 (D) 2, 115 (Mailänder Konsulat), E 4800 (A) 1967/111, 15 (Hecht). Beim Schweizerischen Israelitischen Gemeindebund (SIG) eine Chronologie in Form loser Blätter (u. a. zur Rolle von Julius Richter). Die Memoiren von Wachtmeister Spirig sind unveröffentlicht (vgl. Anm. Kap. 7).

KAPITEL 11

Im Staatsarchiv St. Gallen die Bestände A 42 (Paul Grüninger), A 16 und A 116 (Politische Polizei, Flüchtlingsakten) und die Regierungsratsprotokolle 1938/39. Die Stenogramme der Regierungsratssitzungen wurden von Alexa Lindner für diese Arbeit neu übersetzt. Im Staatsarchiv Basel der Bestand PD-Reg 2,3 Teil II. Im Bundesarchiv der Bestand E 4260 (C) 1974/34, Bd. 135 (Brief Rothmund 1941) und E 4800 (A) 1967/11, Bd. 133 (KZ-Besuch Rothmunds). Zum Fall Dutler wurde das Privatarchiv der Familie Dutler benützt, einige Korrespondenzen mit Christian Dutler liegen verstreut im Archiv der Schweizerischen Sozialdemokratischen Partei und in jenem des Schweizerischen Arbeiterhilfswerkes im Schweizerischen Sozialarchiv Zürich. Akten zum Fall Recha Sternbuch sind fast keine mehr zu finden, einige sonst verschollene Dokumente sind in dem nicht immer präzisen Buch von Joseph Friedenson und David Kranzler zitiert oder sogar faksimiliert: «Heroine of Rescue» (vgl. Anm. Kap. 6); auf eine Rückübersetzung solcher Zitate ins Deutsche wurde verzichtet, nachdem die Autoren nicht bereit waren, ihr Material zur Verfügung zu stellen.

Die Verhandlungen um die Rettung der letzten europäischen Juden 1944 sind in zahlreichen Publikationen ganz unterschiedlich dargestellt. Vgl. u. a. «Heroine of Rescue» (Anm. Kap. 6) und Yehuda Bauer: «'Onkel Saly' – Die Verhandlungen des Saly Mayer zur Rettung der Juden 1944/45» in «Vierteljahreshefte für Zeitgeschichte», 25. Jahrgang, April 1977, oder das neuere Buch von Jacques Picard (Anm. Kap. 8).

KAPITEL 12

Im Staatsarchiv St. Gallen die Bestände A 42 (Paul Grüninger), W 28 (Nachlass Grüninger) und A 116 (Politische Polizei, Flüchtlingsakten). Bei der Fremdenpolizei St. Gallen die Akten Rudis. Im Bundesarchiv Bern die Bestände 4320 (B) 1971/78, Bd. 10 und E27/2626 (Paul Grüninger). Zum Fall Dutler vgl. Anm Kap. 2, 11. Zum Fall Recha Sternbuch vgl. Anm. Kap. 6, 8, 11.

Zu Carl Kappeler vgl. Niklaus Meienberg: «Die Erschiessung des Landesverräters Ernst S.», Limmat Verlag, Zürich 1992. – Zu Mario Karrer vgl. Mathias Küng: «Mario Karrer. Ein 'nationaler Sozialist' sucht seinen Weg», Bern 1984 (unveröffentlichte Lizentiatsarbeit). – Zur Funktion des Polizeioffiziers beim Territorialkommando siehe den Ludwig-Bericht, Seite 229 (vgl. Anm. Kap. 2). – Die Vorgeschichte des Telegramms an die Gestapo Bregenz betr. Grüninger erwähnte u. a. Franz Felix Lehni in seinem Artikel «Als Menschlichkeit bestraft wurde», «Tages-Anzeiger» vom 20. 12. 1969. – Zur Verhaftung von Lubowa Sennhauser vgl. Hans Teubner: «Exilland Schweiz. Dokumentarischer Bericht über den Kampf emigrierter deutscher Kommunisten 1933–45». Dietz Verlag, Berlin/DDR 1975; zum politischen Leben der Flüchtlinge in St. Gallen, wo sogar Walter Ulbricht verkehrte, vgl. Paul Müller: «Wir wollten die Welt verändern. Stationen im Leben eines Altsozialisten», Athenäum-Verlag, Frankfurt am Main 1987. – Zu Justiz-Major Otto Gloor vgl. u. a.: Peter Kambers Biographie: «Geschichte zweier Leben. Wladimir Rosenbaum & Aline Valangin», Limmat-Verlag, Zürich 1990, sowie Odette Rosenberg-Katzenfuss:«Lydia Woog, eine unbequeme Frau», Weltwoche-ABC-Verlag, Zürich 1991, und Urs Paul Engeler: «Grosser Bruder Schweiz. Wie aus wilden Demokraten überwachte Bürger wurden. Die Geschichte der politischen Polizei», Weltwoche-ABC-Verlag, Zürich 1990. – Von der Überwachung General Guisans durch den SPAB berichtet Willi Gautschi: «General Henri Guisan. Die schweizerische Armeeführung im Zweiten Weltkrieg», Verlag Neue Zürcher Zeitung, Zürich 1989. – Die Arbeit von Oswald Inglin über die britischen Boykottmassnahmen heisst: «Der stille Krieg. Wirtschaftskrieg zwischen Grossbritannien und der Schweiz im Zweiten Weltkrieg», Verlag Neue Zürcher Zeitung, Zürich 1991. – Zum Fall Sternbuch wurden mir unveröffentlichte Interviews zur Verfügung gestellt durch die Cinémamma GmbH in Zürich, die einen Spielfilm mit einer romantischen Liebesgeschichte zwischen Recha Sternbuch und Paul Grüninger plante. In der Hoffnung, dass der Film aus Einsicht nie gedreht wird, danke ich herzlich.

KAPITEL 13 UND NACHTRAG
Im Staatsarchiv St. Gallen die Bestände A 42 und W 28 (Paul Grüninger). Beim Schweizerischen Israelitischen Gemeindebund (SIG) das Dossier Paul Grüninger. Im Archiv von Yad Vashem, Jerusalem, der Bestand M-31/680 (Paul Grüninger).

11./12. 3. 38 – Einmarsch deutscher Truppen in Österreich. Anschluss Österreichs ans Dritte Reich. Pogrome gegen Jüdinnen und Juden. Erste Fluchtwelle.

28. 3. 38 – Der Schweizerische Bundesrat beschliesst die Einführung der Visumspflicht für Inhaberinnen und Inhaber österreichischer Pässe auf den 1. April.

30. 6. 38 – Ein Dekret der NSDAP verbietet den Jüdinnen und Juden in Österreich die Arbeit in Handel und Industrie: Es ist nur eine von vielen Schikanen und Diskriminierungen. Mitte Juli beginnt die zweite Fluchtwelle aus Österreich.

6. bis 15. 7. 38 – Internationale Flüchtlings-Konferenz in Evian. Die Schweiz ist durch Heinrich Rothmund vertreten.

3. 8. 38 – Erste Sitzung des Intergouvernementalen Komitees für Flüchtlingshilfe in London. Die Schweiz nimmt vorläufig nicht teil.

6. 8. 38 – Die Israelitische Flüchtlingshilfe St. Gallen meldet: Bereits mehr als 100 illegale und mittellose Flüchtlinge aus Österreich in St. Gallen.

12. 8. 38 – Die Israelitische Flüchtlingshilfe St. Gallen meldet: Bereits mehr als 200 illegale und mittellose Flüchtlinge.

14. 8. 38 – An der Grenze in Diepoldsau-Schmitter wird ein Auffanglager für jüdische Flüchtlinge eröffnet. Im Innern des Kantons St. Gallen bestehen weitere Lager oder Flüchtlingsheime.

17. 8. 38 – Bei einer Konferenz der kantonalen Polizeidirektoren setzt sich Paul Gruninger für eine offene Asylpolitik ein. Das amtliche Presse-Communiqué unterschlägt alle flüchtlingsfreundlichen Voten.

18.8. 38 – Das Eidgenössische Justiz- und Polizeidepartement EJPD verfügt die Grenzsperre für Österreicherinnen und Österreicher ohne Visum.

19. 8. 38 – Der Bundesrat sanktioniert die vom EJPD verfügte Grenzsperre: Österreichische Flüchtlinge ohne Visum sind ab sofort ausnahmslos zurückzuweisen oder abzuschieben. Die Israelitische Flüchtlingshilfe St. Gallen meldet: Bereits weit über 400 illegale Flüchtlinge.

22. 8. 38 – In Wien wird auf Befehl von Gauleiter Josef Bürckel eine «Zentralstelle für jüdische Auswanderung» eingerichtet. Mit der organisierten Vertreibung der Jüdinnen und Juden wird Adolf Eichmann beauftragt. Innerhalb eines Jahres sinkt nun die Zahl der Jüdinnen und Juden in Österreich von rund 200 000 auf 70 000.

7. 9. 38 – Einführung von Rassengesetzen in Italien; teilweise werden sie später in aller Stille nicht vollzogen werden.

29. 9. 38 – Münchner Konferenz

1. 10. 38 – Einmarsch deutscher Truppen ins tschechoslowakische Sudetenland.

4. 10. 38 – Der Bundesrat stimmt einer Vereinbarung mit Deutschland über die Einführung des «Juden-Stempels» zu und erlässt eine Visumspflicht für jüdische Deutsche.

5. 10. 38 – Deutsche Verordnung zur Kennzeichnung der Reisepässe von Juden mit dem «J»-Stempel.

9./10. 11. 38 – Pogrome der «Reichskristallnacht». Die dritte Fluchtwelle beginnt.

24. 11. 38 – «Vor der Ermordung aller Juden in Deutschland?» – Artikel in der «Neuen Zürscher Zeitung», nachgedruckt in der St. Galler «Volksstimme».

18. 12. 38 – Krisen-Sitzung des Central-Comités des Schweizerischen Israelitischen Gemeindebundes SIG mit Vertretern der Flüchtlingshilfe. Angst vor dem Zustrom weiterer Flüchtlinge.

20. 12. 38 – Karl Zweifel und Alfred Schachtler werden in Vorarlberg als Schlepper und Devisenschmuggler verhaftet. Nach Zweifels Entlassung aus der Bregenzer Haft wird er zusammen mit Christian Dutler ins Bezirksgefängnis Buchs gesperrt. Die beiden belasten u. a. Valentin Keel und Paul Grüninger.

6./7. 1. 39 – Besprechung Heinrich Rothmunds mit Valentin Keel in Bern. Reklamation wegen der hohen St. Galler Flüchtlingszahlen. Rothmund fordert eine Untersuchung.

20. 1. 39 – Beschluss des Schweizerischen Bundesrates: Allgemeine Visumspflicht für alle Emigranten.

21. 1. 39 – Alarm im Rheintal. Meldungen über einen bevorstehenden deutschen Einmarsch. Das St. Galler Polizeikorps besetzt die Brücken an der Grenze.

26. 1. 39 – Grüninger legt Valentin Keel «bereinigte» Einreisezahlen vor.

27. 1. 39 – Brückenbesetzung im Rheintal wird beendet.

11. 2. 39 – Brief von Heinrich Rothmund an Valentin Keel. Rothmund fordert erneut eine Untersuchung.

Mitte Februar 1939 – Gustav Studer beginnt die Untersuchung gegen Grüninger. Etwa gleichzeitig übernimmt Studer die kantonale Fremdenpolizei.

27. 2. 39 – Regierungsrat Emil Grünenfelder orientiert seine Amtskollegen über die Vorwürfe des «Vaterländischen Verbandes» gegen Landammann Valentin Keel.

27. 2. 39 – Der Schweizerische Vaterländische Verband eröffnet mit Express-Briefen die Pressekampagne gegen Valentin Keel.

5. 3. 39 – Regierungsratswahlen im Kanton St. Gallen: Valentin Keel wird wiedergewählt.

9. 3. 39 – Der St. Galler Regierungsrat ernennt Walter Härtsch zum ausserordentlichen Untersuchungsrichter im Amtsehrverletzungsverfahren Valentin Keel gegen den Vaterländischen Verband.

13. 3. 39 – Sidney Dreifuss gesteht die Fälschung von Flüchtlingsakten, Dreifuss rechtfertigt sich mit Anweisungen Grüningers.

23. 3. 93 – Gustav Studer legt seinen Untersuchungsbericht zur St. Galler Asylpraxis vor.

27. 3. 39 – Der St. Galler Regierungsrat beschliesst eine administrative Untersuchung gegen Paul Grüninger. Mit den Ermittlungen wird Walter Härtsch beauftragt.

31. 3. 39 – Der St. Galler Regierungsrat beschliesst die Suspendierung Paul Grüningers und leitet ein Strafverfahren gegen den Hauptmann ein. Walter Härtsch wird zum ausserordentlichen Untersuchungsrichter bestimmt.

6. 5. 39 – Paul Grüninger wird von Bezirksarzt Konrad Schlatter untersucht und für geistig gesund erklärt.

12. 5. 39 – Der St. Galler Regierungsrat beschliesst die fristlose Entlassung Paul Grüningers.

1. 10. 40 – Öffentliche Verhandlung des Bezirksgerichts St. Gallen gegen Paul Grüninger.

23. 12. 40 – Zweiter Verhandlungtag des Bezirksgerichts St. Gallen gegen Paul Grüninger.

14. 3. 41 – Zustellung des schriftlichen Urteils. Grüninger legt keine Berufung ein.

GLOSSAR

Aktivdienst – schweizerischer Militärdienst in Kriegszeiten

Bezirksammann – Statthalter der St. Galler Kantonsregierung in einem Bezirk, vom Volk direkt gewählt, dem Justizdepartement unterstellt

Bundespolizei, Bupo – Polizeidienst der schweizerischen *Bundesanwaltschaft*, nimmt vor allem politische Aufgaben wahr und besorgt den sog. Staatsschutz.

Bundesrat – Bezeichnung für die siebenköpfige Schweizer Regierung oder für deren männliche Mitglieder. Der Bundesrat funktioniert als Kollegialgremium, er wird vom Parlament gewählt (Nationalrat und Ständerat); der *Bundespräsident* wechselt in jährlichem Turnus.

Departement – schweizerischer Begriff für Ministerium

Departementssekretär – höchster Beamter in einem (kantonalen) Departement

Eidgenössische Fremdenpolizei – Behörde im Eidgenössischen Justiz- und Polizeidepartement (EJPD), der *Eidgenössischen Polizeiabteilung* zugeordnet

Götti – Taufpate

Grosser Rat – kantonales Parlament in St. Gallen

Kantonnement – militärische Unterkunft

Kantonsrat – Mitglieder des Grossen Rates in St. Gallen

Kommissär – Kommissar

Landjägerkorps, Polizeikorps – Polizeitruppe des Kantons St. Gallen, hierarchisch gruppiert in *Polizeiaspiranten, Rekruten, Landjäger, Korporale, Wachtmeister,* einen *Leutnant* und einen *Hauptmann*

Nationalrat – grosse Kammer des eidgenössischen Parlaments, zugleich Bezeichnung für einzelne Mitglieder dieser Kammer.

Polizeiaspirant – künftiger Landjäger vor Eintritt in die Rekrutenschule, vgl Landjägerkorps

Polizeidepartement – vgl. Departement

Postulat – parlamentarischer Vorstoss, mit dem von der Regierung ein Bericht zu einem gewissen Sachverhalt verlangt wird

Regierungsrat – im Kanton St. Gallen Bezeichnung für die Regierung oder für deren sieben Mitglieder. Der Regierungsrat funktioniert als Kollegialgremium, er wird vom Volk gewählt; der Regierungsratspräsident (im Kanton St Gallen: *Landammann)* wechselt in jährlichem Turnus.

Rekrutenschule – Ausbildungszeit für Soldaten und Polizisten

SIG – Schweizerischer Israelitischer Gemeindebund

Stadtammann – Stadtpräsident, Bürgermeister

Ständerat – kleine Kammer des eidgenössischen Parlaments (Vertretung der Kantone), zugleich Bezeichnung für die einzelnen Mitglieder dieser Kammer

Territorialkommando – militärische Verbindungsstelle zwischen den Truppenkommandanten und den zivilen Behörden in den militärischen *Territorialzonen* der Schweiz

Zentralposten – Hauptwache der Kantonspolizei St. Gallen

Paul Grüninger 1925, nach der Beförderung zum Polizeihauptmann.
Foto: Staatsarchiv St. Gallen.

Paul Grüninger und Kronprinz Hirohito in St. Margrethen (oben). – Unteroffiziersrapport der Kantonspolizei 1934: Der Hauptmann (x) flankiert von Paul Künzler, links, und Christian Dürr, rechts (unten).

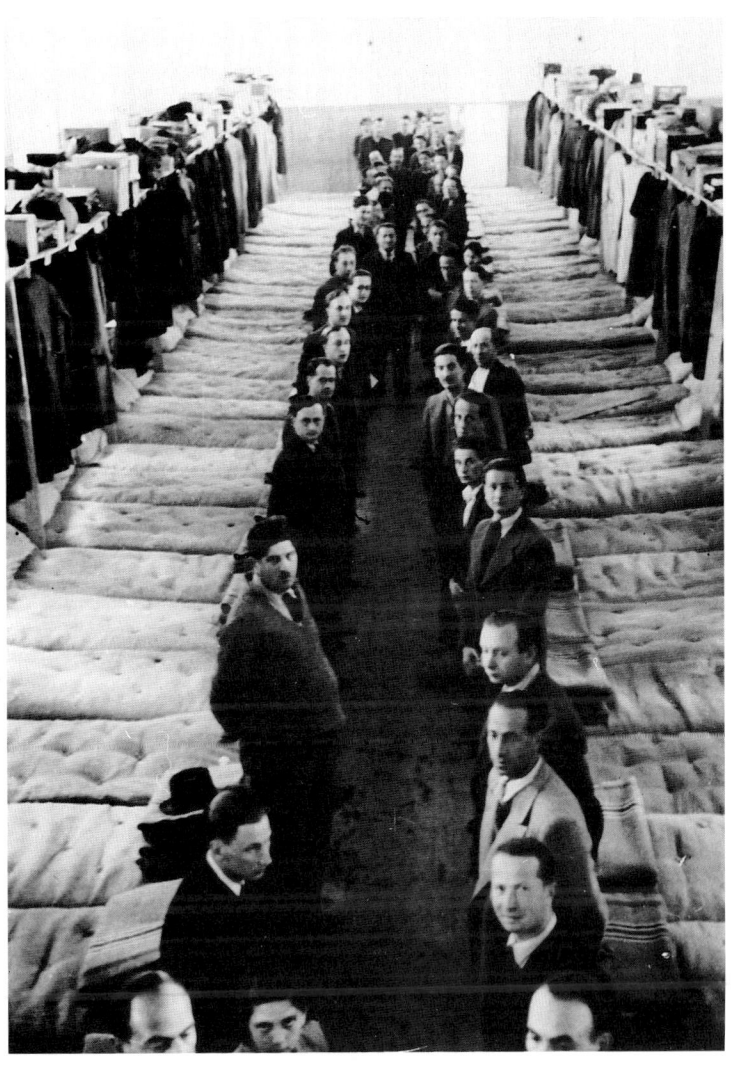

Flüchtlingslager Diepoldsau, Schlafsaal. *Foto: Bildarchiv Roland Gret-ler, Zürich.*

Flüchtlingslager Diepoldsau (oben). – Flüchtlingsheim an der Waldaustrasse, St. Gallen, von den Flüchtlingen nach Recha Sternbuch benannt
(unten). *Fotos: Bildarchiv Roland Gretler, Zürich.*

Grenzkontrolle und Grenzsperre im Rheintal, ca. 1939/40. *Fotos: Jüdisches Museum Hohenems.*

Sidney Dreifuss mit seinem Sohn, Dezember 1938.

Konferenz der kantonalen Polizeikommandanten, September 1938 – Paul
Grüninger mit Zwicker 1945 (unten). *Fotos: Staatsarchiv St. Gallen und
Bildarchiv Roland Gretler, Zürich.*

Paul Grüninger ca. 1960. *Foto: Staatsarchiv St. Gallen.*

PERSONENVERZEICHNIS

Grässli, Nina, Schülerin, Tochter von Leonhard Grässli, S. 68

Greulich, Herman, Buchbinder aus Breslau, Schweizer Arbeiterführer, Mitbegründer der schweizerischen Arbeiterbewegung, S. 189

Grimm, Bruno, Funktionär der Sozialdemokratischen Partei der Schweiz, Publizist, Flüchtlingshelfer, S. 24

Gromb, David, Arbeiter, Flüchtling, lebt heute in Zürich, S. 92F.

Grünenfelder, Emil, Regierungsrat des Kantons St. Gallen, Konservative Volkspartei, Justizdepartement, zugleich Nationalrat, S. 98, 153F., 161F.

Grüninger-Federer, Emma Alice, Ehefrau von Paul Grüninger, S. 38, 193, 216

Grüninger-Forrer, Maria, Mutter von Paul Grüninger, S. 37

Grüninger, Oskar, Vater von Paul Grüninger, S. 37

Grynszpan, Herschel, Student in Paris, erschoss 1938 den deutschen Legationssekretär Ernst vom Rath, S. 107

Gsell, Robert, Gewerkschaftssekretär in St. Gallen, S. 69

Guggenheim, Silvain S., Präsident der Schweizerischen Israelitischen Armenpflegen (VSIA), später Schweizerische Jüdische Flüchtlingshilfen (VSJF), S. 117, 119

Guindani, Mario, Geschäftspartner von Paul Grüninger, S. 205

Guisan, Henri, General, Oberbefehlshaber der Schweizer Armee im Zweiten Weltkrieg, S. 206

Gustloff, Wilhelm, deutscher Angestellter beim Meteorologischen Institut in Davos, Leiter der Landesgruppe Schweiz der NSDAP, S. 42, 118

H., Friedel, Diepoldsauer, S. 84

Haber, Karl, Handelsangestellter, Flüchtling, Ehemann von Susi Mehl, lebt heute in Mödling bei Wien, S. 10

Hacker-Gerstl, Adele, Flüchtling, S. 84

Hacker, Emil, Bäcker, Flüchtling, S. 84

Hacker, Erich, Schüler, Flüchtling, S. 83

Hacker, Erwin, Schüler, Flüchtling, S. 83

Hacker, Jakob, Metzger, von den Nazis ermordet, S. 83

Hacker, Josef, Metzger, Flüchtling, S. 83

Hacker, Leo, Metzger, Flüchtling, S. 84F.

Hacker, Max, Schneider, Flüchtling, S. 83

Hacker, Moritz, Schuhmacher, Flüchtling, lebt heute in Bern, S. 84F.

Hacker, Salomon, Metzger und Viehhändler, Flüchtling, Ehemann von Adele Hacker, S. 83

Hacker, Samuel, Kürschner, Flüchtling, S. 83

Hamburger, Karl, Sekretär von Saly Mayer, S. 194

Hartmann, Willi, Rechtsanwalt in St. Gallen, Verteidiger Paul Grüningers, Mitglied und später Vorstandsmitglied des «Schweizerischen Vaterländischen Verbandes», S. 200F.

Härtsch, Walter, Rechtsanwalt in St. Gallen, ausserordentlicher Untersuchungsrichter, später Staatsanwalt, S. 164, 166, 170FF., 176, 178F., 186, 192, 195, 217

Haudenschild, Ernst, Major, Polizeikommandant des Kantons Thurgau, S. 48

Haupt-Gottesmann, Familie, Flüchtlinge, S. 127

Stocker, Martha, Ehefrau von Werner Stocker, S. 164
Stocker, Werner, Rechtsanwalt, Sekretär der Schweizerischen Sozialdemokratischen Partei, Präsident der Schweizerischen Flüchtlingshilfe, später Zürcher Oberrichter, dann Bundesrichter, S. 24FF., 87, 89FF., 129, 153, 161, 163FF., 201FF.
Stoffel, Max, Industrieller in St. Gallen, finanzierte frontistische Organisationen, S. 75
Stricker Anna, Bankbeamtin (ausgewiesen und im KZ ermordet), S. 199
Stricker, Hans, Kellner, Flüchtling (ausgewiesen und im KZ ermordet), S. 199
Studer, Gustav, Sekretär des St. Galler Polizeidepartements, später zusätzlich Vorstand der kantonalen Fremdenpolizei, S. 42, 151F., 154F., 158F., 167FF., 172FF., 178, 196, 199, 217
Teitler, Samuel, Rechtsanwalt in St. Gallen, später Mitglied des kantonalen Kassationsgerichts und Ersatzrichter am Schweizerischen Bundesgericht, S. 69, 189
Teller, Albert, Herrenschneider, Flüchtling, lebt heute in Los Angeles, S. 35
Teller, Kurt (Curt P. Teller), Handelsangestellter, Flüchtling, lebt heute in Los Angeles, S. 35, 94
Tenenbaum, Charles (Calel Tenenbaum), Kaufmann, Flüchtling, lebt heute in Brooklyn, New York, S. 18, 72
Tenenbaum, Jetty, Flüchtling, Ehefrau von Charles Tenenbaum, S. 72
Udelsmann, Josef, Flüchtling, S. 78
Vitali, Felice A., Schweizer Filmegisseur, S. 124
Wacker, Jean-Claude, Historiker, S. 121
Waespi, Willi, Maurer und Handelsvertreter in St. Gallen, S. 69
Wagner, Niklaus, Arbeiter, Flüchtlingshelfer, S. 26
Weder, Georg, Landjäger, S. 126
Weinreb, Harry, Lehrling in einem Textilgeschäft, Flüchtling, lebt heute in Genf, S. 31FF., 35, 61, 95, 124F.
Weisz, Mathilde, Hausfrau, Flüchtling, Ehefrau von Moritz Weisz, S. 92
Weisz, Moritz, Kaufmann, Flüchtling, lebt heute in Zürich, S. 92
Werner, Karl Adolf, Elektrotechniker und Grafiker, Flüchtling, S. 104, 199
Wertheimer, Siegfried, Flüchtling, S. 182
Wetzel, Christian, Landjäger, S. 191
Wichers, Hermann, Historiker, S. 43
Wille, Ulrich jun., Oberstkorpskommandant, S. 212
Wolf, Willi, Landjäger, Fussballer, später Fussballtrainer in Schweden, Deutschland und in der Schweiz, S. 204F.
Wolf-Pfändler, Louise, Patenkind von Paul Grüninger, S. 43
Woog, Edgar, Mitbegründer der Kommunistischen Partei Mexikos, Mitbegründer der schweizerischen Partei der Arbeit (PdA), Stadtrat in Zürich, später Nationalrat, S. 207
Wortsmann, Max, Flüchtling, S. 79, 92
Wyler, Veit, Rechtsanwalt in Zürich, S. 117, 119
Zahn, Willi, Buchhändler, Flüchtlingshelfer, S. 24
Zuckmayer, Carl, Schriftsteller, Flüchtling, S. 12
Zürcher, Karl, Schlosser, Leiter der Sozialistischen Jugend St. Gallen, 23, 26FF.
Zweifel, Karl, Landjäger, S. 90, 115, 129, 153, 167, 201, 203FF.